KLARTEXT

Bildnachweis:
Adobe Stock: © Iuliia Sokolovska: S. 4/5, 6/7; © ธนพล สีนสร้าง: Hintergrund Sternenhimmel; © Eray: S. 4/5, 6/7; IMAGO: /Allstar S. 4/5, 6/7, 24, 51, 52, 63, 70, 73, 106; /APress S. 72; /Cola Images S. 90-91; /Cinema Publishers Collection S. 43; /EntertainmentPictures S. 69; /Everett Collection S. 11, 14, 17, 19, 21, 34-35, 41, 45, 51, 52, 53, 68, 76, 86, 99, 105, 113, 114; /Milestone Media S. 14, 79; /Ronald Grant S. 84, 102-103; /United Archives S. 15, 24, 25,38, 58, 94, 95; /ZUMA Wire S. 66-67, picture alliance: /United Archives | Publicity Still S. 28; /AP Photo | Dan Hallman S. 32;

Bibliografische Information der Deutschen Nationalbibliothek
Die Deutsche Nationalbibliothek verzeichnet diese Publikation in der Deutschen Nationalbibliografie; detaillierte bibliografische Daten sind im Internet über portal.dnb.de abrufbar.

Impressum
1. Auflage April 2023
Layout und Satz: Joachim Bartels
Umschlaggestaltung: Guido Klütsch, Köln
Umschlagabbildungen: Adobe Stock: © ธนพล สีนสร้าง: Hintergrundbild Sternenhimmel; © R+R (Totenkopf); Imago: /ZUMA Wire (William Shatner, Picardilly Circus); picture alliance/PictureLux/The Hollywood Archive | American Pictorial Collection/The Hollywood Archive (Raumschiff)
Druck und Bindung: Linsen Druckcenter GmbH, Siemensstraße 12–14, 47533 Kleve

ISBN 978-3-8375-2465-9

KLARTEXT

Jakob Funke Medien Beteiligungs GmbH & Co. KG
Jakob-Funke-Platz 1, 45127 Essen
info.klartext@funkemedien.de
www.klartext-verlag.de

Ralph Sander

STAR TREK

Populäre Irrtümer und andere Wahrheiten

Inhalt

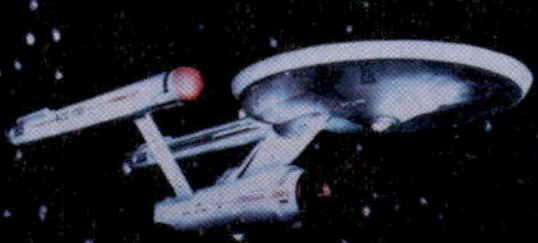

Zum Geleit

Bücher über *Star Trek* gibt es viele, Internetseiten noch viel, viel mehr, aber wer nicht vierhundert Seiten oder mehr lesen oder tagelang von einer Website zur anderen springen will (und sich am Ende von der Fülle an Informationen erschlagen fühlen wird), der braucht einen kompakten Überblick über das, was im *Star-Trek*-Kosmos Sache ist, und der ist hier genau richtig.

Wenn eine TV- und Filmserie in den USA bereits im Rentenalter ist und bei uns gerade die 50 geknackt hat, dann sammeln sich eine Menge Informationen an, die mit der Zeit ein Eigenleben entwickeln, bis sie das Etikett „Populäre Irrtümer“ verdienen – Irrtümer, die es aus der Welt zu schaffen gilt. Genau das

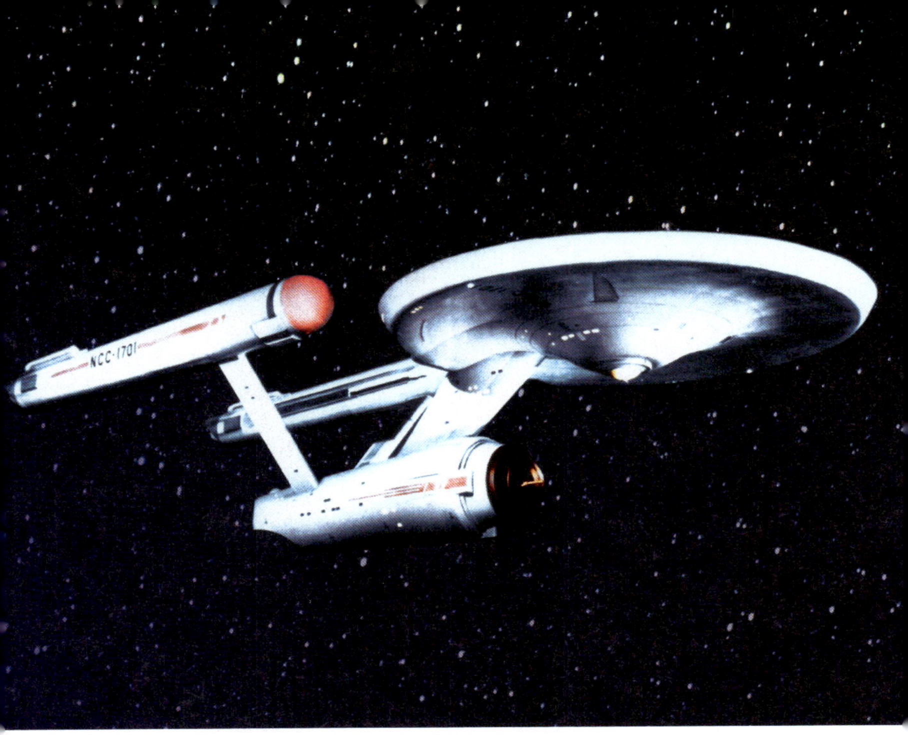

hat sich dieses Buch zum Ziel gesetzt, ebenso wie das Bestreben, auf Interessantes und Wissenswertes hinzuweisen, das allzu oft auf der Strecke bleibt, wenn in den Medien über das Thema berichtet wird. Da wird mal schnell das Fachwissen zum Besten gegeben, das über „Ach, das ist doch der mit den spitzen Ohren“ oder „Also mir hat ja Han Solo immer am besten gefallen“ oder „Kirk ist der Chuck Norris unter den Raumschiffcaptains“ nicht hinausgeht. Weder Han Solo noch Chuck Norris werden im weiteren Verlauf dieses Buch noch einmal Erwähnung finden, und der mit den spitzen Ohren wird als Spock auftauchen. Ist das nicht ... faszinierend?

Zahlen & Fakten

725 Episoden entstanden in den Jahren 1966–69, 1973/74 und 1987–2005. Mit **22 Episoden** ist die Zeichentrickserie die kürzeste Serie, während *The Next Generation* mit **178 Episoden** den Löwenanteil am Fernsehvermächtnis von *Star Trek* stellt.

10 Kinofilme wurden in den Jahren 1979 bis 2002 gedreht, **sechs** davon mit der kompletten Originalbesetzung, **vier** mit der *Next Generation*-Crew.

Star Trek II war in den USA die erste VHS-Kaufcassette, die zu einem Kampfpreis von **39,95 $** statt wie üblich **79,95 $** erschien. Über **120.000 verkaufte Exemplare** ebneten den Weg vom Verleih- zum Kaufvideo.

Vorreiter in Sachen Technologie: Die Vorläufer von Mobiltelefon und Tablet waren zuerst bei *Star Trek* zu sehen.

Vorreiter in Sachen Gleichberechtigung: Schon im ersten Pilotfilm war eine Frau die Erste Offizierin und Stellvertreterin des Captains.

Vorreiter in Sachen Integration: Auf der Brücke der Original-Enterprise finden sich unter den Offizieren eine Afroamerikanerin, ein Asiate und ein Russe.

Star Trek war **die erste Fernsehserie**, der der Sprung ins Kino gelang – noch dazu mit der Originalbesetzung.

Während die Originalserie in Erstausstrahlung lief, erschien in den USA nur ein Roman zur Serie. Bis heute ist daraus eine längst nicht mehr zu überblickende Masse von Romanen, Sachbüchern, Handbüchern, Ratgebern und Malbüchern geworden.

Das erste Space Shuttle der NASA wurde nach einer Flut von Fanbriefen auf den Namen **Enterprise** getauft.

Antikes Streaming: Zwölf Episoden und die ersten beiden Kinofilme wurde als aufwendig gestaltete Fotoromane veröffentlicht, die man sich überall und jederzeit und so oft ansehen konnte, wie man wollte.

Der Mann, der *Star Trek* erfand

Als Gene Roddenberry am 19. August 1921 in El Paso, Texas, geboren wurde, ahnte niemand, dass sein Name Jahrzehnte später zum Inbegriff für intelligente Science-Fiction-Unterhaltung quer durch alle Medien wurde.

Aufgewachsen in Los Angeles ging er 1941 zur U.S. Air Force und flog während des Zweiten Weltkriegs in Guadalcanal Einsätze als Bomberpilot. Bereits zu dieser Zeit schrieb er Kurzgeschichten und Gedichte, die unter anderem in der New York Times veröffentlicht wurden. Nach dem Krieg und einem Intermezzo bei PanAm, bei dem er nur knapp einen Flugzeugabsturz überlebte, zog er 1949 zurück nach Los Angeles, um dort bei der Polizei zu arbeiten, wo er vom Streifendienst schließlich zum Redenschreiber für seinen Vorgesetzten Chief Parker aufstieg.

Das Schreiben lag ihm im Blut, und was liegt näher, wenn man schon in L.A. lebt, als sein Glück in Hollywood zu versuchen? Gesagt, getan, und schon 1951 verkaufte er sein erstes Drehbuch für eine Episode der Krimiserie *Dragnet* (die US-Vorlage für den deutschen TV-Klassiker *Stahlnetz*). Von da an ging es Schlag auf Schlag, bis Roddenberry 1953 an dem Punkt angekommen war, seinen Dienst bei der Polizei zu quittieren und sich ganz auf das Verfassen von Drehbüchern zu konzentrieren.

Der nächste Erfolg stellte sich schnell ein, als ihn die Produzenten der Westernserie *Have Gun Will Travel* als Chefschreiber engagierten. Dieser Job ließ ihn dann erkennen, was er wirklich wollte: seine eigene Serie, die seiner Kreativität freien Lauf ließ, anstatt sich als Autor an den Vorgaben anderer Leute orientieren zu müssen. 1959 rückte auch dieses neue Ziel in greifbare Nähe, da für die von ihm erdachte Anwaltsserie *333 Montgomery Street* ein Pilotfilm produziert wurde. Eine Serie folgte zwar da noch nicht, aber 1963 konnte Roddenberry *The Lieutenant* an MGM verkaufen, eine Serie, die den Alltag in der Marine in Friedenszeiten zeigte.

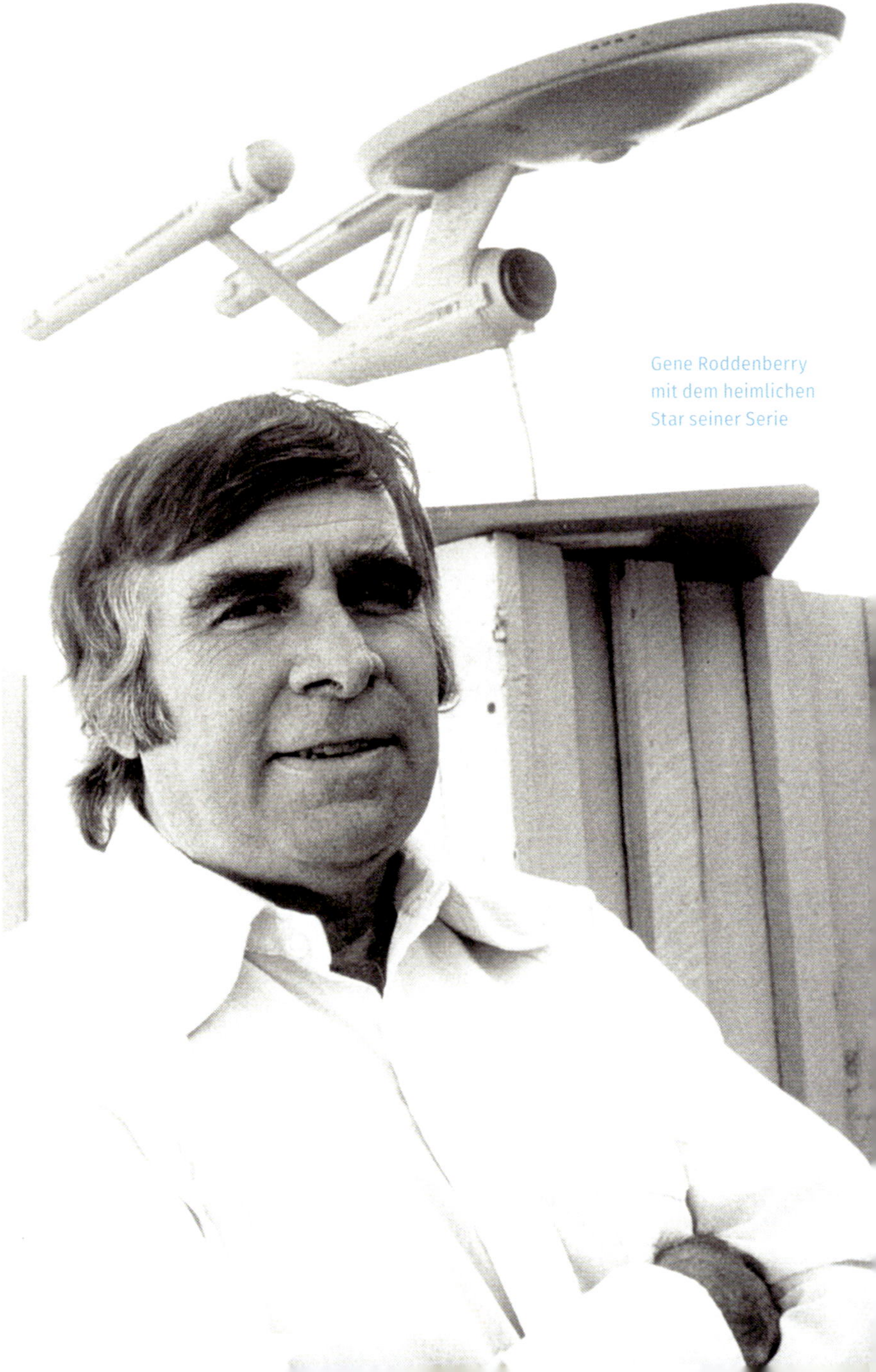

Gene Roddenberry
mit dem heimlichen
Star seiner Serie

Diese Serie hielt sich zwar nur ein Jahr im Programm, aber rückblickend kann man nur sagen: „Was für ein Glück!“ Schließlich war 1964 das Schicksalsjahr, in dem der Grundstein für *Star Trek* gelegt werden sollte. Roddenberrys Idee war so einfach wie genial, denn er bediente sich am historischen Vorbild der Siedlertrecks, die Nordamerika erkundeten, um sich dort niederzulassen. Das Ganze verlegte er in die Zukunft und ins Weltall – und *Star Trek* in seiner Urform war geboren. Nur wollte ihm anfangs niemand diese Idee abkaufen, bis Lucille Balls Produktionsgesellschaft Desilu Interesse zeigte und der TV-Sender NBC dazu bewegt werden konnte, mehrere Drehbücher und schließlich einen Pilotfilm in Auftrag zu geben. Die Dreharbeiten begannen am 12. Dezember 1964, im Februar 1965 war dann die Episode namens *The Cage* fertig und konnte den Studiobossen vorgeführt werden, allerdings unter denkbar schlechten Voraussetzungen, denn die Produktionskosten lagen bei rund 630.000 Dollar und damit beim Dreifachen eines üblichen Serienbudgets. Zum einen hatten die Kulissen mehr Geld verschlungen als erwartet, und dann hatte Roddenberry auch noch zwölf Drehtagen anstelle der üblichen acht benötigt. Als Folge davon war die Episode mit 65 Minuten gut eine Viertelstunde zu lang.

Es sprach also alles gegen Roddenberry, oder besser gesagt: fast alles. Denn die Handlung konnte die Studiobosse durchaus überzeugen, allerdings erschien sie ihnen zu komplex, sodass der durchschnittliche Zuschauer dem Geschehen vermutlich nicht würde folgen können. Die Lösung war so simpel wie karriererettend – für Roddenberry und viele andere Leute: Er sollte einen zweiten Pilotfilm drehen, diesmal aber etwas schlichter in der Ausführung und vor allem actionlastiger. Das Ergebnis war die Episode *Spitze des Eisbergs*, die termingerecht im Januar 1965 mit einer nur minimalen Budgetüberschreitung fertiggestellt wurde. Den Senderchefs gefiel, was sie sahen, und sie gaben grünes Licht für den Start der Serie.

Als Star Trek am 8. September 1966 dann endlich auf Sendung ging, gab es in Gestalt der seit 1964 laufenden Serie *Verliebt in eine Hexe* prompt eine Konkurrenz, gegen die nur schwer anzukommen war. Die Einschaltquoten gestalteten sich damit zwangsläufig als nicht gerade berauschend, und deshalb griff NBC zu Beginn der zweiten Season zu genau der Maßnahme, wie man sie bis heute immer erlebt, auch im deutschen Fernsehen, vorzugsweise natürlich im Privatfernsehen. Wenn eine Serie um 22 Uhr nicht die erhoffte Quote bringt, könnte man ja überlegen, sie auf 20.15 Uhr zu legen, wenn mehr Zuschauer vor den Geräten sitzen. Stattdessen geht man genau den umgekehrten Weg und verschiebt sie auf 23 Uhr, nur gibt es wegen solcher Kleinigkeiten wie frühem Aufstehen am nächsten Morgen um 23 Uhr noch weniger Zuschauer, womit dann der Teufelskreis des nochmaligen Schiebens bis tief in die Nacht beginnt, der mit der vorzeitigen Absetzung endet. So erging es auch *Star Trek*, die von Donnerstag auf den unattraktiven Freitag wanderte und somit noch schlechtere Quoten einfuhr. Dabei konnten alle froh sein, dass die Serie überhaupt noch im Programmplan vorgesehen war. Eine von Roddenberry heimlich initiierte Protestbriefkampagne der Fans hatte den Sender einsehen lassen, dass das Interesse an Star Trek doch nicht ganz so gering war.

Als am Ende der zweiten Season erneut die Absetzung drohte, weil die Quoten – logischerweise – noch schlechter waren, kam es zu einer zweiten Briefkampagne, die NBC mit einer Million Briefe empörter Fans überschwemmte und zum Einlenken brachte. Tatsächlich war es aber nur ein Einlenken auf Zeit, denn *Star Trek* rückte auf einen noch schlechteren Sendeplatz am späten Freitagabend, und damit war das Ende besiegelt. Ein enttäuschter Gene Roddenberry zog sich weitgehend aus der Arbeit als Produzent zurück, und am 3. Juni 1969 lief die unwiderruflich letzte *Star Trek*-Episode.

Aber das war erst der Anfang …

Wer ist wer in *Star Trek*?

William Shatner (*1931) ist Captain James T. Kirk.

Shatner kam in Montreal zur Welt und etablierte sich nach anfänglichen Schwierigkeiten am Theater. Twentieth Century Fox bot ihm einen Siebenjahresvertrag an, aber den lehnte er genauso ab wie die Hauptrolle in der Arztserie *Dr. Kildare*, da ihm Größeres vorschwebte. Trotz Rollen in Kinoerfolgen wie *Die Brüder Karamasov* und *Das Urteil von Nürnberg* wollte sich die große Filmkarriere nicht einstellen. Nach einer Reihe von Gastrollen in diversen Serien verpflichtete er sich dann für *Star Trek*.

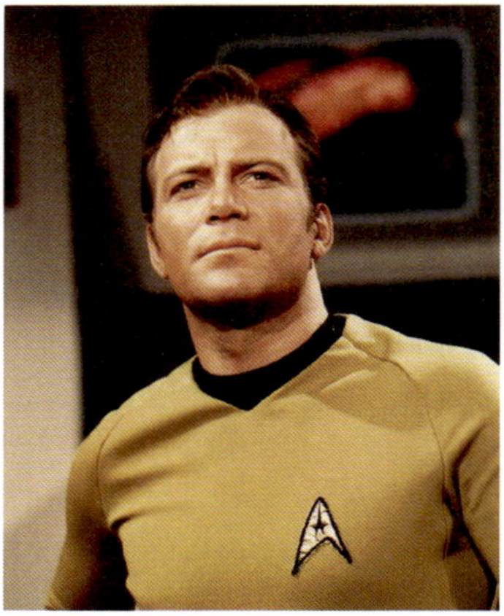

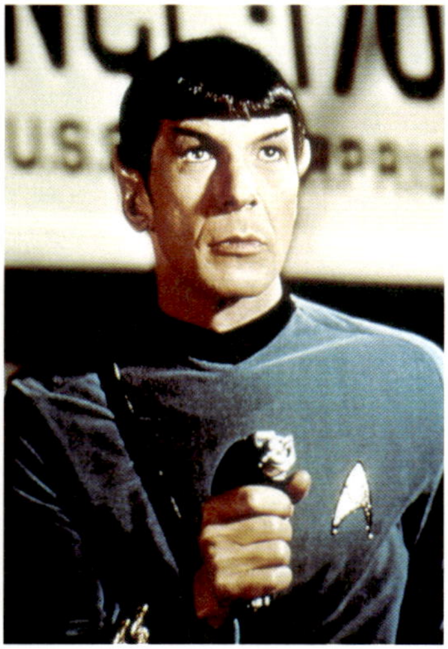

Leonard Nimoy (1931–2015) ist der vulkanische Wissenschaftsoffizier Mr. Spock.

Der aus Boston stammende Sohn russischer Einwanderer spielte 1957 erstmals einen Außerirdischen in *Des Satans Satellit* mit, einem Zusammenschnitt des SF-Serials *Zombies of the Stratosphere*. Eine erste Hauptrolle hatte er im B-Film *Kid Monk Baroni*, und in der Agentenserie *Solo für U.N.C.L.E.* war er bereits 1964 in einer Episode an der Seite von William Shatner zu sehen.

DeForest Kelley (1920–1999) ist
Schiffsarzt Dr. Leonard McCoy.

Der aus Georgia stammende Kelley konnte zu Beginn von *Star Trek* bereits auf eine lange Karriere in Film und Fernsehen zurückblicken. Nach einem Kurzfilm im Jahr 1945 spielte er nur ein Jahr später die Hauptrolle im Thriller *Angst in der Nacht*. In der Folgezeit gab es neben etlichen Filmproduktionen kaum eine Westernserie, in der Kelley keinen Gastauftritt hatte.

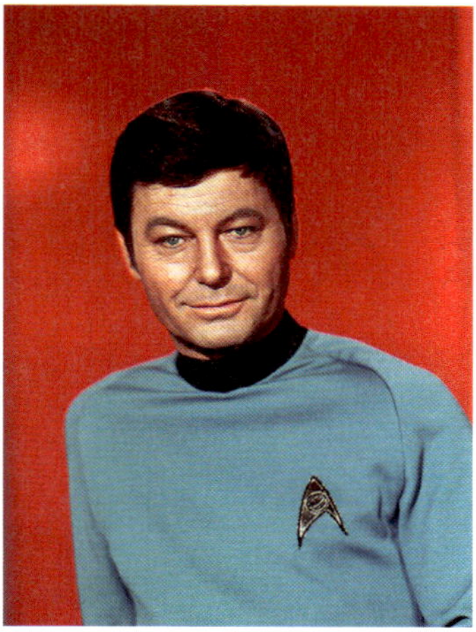

James Doohan (1920–2005) ist
Chefingenieur Montgomery Scott.

Der in Vancouver geborene Doohan, der am 6. Juni 1944 als Captain in der Royal Canadian Artillery an der Invasion in der Normandie beteiligt war, machte sich nach dem Krieg vor allem einen Namen als Sprecher in Radiohörspielen. Er war in rund dreieinhalbtausend Radioshows zu hören und wirkte ab 1949 in rund 350 TV-Serien mit. Was ihn vor allem als Sprecher so interessant machte, war sein besondere Begabung für Dialekte aller Art – darunter auch der schottische, der bei *Star Trek* zum Einsatz kam.

Nichelle Nichols (1933–2022) ist
Kommunikationsoffizierin Lt. Nyota Uhura.

Die aus Illinois stammende Nichelle Nichols erhielt schließlich die Rolle der Nachrichtenoffizierin, womit Roddenberry nicht nur wieder eine Frau auf der Brücke der Enterprise unterbrachte, sondern mit ihr auch noch eine Farbige. Duke Ellington entdeckte ihr musikalisches Talent, Nichols trat in vielen Broadway-Shows auf. 1959 hatte sie in *Porgy and Bess* mitgespielt, 1965 in *Mister Buddwing*.

George Takei (*1937) ist
Steuermann Hikaru Sulu.

Der in Los Angeles geborene Takei begann als Synchronsprecher für den japanischen SF-Film *Rodan*. Weitere Synchronarbeiten veranlassten ihn, Schauspiel zu studieren. Im ersten Film seines Kommilitonen Francis Ford Coppola er bekam eine Rolle. Ebenfalls zu sehen war er unter anderem 1953 in *Verdammt in alle Ewigkeit*, 1960 in *Aus der Hölle zur Ewigkeit* und 1965 in *Nicht so schnell, mein Junge*.

Walter Koenig (*1936) ist der
taktische Offizier Pavel Chekov.

Der aus Chicago stammende Koenig stieß erst in der zweiten Season zu *Star Trek*. Er strebte anfangs eine Karriere als Psychologe an, für die er an einem Schauspielkurs der Universität teilnahm, wo ein Professor sein Talent entdeckte und förderte. Nach etlichen Theaterstücken in Los Angeles und New York landete er schließlich in Hollywood, wo er wie viele vor ihm von Roddenberry in dessen Serie *The Lieutenant* entdeckt wurde.

AHA!

Zweiter Anlauf zum Erfolg

Pilotfilme zu nicht verwirklichten Serien gibt es wie Sand am Meer, und oft fragt man sich, warum so viele gute Ideen abgelehnt werden, während Banales auf Sendung gehen darf. Hin und wieder werden solche gescheiterten Ideen Jahre später noch einmal in Angriff genommen, um grundlegend überarbeitet zu einem zweiten Anlauf zu starten. In den meisten Fällen verschwinden diese gescheiterten Produktion im Archiv und tauchen heute höchstens mal auf Youtube auf.

Nicht so bei *Star Trek*. Der Pilotfilm wurde von den Verantwortlichen abgelehnt, da er für das Fernsehvolk als zu anspruchsvoll angesehen wurde, und praktisch im gleichen Atemzug gab man einen zweiten Pilotfilm in Auftrag, ohne dass es zu grundlegenden Änderungen am Konzept der Serie kam – etwas derartiges hatte es bis dahin in der Geschichte des Fernsehens noch nicht gegeben. Ausgetauscht wurden zwar so gut wie alle Darsteller, aber das lag zum Teil auch daran, dass nicht alle Schauspieler zur Verfügung standen, als man mit den Dreharbeiten zum zweiten Pilotfilm begann.

Zwar dürfte bei der Entscheidung auch die Tatsache eine Rolle gespielt haben, dass man für 30.000 Dollar eine Brückenkulisse im Studio stehen hatte, aber die hätte man notfalls immer noch für eine andere Serie wiederverwenden können.

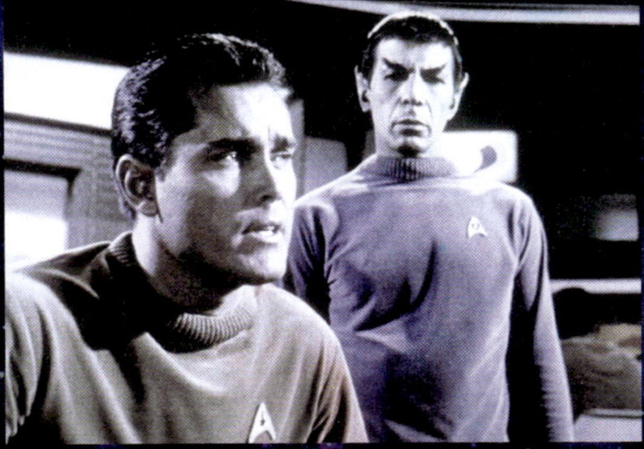

Jeffrey Hunter als Captain Pike mit einem jungen Mr. Spock an seiner Seite

Der einzig wahre Captain?

Auf den ersten Captain der Enterprise angesprochen, dürften wohl 95 Prozent der Befragten „James T. Kirk“ antworten. Stimmt aber nicht, denn vor Captain Kirk saß bereits Captain Christopher Pike auf dem Sessel mitten auf der Brücke der Enterprise und gab seine Befehle. Pike war die zentrale Figur im ersten Pilotfilm *The Cage*, seine Figur war deutlich ernster angelegt als die seines Nachfolgers, und im Verlauf der Episode spricht er auch die Bürde an, die die Verantwortung für so viele Besatzungsmitglieder mit sich bringt (nicht, dass Kirk das auf die leichte Schulter genommen hätte, aber anders als Pike ließ er sich das kaum einmal anmerken).

Verkörpert wurde der erste Captain von dem aus New Orleans stammenden Jeffrey Hunter, Jahrgang 1925. Hunter war in der Filmwelt kein Unbekannter und stand ab 1950 für zehn Jahre bei 20th Century Fox unter Vertrag. Seinen größten Bekanntheitsgrad erlangte er aber kurz nach Auslaufen dieses Vertrags, als er im MGM-Monumentalwerk *König der Könige* mitwirkte – in der Rolle des Jesus von Nazareth.

Da er neben dem Kino auch immer wieder Gastrollen in Fernsehserien annahm, ergab es sich, dass er für den ersten *Star Trek*-Pilotfilm zur Verfügung stand. Das Angebot, zum zweiten Pilotfilm zurückzukehren, schlug er dann aber aus, da er seine Zukunft beim Film sah und sich nicht für eine Serie verpflichten wollte, die andere Rollen unter Umständen auf Jahre hinaus unmöglich gemacht hätte – eine fatale Entscheidung.

Hunters weiterer Weg war nicht der glücklichste: Nachdem er zunächst bei Dreharbeiten in Spanien 1968 bei einer fehlgeschlagenen Explosion verletzt worden war, verstarb er 1969 in seinem Haus nach einem Sturz, der eine Hirnblutung nach sich zog.

Frau Roddenberry lässt grüßen

Als die TV-Bosse einen zweiten Pilotfilm in Auftrag gaben, wollten sie zum einen gern den Vulkanier Mr. Spock loswerden, da sein Erscheinungsbild zu sehr an den Teufel erinnerte. Und dann war da auch noch diese Frau auf der Brücke, die Stellvertreterin des Captains war, was noch weniger in die Zeit passte. Gespielt wurde sie von Majel Barrett, die am 23. Februar 1930 in Columbus, Ohio, zur Welt kam. Nachdem sie in einer Vielzahl von Filmen und Serien in kleinen Rollen mitgespielt hatte, entdeckte Roddenberry sie und holte sie zu *Star Trek*.

Roddenberry ließ sich auf einen Kompromiss ein, den er später so erklärte, dass er den Vulkanier in der Serie ließ und stattdessen den Ersten Offizier (also Majel Barrett) heiratete, weil es ihm umgekehrt nicht sinnvoll erschienen war. Das tat er übrigens inoffiziell im Mai 1969 während einer Japan-Reise, die offizielle Heirat in den USA erfolgte erst am 29. Dezember 1969, drei Tage nach der Scheidung von seiner ersten Ehefrau.

Barrett blieb *Star Trek* jedoch erhalten, da Roddenberry ihr die Rolle der Krankenschwester Christine Chapel gab und ihre dunklen Haare unter einer blonden Perücke verschwinden ließ, sodass ihre Weiterbeschäftigung gar nicht auffiel. In *The Next Generation* erhielt sie als Deanna Trois Mutter Lwaxana die Rolle ihres Lebens. Bis zu ihrem Tod im Jahr 2008 lieh sie außerdem in allen *Star Trek*-Serien dem Schiffscomputer ihre Stimme.

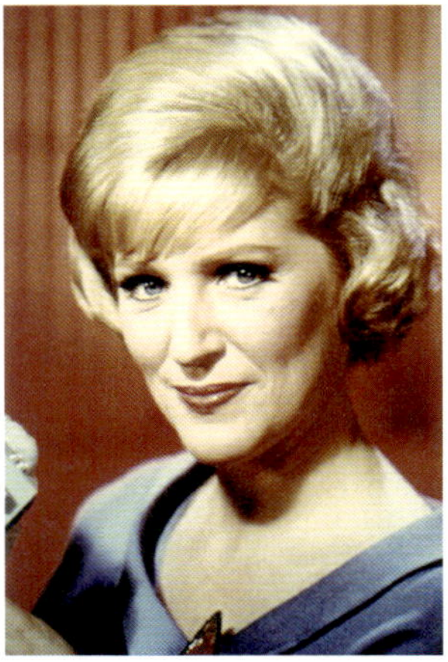

Majel Barrett als Schwester Christine Chapel

AHA!

„Schreib doch mal für *Star Trek*"

Um für eine Science-Fiction-Serie zu schreiben, muss man nicht unbedingt ein Science-Fiction-Autor sein. Tatsächlich kann das sogar ein Hindernis sein, da ein Schriftsteller in diesem Genre fast zwangsläufig eine überbordende Fantasie besitzen muss, um ganze Welten und Völker erfinden zu können oder um gewaltige Raumschlachten zu schildern.

So viel Fantasie war aber in den Sechzigerjahren mit dem Budget einer TV-Serie nicht vereinbar, da wöchentlich nur wenig Geld für neue Planetenlandschaften und Masken zur Verfügung stand und Recycling oberstes Gebot war – was auch erklärt, warum sich auf fremden Welten stets die gleichen, aber jedes Mal anders beleuchteten Höhlen fanden.

Genau daran scheiterten die meisten Science-Fiction-Schreiber, die Ideen einreichten. Nur einer scheiterte nicht: der als Enfant terrible bekannte Harlan Ellison. Aber nicht etwa, weil sein Drehbuch für die Episode *Griff in die Geschichte* auf den Punkt genau das lieferte, was man haben wollte, sondern weil man seine Idee so zusammenstreichen konnte, dass der Kern der Idee erhalten blieb und nur das unter den Tisch fiel, was ein Kinofilmbudget erfordert hätte. Wobei „nur" ein klein wenig untertrieben ist, denn Ellison wollte nicht bloß eine Story erzählen, in der Kirk die Frau, die er liebt, sterben lassen muss. Bei Ellison sollten auch noch Drogenabhängigkeit und vieles mehr eine Rolle spielen.

In den Jahren nach der Ausstrahlung von *Griff in die Geschichte* ereiferte sich Ellison immer wieder über die Produzenten, von denen er sich extrem unfair behandelt fühlte. Er schrieb sogar ein Buch, das sich ausschließlich um diesen „Skandal" drehte, und es wurde auch noch ein Comic verlegt, der die Handlung so erzählte, wie er es sich vorgestellt hatte.

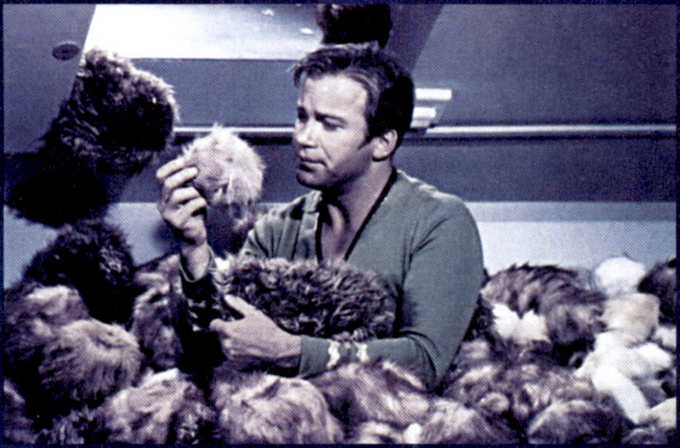

Tribbles – nicht ganz so originell wie zunächst angenommen

Letztlich kann man darüber nur den Kopf schütteln, denn Ellison war derjenige, der nicht das geliefert hatte, was er hätte liefern sollen.

David Gerrold bescherte dem Produktionsteam um ein Haar eine Klage wegen Urheberrechtsverletzung. Der in den Sechzigerjahren noch grünschnabelige Gerrold reichte unaufgefordert ein Drehbuch mit dem Titel *A Fuzzy Thing Happened* ein, aus dem nach einigen Überarbeitungen eine der beliebtesten *Star Trek*-Episoden entstand: *Kennen Sie Tribbles?*

Das Problem dabei war, dass Gerrolds Idee sich so eng an einer Geschichte über „marsianische Flachkatzen" in einem Roman des Science-Fiction-Autors Robert Heinlein orientierte, dass ein Plagiatsvorwurf nicht von der Hand zu weisen gewesen wäre. Dummerweise fiel diese Parallele erst auf, als die Episode bereits fertiggestellt war. Schloss man die Episode im Giftschrank weg, hatte das Studio über 180.000 Dollar Produktionskosten für etwas ausgegeben, das niemand zu sehen bekommen würde. Sendete man jedoch die Episode, konnte eine Klage für das Studio noch viel mehr teurer werden.

Gelöst wurde das Problem ganz unspektakulär: Gene Roddenberry rief Robert Heinlein an und erklärte ihm die Situation, und Heinlein gab sich mit einer simplen Entschuldigung des *Star Trek*-Erfinders zufrieden. Die Fellknäuel erwiesen sich übrigens als so beliebt, dass es sowohl in der *Star Trek*-Zeichentrickserie als auch bei *Deep Space Nine* ein Wiedersehen mit ihnen gab.

Fünf der besten *Star Trek*-Episoden

Die Auswahl ist schon so subjektiv, dass nicht auch noch die Reihenfolge festgelegt werden soll. Sagen wir einfach, das ist das Trek-Sahnehäubchen der klassischen Serie.

Der schlafende Tiger

Die Enterprise stößt auf ein Schläferschiff aus dem 20. Jahrhundert, an Bord der Ex-Diktator Khan mit seinen genmanipulierten Supermenschen, die prompt die Enterprise übernehmen.

Griff in die Geschichte

Kirk und Spock reisen durch ein Zeitportal, um die Vergangenheit zu korrigieren. Dort verliebt sich Kirk in eine Frau, die er sterben lassen muss, damit die Geschichte richtig verläuft.

Kennen Sie Tribbles?

Eine Ladung Getreide gerät in Gefahr, als die Enterprise-Crew mit den pelzigen Tribbles Bekanntschaft macht, die nichts tun außer zu fressen und sich zu vermehren.

Wildwest im Weltraum

Das Volk der Melkoten testet die friedliche Absicht der Enterprise-Crew, indem sie Kirk und Co. in einer Westernstadt die Schießerei am O.K. Corral nachspielen lassen.

Epigonen

Die Enterprise entdeckt einen Planeten, dessen Bevölkerung die Kultur nach einem Buch über Gangs im Chicago der Dreißigerjahre ausgerichtet hat, das ein anderes Schiff von der Erde dort vor langer Zeit zurückgelassen hat.

Gibt es ein Leben nach *Star Trek*? (Teil 1)

Ja, das gibt es, aber es war kein Leichtes. Als *Star Trek* 1969 eingestellt wurde, war es nur eine von vielen Serien, denen aus den unterschiedlichsten Gründen kein langes Leben beschieden war. Zu diesem Zeitpunkt riss sich niemand darum, den Star XY für seine Serie verpflichten zu können, was für die Schauspieler wiederum bedeutete, dass sie nicht mal Gagenforderungen über den Normaltarif hinaus stellen konnten.

William Shatner traf es zweifellos am härtesten, da seine Frau ihn nach dem Ende von *Star Trek* verließ und ihm so wenig Geld zurückließ, dass er für eine Weile gezwungen war, in einem Wohnmobil zu schlafen und jede noch so fragwürdige Rolle anzunehmen. Dank der *Star Trek*-Kinofilme kam er finanziell wieder auf die Beine und konnte in Serien wie *T.J. Hooker* und *Boston Legal* seine Vielseitigkeit beweisen.

Leonard Nimoy konnte gleich im Anschluss zur Serie *Kobra, übernehmen Sie* wechseln, wo er in der Rolle des Paris ironischerweise den Nachfolger von Martin Landau spielte, der seinerseits ursprünglich einer der aussichtsreichsten Kandidaten für den Part des Mr. Spock war. Die Auferstehung von *Star Trek* brachte für Nimoy die Regiearbeit beim dritten und vierten Kinofilm der Reihe mit sich, was ihm den Weg ins Regiefach ebnete.

DeForest Kelley bekam am Ende von *Star Trek* kaum neue Rollenangebote. Da er aber auf eine lange Karriere zurückblicken konnte, war es ihm möglich, sich mehr oder weniger in den Ruhestand zu verabschieden, den er ab 1979 fast nur unterbrach, wenn es einen neuen *Star Trek*-Film zu drehen galt. Auftritte bei *Star Trek*-Conventions bedeuteten für Kelley einen angenehmen Hinzuverdienst.

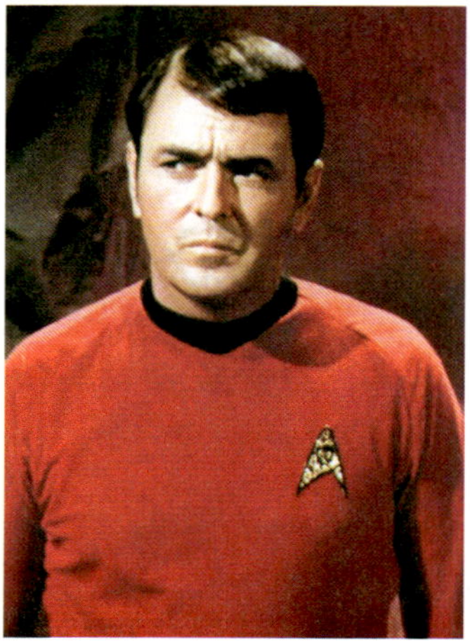

James Doohan erging es nicht viel besser als Kelley, er konnte sich mal die eine oder andere Rolle sichern, verdiente seinen Lebensunterhalt aber in erster Linie mit Auftritten bei *Star Trek*-Conventions sowie alle paar Jahre mit einem neuen *Star Trek*-Film.

James Doohan als Chefingenieur Scott

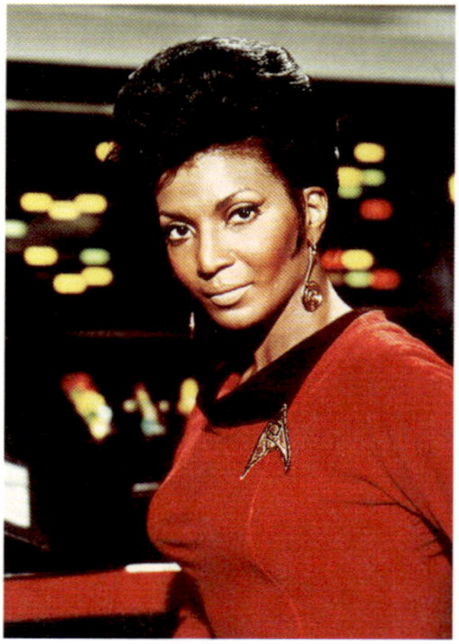

Nichelle Nichols ist Lt. Uhura

Nichelle Nichols war nach dem Ende von *Star Trek* neben den Kinofilmen immer wieder in Filmen (u. a. an der Seite von Isaac Hayes) und als Gast in Serien zu sehen. Vor allem arbeitete sie eng mit der NASA an einem Projekt, das mehr Frauen und Angehörige von Minderheiten dazu ermuntern sollte, sich für eine Karriere in der Raumfahrt zu interessieren. Diesem Projekt ist es zu verdanken, dass Sally Ride die erste Astronautin der USA wurde.

George Takei kann sich seit Absetzung der Serie bis heute nicht über Arbeitsmangel beklagen, obwohl (oder gerade weil) er bei *Star Trek* bis auf wenige Ausnahmen eine Figur verkörperte, deren Text sich meistens auf eine Handvoll Sätze beschränkte (was später zu einer von ihm so bezeichneten Fehde mit seinem Kollegen William Shatner führte, dem er vorwarf, Text für sich beansprucht zu haben, der eigentlich Takei zugestanden hätte). Takei ist daneben politisch aktiv und engagiert sich vor allem seit seinem Coming Out im Jahr 2005 für die Rechte gleichgeschlechtlicher Beziehungen.

Walter Koenig wirkte, von den *Star Trek*-Kinofilmen abgesehen, nur sporadisch in Filmen und Serien mit, da er sich vorwiegend als Autor von Seriendrehbüchern betätigte, eine eigene Comicreihe entwickelte und unter anderem auch ein Tagebuch zum ersten *Star Trek*-Film als Taschenbuch veröffentlichte. Von 1994 bis 1998 spielte er in der Konkurrenzserie *Babylon 5* den Telepathen Alfred Bester, der zwar nur in zwölf Episoden auftauchte, Koenig aber mehr zu tun gab als zwei Jahre *Star Trek*.

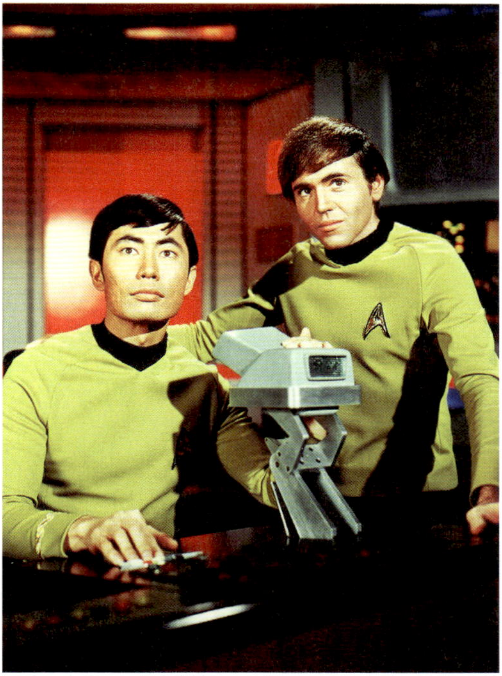

George Takei als Sulu und Walter Koenig als Chekov

Verlierer nach Quoten – oder doch nicht?

Star Trek hatte von Anbeginn an mit den Einschaltquoten zu kämpfen, die jedes Jahr dazu führten, dass die Serie auf einen noch schlechteren Sendeplatz rutschte, bis sie nach der dritten Season schließlich eingestellt wurde. Das Argument: Es schalten zu wenige Zuschauer ein.

Zu dumm nur, dass man auf Quantität statt Qualität Wert gelegt und sich lediglich an den absoluten Zahlen orientiert hatte. Zu spät stellte sich heraus, dass *Star Trek* genau die junge Zielgruppe ansprach, die man mit der Serie hatte erreichen wollen (was schon bei der Protestbriefkampagne hätte auffallen müssen, bei der eine Million Briefe beim Sender eingingen – aber wie so oft bedeutet ein hoher Posten nicht automatisch auch einen hohen IQ). Als klar wurde, dass man eine Fehlentscheidung getroffen hatte, war der größte Teil der an der Produktion Beteiligten bereits zu anderen Projekten gewechselt, die Kulissen waren zerlegt worden, und eine nahtlose Weiterführung der Serie war schlicht unmöglich geworden.

Den Beweis für die tatsächliche Beliebtheit lieferte wenig später die Syndication, also der Verkauf der Serie an unzählige Regional- und Lokalsender überall in den Vereinigten Staaten. Für relativ wenig Geld kauften diese Sender die bei den großen Sendern bereits abgesetzten Serien, um von montags bis freitags in Dauerrotation je eine Episode zu senden. Damit wurde nicht nur den Fans Gelegenheit gegeben, ihre Lieblingsserie zu schauen. Jetzt konnte man auch den Teil des Publikums erreichen, für den der Sendeplatz an einem Freitagabend uninteressant war, da man lieber ausging und feierte, anstatt sich um zehn Uhr abends vor den Fernseher zu setzen.

Der anhaltende Erfolg von *Star Trek* in der Syndication sollte der Serie ein zweites, drittes und noch einige Leben mehr bescheren.

27.5.72

Ein Geheimcode? Die Kombination für einen Safe? Etwa ein Zahlenpalindrom? Weder dies noch das noch das andere, sondern einfach nur ein Datum. Aber was für eins!
Am 27. Mai 1972 startete das ZDF die Ausstrahlung von *Raumschiff Enterprise* mit der Episode *Morgen ist gestern*, die inhaltlich besser und zugleich schlechter nicht ausgewählt werden konnte – und das auf einem denkbar unerfreulichen Sendeplatz. Aber der Reihe nach. *Morgen ist gestern* ist eine hervorragende Einsteigerepisode, da die Crew der Enterprise in die Gegenwart der Zuschauer reist und dabei die Welt der Zukunft erklärt, aus der Kirk und Co. kommen.
Gleichzeitig ist *Morgen ist gestern* aber auch eine Zeitreise-Episode, und die haben es oft in sich, weil es regelmäßig Zeitparadoxa zu verhindern gilt, was für Science-Fiction-Fans zwar ein Vergnügen ist, da man darüber spekulieren kann, ob die Zeitreise das Problem verursacht hat oder ob das Problem schon immer existiert hat, weil die Zeitreise stattfinden musste, oder ... na, lassen wir das mal lieber. Auf jeden Fall ließ diese Episode manchen Zuschauer so ratlos zurück, dass er in der nächsten Woche lieber gar nicht erst eingeschaltet hat.

Dieses Problem wird aber in dem Moment zweitrangig, in dem man sich den Sendeplatz genauer ansieht: Samstag, ZDF, 17.45 Uhr. 1972 lief ebenfalls ab 17.45 Uhr in der ARD die Sportschau mit den Berichten aus der Bundesliga! Die Sportsendung schlechthin!
Damit war für Kinder von fußballbegeisterten Vätern (1972 ist das eben noch eine Domäne der Väter) Stress vorprogrammiert, denn einen Zweitfernseher hatten nur wenige. Es gab auch keinen Videorecorder, mit dem man *Raumschiff Enterprise* hätte aufnehmen können, um sich die Episode später anzusehen. Einen schlechteren Start hatte *Star Trek* in Deutschland nicht erwischen können ...

Die deutsche Antwort auf Enterprise?

Erst vor Kurzem tauchte in einem der vielen Retro-Magazine mal wieder der Satz „... war die deutsche Antwort auf Raumschiff Enterprise“ auf. Gemeint ist damit die deutsche Science-Fiction-Serie *Raumpatrouille – Die phantastischen Abenteuer des Raumschiffes Orion*, die es gerade einmal sieben kostspielige Episoden lang gab.

Zugegeben, wenn man flüchtig hinsieht, scheint es da einige Parallelen zu geben. Die Orion hat eine Tellerform und sieht damit der Primärsektion der Enterprise ähnlich, die Crew kommt zumindest dem Namen nach aus diversen Teilen der Welt, ist also auch international zusammengesetzt, verglichen mit der Crew, die unter Captain Kirk auf der Enterprise dient. Allerdings ist trotz exotischster Namensvergabe niemand farbig und es trägt auch niemand asiatische Gesichtszüge. Und die Orion ist im All unterwegs und sorgt dafür, dass dort Ordnung herrscht. Aber das Weltbild der Orion-Macher ist genauso schwarz-weiß wie das Bild, das man im Fernsehen sieht. Wenn das die deutsche Antwort auf *Star Trek* sein soll, dann aber eine, für die man sich schämen muss.

Die Legende von der „deutschen Antwort“ wird aber spätestens dann widerlegt, wenn man sich Zeitabläufe ansieht: *Raumpatrouille* lief Ende 1966, *Raumschiff Enterprise* startete in Deutschland erst sechs Jahre später. Da könnte man eher das Gegenteil vermuten, aber das funktioniert nicht: Drehbeginn für die deutsche Serie war der 16. März 1965, also gerade mal sechs Wochen, nachdem Roddenberry den ersten Pilotfilm für *Star Trek* fertiggestellt hatte. Keiner kann sich da vom anderen etwas abgeguckt haben!

AHA!

Das Buch zur Serie ohne Serie

Tatsächlich war es bereits 1970 möglich, in Deutschland *Star Trek*-Fan zu sein, ohne etwas über *Star Trek* zu wissen und ohne eine einzige Episode gesehen zu haben. Wie das möglich sein soll? Ganz einfach. Man musste lediglich den Jugendroman *Notruf aus dem All* von Mack Reynolds aus dem Franz Schneider Verlag mögen, mehr nicht. Zwei Jahre vor dem Deutschlandstart erschien dieses Buch ganz ohne Bezug zu *Star Trek*, mit einem Covermotiv, das eine U.S.S. Enterprise zeigt, die sehr wenig Ähnlichkeit mit der Enterprise hat (und noch eher vom Raumkreuzer Orion in Raumpatrouille inspiriert worden sein könnte). Dazu gibt es Innenillustrationen, die so vage gehalten sind, dass sie jeden zeigen könnten, ganz gleich, ob McCoy, Scotty oder Sulu gemeint ist.

Aufgebaut ist der Roman wie eine Aneinanderreihung von Episoden, da man von Planet zu Planet fliegt und Abenteuer erlebt, wobei jede Krise innerhalb von wenigen Seiten nach Schema F gelöst wird, weil es ja weitergehen muss. Die deutsche Fassung kommt natürlich nicht an das Original heran, da kann man dem Übersetzer keinen Vorwurf machen, schließlich hat er auf Verdacht arbeiten müssen.

Interessant ist allerdings, dass man im Original auf einer Welt landet, die sich sehr deutlich am Dritten Reich orientiert (die Amerikaner können es halt nicht lassen). Für Kinder ist das denkbar ungeeignet und wurde für die deutsche Ausgabe massiv entschärft. Das Buch ist seit Ewigkeiten vergriffen, aber im Heel-Verlag erschien eine Neuübersetzung, die sich an den sprachlichen Gepflogenheiten der Serie orientiert.

AHA!

Rätselhafte Entscheidungen

Als *Star Trek* 1972 in Deutschland unter dem Titel *Raumschiff Enterprise* mit sechsundzwanzig Episoden startete, war die Serie in den USA schon seit drei Jahren nicht mehr im Programm, was die Verantwortlichen aber geflissentlich übergingen.

Kein Wort davon, dass man den Zuschauern eine im Heimatland gefloppte Serie als die nächste große Sensation verkaufen wollte. Ohne Bekannte oder Verwandte in den USA wäre es 1972 für den deutschen Durchschnittszuschauer allerdings auch schwierig gewesen, der Sache auf den Grund zu gehen. Schließlich gab es ja auch keine Erwähnung des Originaltitels, was in der Zeit allerdings an der Tagesordnung war. Um den Namen *Star Trek* in Erfahrung bringen zu können, musste man schon einen Bahnhof mit internationaler Presse aufsuchen, um eine Chance zu haben, ein Buch mit den vertrauten Gesichtern von Kirk und Spock zu entdecken – und den Originaltitel *Star Trek*.

Der Sendeplatz, den man für die Serie wählte, ist bis heute ein Mysterium, da man gegen *die* ARD-Sendung schlechthin antrat: *Die Sportschau*. Die wartete mit den Ergebnissen aller Partien der Fußball-Bundesliga auf, was natürlich dem Zeitgeist entsprechend in erster Linie den männlichen Teil der Bevölkerung in allen Altersgruppen interessierte, also genau das Publikum, aus dem sich auch die SF-Fans rekrutierten. Erst recht unerklärlich wird diese Programmplanung, wenn man sich den Sendeplatz der drei großen Vorläufer von *Star Trek* anschaut. Zunächst war da *Raumpatrouille*, die im September 1966 in der ARD anlief, gefolgt von *Invasion von der Wega* ab April 1970 im ZDF und *UFO* ab Juni 1971 ebenfalls im ZDF: Sie alle liefen im ... Abendprogramm! *Star Trek* stand inhaltlich und optisch all diesen Produktionen in nichts nach, sodass es keinen vernünftigen Grund gab, die Serie am Vorabend zu platzieren, da sie dort automatisch eher ein jüngeres bis junges Publikum erreichte. Das führte wiederum dazu, dass *Star Trek* hierzulande jahrelange den völlig falschen Ruf hatte, eine Serie für Kinder und Jugendliche zu sein, aber keine ernstzunehmende Science Fiction.

Es ist heute pure Spekulation, ob der Sendeplatz für den Synchronisationsstil der Serie verantwortlich war, ob man angesichts der deutschen Dialoge entschied, die Serie keinem erwachsenen und damit anspruchsvollerem Publikum zuzumuten. Fakt ist aber, dass die deutsche Fassung von einer sehr großzügig bemessenen Flapsigkeit geprägt, die nicht nur dumme Sprüche („Nur ungern nimmt der Klingonenmann statt barer Münze Tribbles an") mit sich brachte, sondern allzu oft auch zu völlig Sinnentstelltem führte. Zwar genießt diese Synchronfassung bei einigen Fans eine Art Kultstatus, aber wer einmal die Serie im Original gesehen hat, der wird die meisten lockeren Sprüche keineswegs vermissen, sondern sich eher wünschen, dass irgendjemand entschieden hätte, *Star Trek* komplett neu zu synchronisieren. Spätestens dann würde klar, dass *Raumschiff Enterprise* im Vorabendprogramm ganz falsch aufgehoben war.

Es ist rückblickend schon erstaunlich, dass alle sechsundzwanzig Episoden gesendet wurden, ohne sie auf einen anderen Sendeplatz zu verlegen, auch wenn man damals noch nicht in Panik geriet, wenn die Einschaltquoten mal nicht Rekordniveau erreichten. Noch seltsamer ist es, dass das ZDF dann sogar noch dreizehn weitere Folgen einkaufte. Danach sollte es allerdings noch Jahre dauern, bis die deutschen Zuschauer die bis dahin ignorierte zweite Hälfte der Episoden zu sehen bekamen.

AHA!

Vulkanische Rituale

Leonard Nimoy hat nicht nur dafür gesorgt, dass der Halbvulkanier Spock zur markantesten *Star Trek*-Persönlichkeit wurde. Er trug auch aktiv dazu bei, dass sich der halb menschliche, halb außerirdische Erste Offizier der U.S.S. Enterprise nicht nur optisch vom Rest der Besatzung abhob.

So erfand Nimoy den heute legendären vulkanischen Gruß, bei dem der Daumen abgespreizt wird und Zeige- und Mittelfinger sowie Ring- und kleiner Finger das Victory-Zeichen bilden. Tatsächlich verbirgt sich dahinter der hebräische Buchstabe ש (Schin), mit dem der hebräische Begriff für Gott – *Shaddai* – beginnt. Nimoy, der jüdischen Glaubens war, war auf der Suche nach einer besonderen Geste, mit der Vulkanier grüßen. Seine Wahl fiel dabei auf etwas, was ihm aus dem jüdischen Gottesdienst in Erinnerung geblieben war.

Den vulkanischen Nervengriff, der das Opfer bewusstlos zusammensinken lässt, war eine weitere Idee, die Nimoy bei *Star Trek* einbrachte, wenn auch durch die Hintertür. In einer Episode sollte er Kirk niederschlagen und ihn außer Gefecht setzen. Solche Gewalt passte aber nicht zu einem friedfertigen Vulkanier. Also entwickelte er mit William Shatner und dem Regisseur der Episode den Nervengriff –ohne das zuvor mit den Produzenten zu besprechen. Die waren zum Glück von dieser Änderung angetan und ließen Spock fortan weiter so agieren.

Nicht von Nimoy ist jedoch die Gedankenverschmelzung, die Idee dazu hatte *Star Trek*-Erfinder Gene Roddenberry.

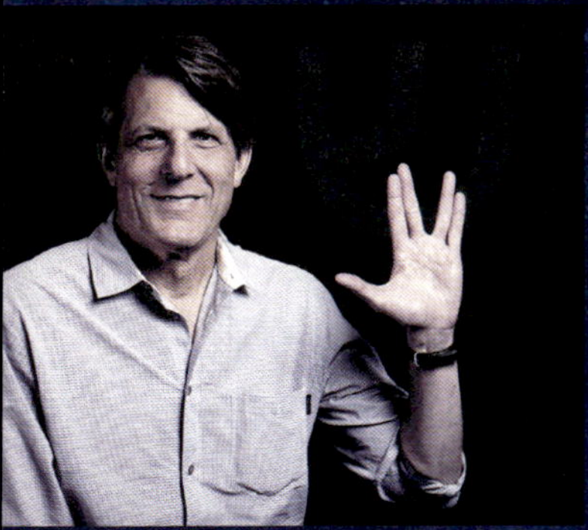

Nimoy-Sohn Adam demonstriert den vulkanischen Gruß.

AHA!

Vorbei ist nicht vorbei

Die nach dem Ende von *Star Trek* einsetzende Verbreitung der Serie durch regionale TV-Sender in Dauerrotation machte deutlich, was die korrekte Auslegung der Einschaltquote bereits hatte erahnen lassen: Für die Zuschauer war *Star Trek* keine abgesetzte und zu den Akten gelegte TV-Serie, sondern etwas, wovon viele Menschen nicht genug bekommen konnten. Da eine Fortsetzung als Realserie aus Kostengründen nicht zur Debatte stand, man den Hunger nach mehr aber stillen wollte, kam man auf die Idee, die neuen Abenteuer von Kirk und Co. als Zeichentrickserie zu verwirklichen.

Grundsätzlich war das eine gute Idee, da man zum einen fast alle Darsteller der alten Serie reaktivierte, damit sie als Sprecher ihren Figuren ihre Stimme liehen. Letztlich fehlte nur Walter Koenig, womit auch Chekov nicht als Zeichentrickfigur in Erscheinung trat. Zum anderen gab es praktisch kein Budgetproblem, wenn es darum ging, fremde Welten und unbekannte Spezies zu zeigen. Nicht einmal die Grenzen der damaligen Tricktechnik waren damit noch von Bedeutung, da man alles zeichnen konnte, was man wollte. So verrichteten auf der Brücke die Aliens Arex – ein Humanoider mit drei Armen und drei Beinen – und M'ress – ein weibliches Katzenwesen – ihren Dienst, ohne dass man sich Gedanken über die Maske oder über Spezialeffekte machen musste.

Insgesamt brachte es die Zeichentrickserie im Verlauf von zwei Seasons auf 22 Episoden, die mit knapp 20 Minuten sehr kurz ausfielen. Das frühe Scheitern hatte aber einen anderen Grund, denn man hatte die neue *Star Trek*-Serie im Cartoon-Programmblock am Samstagmorgen platziert, wenn die alten Fans sich nicht vor den Fernseher setzen wollten oder konnten. Gleichzeitig waren die Geschichten zu anspruchsvoll, um Kinder zu unterhalten, die keine Zeitparadoxa, sondern Action sehen wollten.

Time Trek Teil 1

Anfang 1964 Gene Roddenberry versucht, sein *Star Trek*-Konzept an MGM zu verkaufen, stößt aber nicht auf Begeisterung.

April 1964 Die DESILU-Studios von Lucille Ball und Desi Arnaz zeigen Interesse an Roddenberrys Konzept.

Mai 1964 NBC willigt ein und fordert drei Drehbuchideen an.

Juni 1964 Roddenberry legt die ausgearbeiteten Ideen vor, *The Cage* wird ausgewählt.

September 1964 Roddenberry legt das Drehbuch zu *The Cage* vor und erhält grünes Licht.

Oktober 1964 Die Vorbereitungen für die Produktion des ersten Pilotfilms beginnen.

12. Dezember 1964 Die Dreharbeiten für den ersten Pilotfilm beginnen.

Februar 1965 Der fertiggestellte Pilotfilm wird an NBC übergeben. Das Budget wurde überzogen, die veranschlagte Anzahl an Drehtagen ebenso, und dann ist die Episode auch noch viel zu lang.

5. Juli 1965 Die Vorbereitungen für den zweiten Pilotfilm sollen beginnen, werden aber verschoben.

21. Juli 1965 Mit geringer Verspätung starten die Vorbereitungen für den zweiten Pilotfilm.

Der zweite Pilotfilm wird termingerecht abgeliefert. Die Serienproduktion erhält grünes Licht.	**Januar 1966**
NBC beginnt mit der Ausstrahlung von *Star Trek*.	**8. September 1966**
Die zweite Season von *Star Trek* beginnt.	**15. September 1967**
Star Trek geht in ein drittes Jahr.	**20. September 1968**
Mit der Episode *Gefährlicher Tausch* enden die Abenteuer des Raumschiffs Enterprise nach nur drei Jahren.	**3. Juni 1969**
Das ZDF beginnt mit der Ausstrahlung von 26 *Star Trek*-Episoden unter dem Titel *Raumschiff Enterprise*.	**27. Mai 1972**
In den USA beginnt die Ausstrahlung der *Star Trek*-Zeichentrickserie.	**15. September 1973**
Das ZDF legt noch einmal 13 Episoden *Raumschiff Enterprise* nach.	**Oktober 1973**
Die Zeichentrickserie wird mit kleineren Lücken, in stark gekürzter Form und einer albern synchronisierten Fassung im ZDF gezeigt.	**März 1976**
In der USA findet die Weltpremiere von *Star Trek: Der Film* statt. Einen Tag später läuft er in den US-Kinos an.	**6. Dezember 1979**
Star Trek: Der Film hat Deutschlandpremiere. Zum ersten Mal firmiert *Star Trek* unter dem Originaltitel, nicht mehr unter *Raumschiff Enterprise*, was viele deutsche Kinogänger verwirrt.	**28. März 1980**

Die vergessene Serie & ein teurer Flop

Der Weg ins Kino war für *Star Trek* lang, steil und reich an Irrungen und Wirrungen.

Der Dezember 1975 war der erste konkrete Zeitpunkt für eine Wiederauferstehung der Serie, und zwar auf der Kinoleinwand und mit der Originalbesetzung. Da man sich nicht auf ein Drehbuch einigen konnte, rutschte der Starttermin auf den Herbst 1976. Anfang 1976 wanderte das Projekt Kinofilm dann jedoch in die TV-Abteilung von Paramount, nur um im April wieder zum Kinoprojekt zu werden. Mit einem Budget von sechs bis acht Mio. Dollar sollte bis zum Frühjahr 1977 der Film fertiggestellt werden. Um die Verwirrung zu steigern, wurde das Budget erst aufgestockt, und gleich darauf wurde aus dem Kinofilm eine Serie, intern *Phase II* genannt. Eine Verschiebung des Drehbeginns machte den Premierentermin hinfällig, dennoch begann man bereits mit dem Bau der Kulissen für die neue Serie, Schauspieler wurden verpflichtet, Probeaufnahmen erledigt, und ein Handbuch vom 12. August 1977 beschrieb detailliert die Figuren der Serie und ihre Beziehungen untereinander.
Am 21. November 1977 und damit neun Tage vor Drehbeginn zum Pilotfilm wurden die Vorbereitungen abrupt gestoppt, da es nun doch ein Kinofilm werden sollte. Das wurde am 28. März 1978 bestätigt, als auf einer Pressekonferenz *Star Trek – Der Film* angekündigt wurde. Regisseur Robert Wise konnte Leonard Nimoy verpflichten, der zuvor mal nicht gewollt hatte, mal nicht zur Verfügung gestanden hatte. Premiere sollte am 7. Dezember 1979 sein, das Budget des Films belief sich inzwischen auf 15 Mio. Dollar.

Am 7. August 1978 begannen die Dreharbeiten, doch Anfang 1979 vermeldete das beauftragte Unternehmen für die Spezialeffekte auf einmal, dass die Effekte rund 16 Mio. Dollar kosten würden, praktisch also das gesamte Budget des Films. Fertiggestelltes Material im Wert von vier Mio. Dollar erwies sich als unbrauchbar, sodass in aller Eile der namhafte Douglas Trumbull verpflichtet wurde. Der lieferte zwar erstklassige Arbeit, aber die Mehrkosten beliefen sich auf gut zehn Mio. Dollar.
Als *Star Trek – Der Film* am 6. Dezember 1979 im MacArthur Theatre in Washington D.C. offiziell Premiere feierte und am nächsten Tag in zahllosen US-Kinos anlief, galt es stolze 44 Mio. Dollar Produktionskosten wieder reinzuholen.
An den US-Kinokassen spielte der Film beachtliche 175 Mio. Dollar ein. Berücksichtigt man, dass ein Film zwischen dem Zwei- und Dreifachen seiner Produktionskosten einspielen muss, um ohne Verlust dazustehen, dann war *Star Trek – Der Film* durchaus ein Erfolg. Das Studio hatte sich jedoch allein schon wegen des Erfolgs von *Star Wars* mehr versprochen und gab Gene Roddenberry in seiner Funktion als Produzent die Schuld an dem „mäßigen" Ergebnis. In Wahrheit sollte Roddenberrys Einfluss beschnitten werden, denn die realen Produktionskosten waren vermutlich gerade einmal halb so hoch. Der „Rest" bestand aus den Mehrkosten für die Spezialeffekte und aus jenen Ausgaben, die durch das ständige Hin und Her zwischen Kinofilm und Fernsehserie verursacht worden waren. Schauspieler waren für den Kinofilm verpflichtet und dann wieder nach Hause geschickt worden, nur um dann für die Serie erneut engagiert und kurz darauf abermals entlassen zu werden – und jedes Mal hatte man Teilgagen zahlen müssen. Genauso waren die Produktionskosten für *Phase II* einfach dem Kinofilm untergeschoben worden, obwohl der nichts damit zu tun hatte. Für das Studio Paramount war diese Mission ein voller Erfolg gewesen: *Star Trek* war wieder da und Roddenberry quasi kaltgestellt worden.

Der missverstandene Vulkanier
Teil 1

„Der gefühllose Mr. Spock“, „Der Mann, der nur Logik kennt“, „Der eiskalte Logiker“ – Mr. Spock hat schon viele Spitznamen über sich ergehen lassen müssen, die aber immer nur den Beweis liefern, dass derjenige, der zu solchen Formulierungen greift, von der Materie wenig bis gar keine Ahnung hat.

Es ist richtig, dass sich Vulkanier bei allen Entscheidungen von der Logik leiten, aber sie besitzen genau wie die Menschen auch Gefühle – allerdings unterdrücken sie sie, um sich von ihnen bei ihren Entscheidungen nicht beeinflussen zu lassen. Nur ist das für den guten Mr. Spock noch ein Stück schwieriger, da seine Mutter von der Erde stammt. In mehreren *Star Trek*-Episoden erlebt man deshalb Mr. Spock auch, wie er mal ausgelassen lacht, mal völlig die Kontrolle über sich verliert und sich mal zum Barbaren zurückentwickelt, als es ihn in die ferne Vergangenheit verschlägt.

Mit ihrer Logik können Vulkanier übrigens sogar eine Verzweiflungstat wegargumentieren, indem sie darauf beharren, dass es nur logisch war, so zu handeln, da es der einzige noch gangbare Weg war, der ihnen zur Verfügung stand. Gegen vulkanische Logik kommt man eben nur schwer an – erst recht, wenn sie damit eine Gefühlsregung zu vertuschen versuchen.

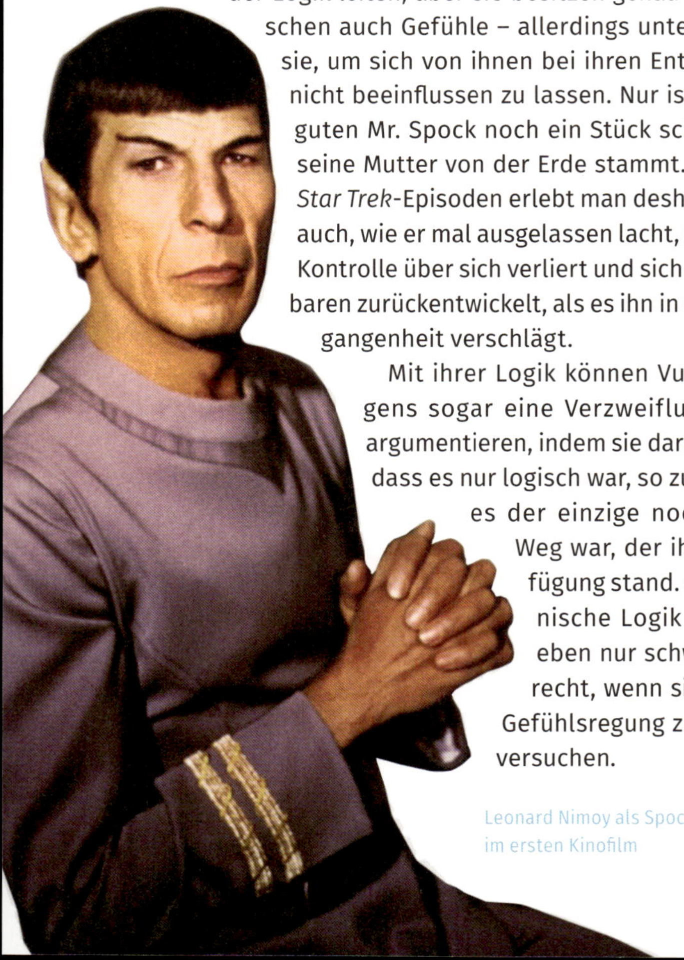

Leonard Nimoy als Spock im ersten Kinofilm

Ohne *Star Wars* kein *Star Trek*!

Dass es ohne den Film von George Lucas keine Kinoabenteuer der Enterprise gegeben hätte, wird gern behauptet, weil dadurch *Star Wars* aufgewertet und *Star Trek* zu einer der vielen Filmproduktionen degradiert werden kann, die im Fahrwasser des Kassenschlagers folgten. Aber dem ist nicht so.

Immerhin war ein Kinofilm für Kirk und Co. schon in Entwicklung, als noch niemand wusste, was *Star Wars* sein sollte. Als sich aber abzuzeichnen begann, was Lucas da auf das Kinopublikum loslassen wollte, wurde man in der Chefetage von Paramount leicht nervös, doch nicht etwa, weil man *Star Trek* so schnell wie möglich auf die Leinwand folgen lassen wollte. Vielmehr wurde gemunkelt, dass man fürchtete, mit dieser Konkurrenz nicht mithalten zu können.

Die Produktion einer neuen Fernsehserie war im Vergleich dazu finanziell kein so großes Wagnis. Die Kosten waren überschaubar, und falls die Zuschauer ausbleiben sollten, konnte man eine Serie immer noch nach drei Wochen absetzen. Die dabei anfallenden Kosten würden nur einen Bruchteil dessen ausmachen, was man für einen Kinofilm investieren musste. Ganz so gering war die Zuversicht der Verantwortlichen dann aber auch wieder nicht, denn Paramount sah in *Star Trek* das Zugpferd eines geplanten vierten Networks, also eines ernstzunehmenden Konkurrenten für die Sender-Riesen ABC, NBC und CBS. Daraus wurde dann aber erst Jahre später etwas, bezeichnenderweise abermals mit *Star Trek* als Galionsfigur, nämlich *Star Trek: Voyager.*

Dass *Star Trek* dann schließlich doch noch zunächst als Kinofilm eine Wiedergeburt erlebte, lag nicht etwa daran, dass man Lucas' Film letztlich doch nacheifern wollte. Vielmehr hatte *Star Wars* den Beweis geliefert hatte, dass Science-Fiction im Kino keineswegs ein in die Jahre gekommenes Genre war.

AHA!

Beverly Hills Trek?

In den Jahren 1966 bis 1969 nahm ein Schauspieler eine Gastrolle in *Star Trek* an, weil ein Agent ihm die vermittelt hatte. In der Woche davor war er bei *Kobra, übernehmen Sie* zu sehen gewesen, in der Woche danach verbrachte er ein paar Drehtage auf dem Set von *Bonanza*. In der kurzen Zeit ihrer Existenz konnte die Originalserie keinen Kultcharakter entwickeln, der bei einem Schauspieler den Wunsch weckte, unbedingt auch einmal einen wenn auch nur kleinen Part in einer *Star Trek*-Episoden zu bekommen. Das änderte sich mit dem anhaltenden Erfolg der Kinofilme, und so gehörte ausgerechnet Eddie Murphy zu den ersten Stars, die Interesse daran bekundeten, bei Star Trek mitspielen zu dürfen.

Tatsächlich war dann für ihn im vierten Kinofilm auch die Rolle eines Astrophysikers vorgesehen, der der Enterprise-Crew hilft (ein Part, der, zur Meeresbiologin Dr. Gillian Taylor umgeschrieben, letztlich an Catherine Hicks ging), und alles sprach dafür, dass man schon Murphy in einem Atemzug mit *Star Trek* nennen würde.

Aber nur beinahe. Warum es scheiterte? Nun, da gibt es wie so oft verschiedene Versionen. Zu den am häufigsten auftauchenden Erklärungen gehört zum einen die Aussage, dass Paramount von der Idee doch wieder Abstand nahm, weil Filme mit Eddie Murphy ohnehin Kinoerfolge waren und man die *Star Trek*-Zuschauerschaft dafür nicht benötigte. Zum anderen wird Murphy selbst so zitiert, dass ihm die zugedachte Rolle nicht gefiel und er stattdessen lieber einen neuen eigenen Film drehen wollte, in diesem Fall *Auf der Suche nach dem goldenen Kind*.

Rückblickend kann man wohl erleichtert aufatmen, dass aus dem Murphy-Engagement nichts wurde, denn entweder hätte sich die *Star Trek*-Crew ihm unterordnen müssen oder umgekehrt – und das hätte weder den Schauspielern noch den Zuschauern gefallen.

Wo noch nie eine Serie gewesen ist

Serien, die nach Kinofilmen entstehen, sind keine Seltenheit. Einer der bekanntesten Vertreter dieser Gattung dürfte die bitterböse Kriegssatire *M*A*S*H* sein. Auch Kinofilme nach Fernsehserien kennt man. Ob *Starsky & Hutch*, *A-Team* oder *21 Jump Street*, sie alle erlebten eine Auferstehung auf der Kinoleinwand, aber selten dem gleichen Genre zugehörig, denn Action- oder Dramaserien werden oft in seichte Komödie verwandelt. Eines ist all diesen Filmproduktionen gemeinsam: Die Stars aus dem Fernsehen spielen bestenfalls eine kleine Nebenrolle, meistens bleibt es bei Mini-Auftritten, die nur den Fans der Serie auffallen.

Nicht so bei *Star Trek*. Als die Serie 1979 den Sprung auf die Leinwand schaffte, war sie die erste Fernsehserie überhaupt, der dieses Kunststück gelang. Und damit nicht genug: Sämtliche Rollen im Kinofilm wurden von den gleichen Schauspielern verkörpert, die auch schon bei der Serie mitgewirkt hatten, die zehn Jahre zuvor abgesetzt worden war.

Fünfzehn Jahre später wiederholte sich die Geschichte, als 1994 *Star Trek: Treffen der Generationen* in die Kinos kam und die komplette Besetzung aus *Star Trek: The Next Generation* vertreten war – und das gerade mal ein halbes Jahr nach Ende der Serie.

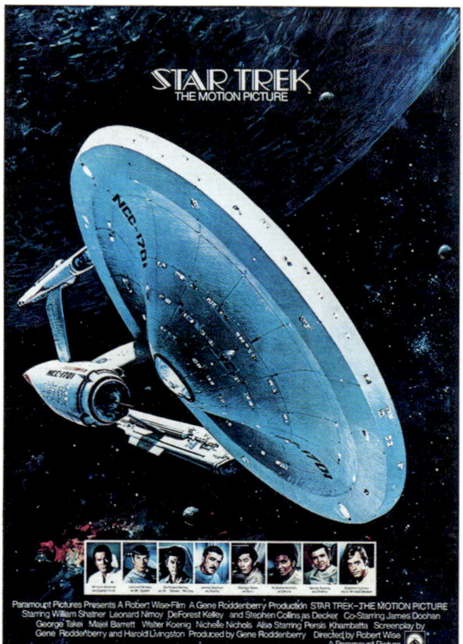

Ein frühes Plakatmotiv für den ersten Kinofilm

AHA!

Der glücklose Glückspilz

Gene Roddenberry konnte sich eigentlich glücklich schätzen, hatte er doch mit *Star Trek* eines der erfolgreichsten und langlebigsten Franchises erfunden, das zudem nicht auf sein ursprüngliches Medium Fernsehen beschränkt blieb, sondern auch eine ganze Reihe von erfolgreichen Kinofilmen hervorbrachte, den Markt mit Romanen und Comics flutete und auch vor Computer- und komplexen Online-Spielen nicht Halt machte. Doch der Segen entwickelte sich auch zu einem Fluch.

Denn nach dem Ende der Serie unternahm Roddenberry immer neue Anläufe, um sich mit anderen Ideen zu etablieren, doch die Bemühungen kamen über Pilotfilme nicht hinaus, die schließlich als Spielfilme im Fernsehen liefen, ohne jemals eine Serie nach sich zu ziehen.

Den Anfang der Trek-fernen Aktivitäten machte 1971 der Kinofilm *Pretty Maids All In A Row*, der in Deutschland wahlweise den Titel *Eine nach der anderen* oder *Der Sex-Lehrer-Report* trug. Roddenberry schrieb das Drehbuch und produzierte, Roger Vadim führte Regie, in den Hauptrollen waren Rock Hudson und Angie Dickinson zu sehen. Der Titel trügt, denn es geht um die Jagd auf einen Serienmörder, der an einer kalifornischen High School Studentinnen umbringt, was einen verheirateten Lehrer in Bedrängnis bringt, der zahlreichen Affären mit den Studentinnen hat. Das Resultat war ein solider, aber nicht bahnbrechender Film, der Roddenberry somit auch nicht in die Lage versetzte, weitere Projekte in Angriff zu nehmen.

Nach diesem Ausflug in Richtung Kino wandte sich Roddenberry wieder dem Fernsehen zu und begann mit der Arbeit an neuen Pilotfilmen. Die abenteuerlichste Entwicklung machte dabei *Genesis II* von 1973 durch. Im Mittelpunkt stand der Wissenschaftler Dylan Hunt, der infolge eines Unglücks im Jahr 1979 in einen Kälteschlaf fällt und erst rund 150 Jahre später erwacht – und sich in einer postapokalyptischen Welt wiederfindet. Er macht die Bekanntschaft einer Organisation mit Namen PAX, die die Zivilisation wiederaufbauen will.

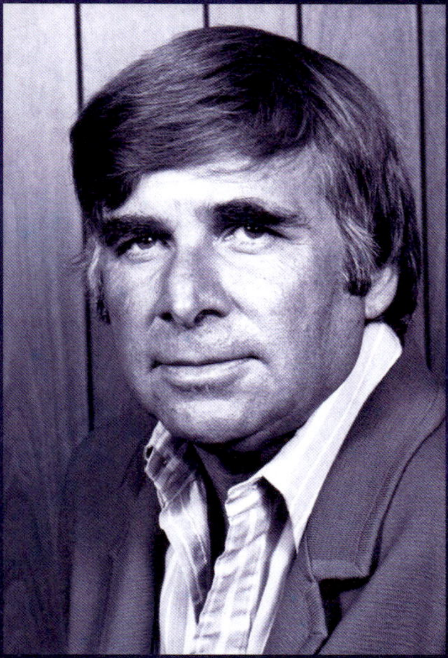

Gene Roddenberry ca. 1974

Der Pilotfilm fand beim Sender keine Zustimmung, also arbeitete Roddenberry das Konzept um und legte 1974 *Planet Earth* vor, wieder mit Dylan Hunt als Hauptfigur und wieder in einer postapokalyptischen Welt angesiedelt. Diesmal ging es jedoch darum, dass Hunt auf eine unbekannte, matriarchalisch geführte Gesellschaft stößt.

Der TV-Sender ABC war auch diesmal nicht begeistert, beschloss aber als Rechteinhaber an den Konzepten, einen dritten Anlauf zu unternehmen, der den Titel *Strange New World* erhielt und von einem Astronautentrio erzählt, das nach 180 Jahren auf eine gänzlich veränderte Erde zurückkehrt. Der Name Dylan Hunt wurde genauso geändert wie jeder andere im Drehbuch, um keine Urheberrechtsklage zu riskieren.

Strange New World erlitt das gleiche Schicksal wie *Genesis II* und *Planet Earth*, da mehr als ein Spielfilm nicht dabei herauskam. Ob es daran lag, dass sich die Ideen zu sehr ähnelten? Oder daran, dass man auf Alex Cord als Hauptdarsteller einfach nicht verzichten wollte?

Gene Roddenberry war klug genug, die *Genesis II*-Idee nicht noch einmal aufzuwärmen, was aber nichts daran änderte, dass sein nächstes Projekt auch nicht über einen Spielfilm hinauskam.

1974 produzierte er *Ein Computer wird gejagt (The Questor Tapes)*, eine Geschichte über einen Androiden, der auf der Suche nach seinem Schöpfer ist. Tatsächlich hatte er bereits eine Zusage für die ersten dreizehn Episoden in der Tasche, allerdings forderten Universal als auch NBC eine Reihe von Veränderungen auf dem Weg zur Serie. Roddenberry ließ sich darauf nicht ein und besiegelte damit das vorzeitige Ende einer neuen Fernsehserie.

Noch 1977, als bereits an einer Neuauflage von *Star Trek* gearbeitet wurde, entwickelte Roddenberry eine Serienidee mit dem Titel *Spectre*, in der ein Privatdetektiv (gespielt von Robert Culp) in übersinnliche Fälle verstrickt wird. Das Resultat war eine Episode, der keine Serie folgte, die aber dann um eine Handvoll Nacktszenen erweitert wurde, um das Ganze auf Spielfilmlänge zu bringen.

Ironie des Schicksals: Der *Star Trek*-Erfinder musste erst sterben, um auch abseits seines großen Erfolgs wahrgenommen zu werden, denn erst 1997 konnte seine Witwe Majel Barrett das enorm gewachsene Interesse an *Star Trek* nutzen, um andere Konzepte ihres Mannes umzusetzen.

Mission: Erde (Earth: Final Conflict) basierte auf einer Idee aus den Siebzigerjahren mit dem Titel *Battleground Earth*, die sich darum drehte, dass scheinbar mildtätige Außerirdische auf der Erde landen. So war auch die Serie angelegt, in der die Taelons der Menschheit großzügig den Zugriff auf technologischen Fortschritt gewähren, was aber bei manchen Menschen auf Skepsis hinsichtlich der wahren Motive dieser Fremden stößt. *Mission: Erde* konnte sich fünf Jahre lang im Programm halten.

Ebenfalls fünf Jahre lang konnte *Andromeda* ab 2000 sein Publikum unterhalten, wobei diese Serie nicht ganz so originell war wie *Mission: Erde*, da viele Elemente aus dem *Genesis II/Planet Earth/Strange New World*-Bestand reaktiviert wurden, unter anderem auch der Name Dylan Hunt. Gespielt wurde der aber diesmal von Kevin Sorbo, der gleich noch die *Hercules*-Fans zur Serie mitbrachte.

Wer hat's erfunden?

Nein, es waren nicht die Schweizer, auch wenn die Häufigkeit des „ch"-Lauts den Schluss zulassen könnte, dass die Eidgenossen uns diese Sprache einer außerirdischen Spezies eingebrockt haben. Was damit gemeint ist? Ganz einfach: Klingonisch.

Tatsächlich handelt sich dabei um den Irrtum, der von allen wohl am schwierigsten aus der Welt zu schaffen ist, da mit schöner Regelmäßigkeit der Name Marc Okrand fällt. Zugegeben, ihm ist zweifellos zu verdanken, dass die frei erfundene Sprache die heute bekannte Verbreitung gefunden hat. Urheber des Ganzen war jedoch in Wahrheit kein Geringerer als James Doohan, bestens bekannt als Chefingenieur Montgomery Scott.

Als Mark Lenard – bekannt als Spocks vulkanischer Vater Sarek – im ersten *Star Trek*-Kinofilm den ersten Klingonen der Leinwand-Ära spielen sollte, stand man vor der Frage, wie sich wohl die klingonische Sprache anhörte. Hilfe kam von James Doohan, der unzählige Dialekte beherrschte. Er schlug Lenard eine Reihe von kurzen, knappen Sätzen vor, die wie Befehle klingen sollten.

Erst danach betrat der Sprachwissenschaftler Marc Okrand die Szene, um ab dem dritten Kinofilm und für alle TV-Serien klingonische Texte zu liefern. Dafür entwickelte er zwar eine umfangreiche künstliche Sprache mit eigener Grammatik, aber ohne James Doohan würden die Klingonen ganz sicher völlig anders klingen.

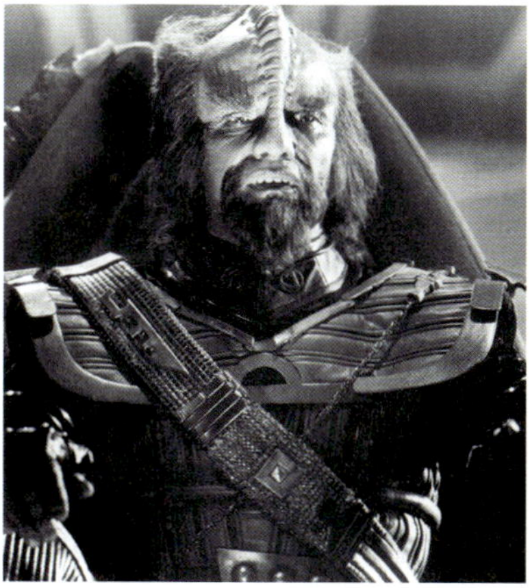

Mark Lenard als erster Kino-Klingone

AHA!

Ein Film, viele Titel

Als *Star Trek II: Der Zorn des Khan* ist der zweite Kinofilm mit Kirk, Spock und Co. in die Filmgeschichte eingegangen. Aber das Original hieß nicht immer *The Wrath of Khan*. Zunächst kursierte der Titel *The Next Continent*, gefolgt von *The Undiscovered Country* (dem Titel, den später der sechste Kinofilm erhalten sollte) und *The Uncharted Continent* bis hin zu *The Genesis Project*, wobei zumindest der letztgenannte etwas greifbarer klang, selbst wenn man noch keine Ahnung hatte, was es mit diesem Projekt auf sich haben könnte.

Parallel zu diesen Umbenennungen machten Gerüchte die Runde, dass Kirk mit einem Gegner aus den Tagen der TV-Serie konfrontiert werden sollte. In Frage kam so ziemlich jeder, mit dem sich Kirk in den drei Jahren angelegt hatte. Theoretisch hätte es sogar eine Figur sein können, die in der Serie gestorben war. Erst nach der vorerst letzten Umbenennung in *Star Trek: The Vengeance of Khan* gab es keinen Zweifel mehr: Der berühmt-berüchtigte Schurke Khan aus der Episode *Der schlafende Tiger* sollte es sein, dargestellt vom charismatischen Ricardo Montalban, der es sich nicht nehmen ließ, diesen Part nach so vielen Jahren erneut zu spielen.

Aber das Titel-wechsel-dich-Spiel war noch nicht vorbei, denn in der letzten Minute wurde *The Vengeance of Khan* in *The Wrath of Khan* geändert. Der Grund? Kurz zuvor war durchgesickert, dass der nächste *Star Wars*-Film *Revenge of the Jedi* heißen würde. Man wollte eine Verwechslung wegen der ähnlich klingenden Begriffe „Revenge“ und „Vengeance“ vermeiden. Der zweite *Star Trek*-Film hatte nun seinen neuen Titel und lief in den US-Kinos an – und prompt veränderte man im Hause Lucas ebenfalls den Filmtitel und machte aus *Revenge of the Jedi* das weniger martialisch klingende *Return of the Jedi*.

AHA!

Platt im Weltall

So seriös *Star Trek* im Fernsehen daherkommt, so sehr sind die Produzenten darum bemüht, in die Kinofilme ein paar Schenkelklopfer einzubauen.

Zweimal wird Scotty das Opfer solcher Anwandlungen der Drehbuchautoren. Das erste Mal muss er sich in *Star Trek IV: Zurück in die Gegenwart* blamieren, als er mit einem Computer Baujahr 1986 zu reden versucht und schließlich in die Maus spricht. Ein Mann, der seine Freizeit mit dem Studium von Technikjournalen verbringt, soll nicht wissen, wie ein alter Computer aussehen und funktionieren soll? Zumal er Augenblicke später in der Lage ist, eine komplexe Formel einzugeben?

Und gleich im nächsten Film *Star Trek V: Am Rande des Universums* muss Scotty dann kundtun, dass er sich an Bord der Enterprise auch im Schlaf zurechtfindet – und dann prompt gegen einen Stahlträger läuft. Lustig? Eher nicht.

Was hätten die Drehbuchautoren von *Star Trek: Der erste Kontakt* wohl ohne einen gewissen schwedischen Tennisstar gemacht? Wenn Picard gegenüber Lily Sloane (Alfre Woodard) erwähnt, dass die Widersacher die Borg (eine verkürzte Form von Kyborg) sind, fiel den Autoren nichts Komischeres ein, als Lily fragen zu lassen, ob das wohl Schweden sind.

Den dümmsten „Witz" leistete man sich allerdings in *Star Trek VI: Das unentdeckte Land*, als Uhura auf eine Nachricht von einem Klingonen antworten soll, es aber nicht kann, da sie kein Klingonisch beherrscht. In der nächsten Szene wälzt die halbe Brückencrew in bester Leslie-Nielsen-Manier dicke Wörterbücher (!), um herauszufinden, was man antworten solle. Wer genau hinguckt, kann bereits Jahre zuvor im ersten Kinofilm sehen, wie auf einem Monitor eine Nachricht eines Klingonen abgespielt und vom Computer simultan übersetzt wird.

Fazit: Platter Humor bleibt auch im Weltall platt.

Der Fluch des Khan?

Ein Fluch ist es sicher nicht, schließlich ist *Star Trek II: Der Zorn des Khan* inzwischen über vierzig Jahre alt. Dennoch ist der zweite Kinoausflug der Enterprise zugleich der Film mit den meisten inzwischen verstorbenen Schauspielern und Machern.

1989: Mit nur 29 Jahren stirbt Merritt Butrick, der als Kirks Sohn David Marcus unvergessen bleibt.

1991: *Star Trek*-Erfinder Gene Roddenberry tritt mit erst 70 Jahren seine letzte Reise an.

1996: Bibi Besch, Kirks resolute Ex-Flamme Dr. Carol Marcus, stirbt im Alter von nur 54 Jahren.

1999: Mit 79 Jahren verabschiedet sich DeForest Kelley alias Dr. McCoy als Erster aus der Stammbesetzung.

2004: Paul Winfield alias Captain Terrell wird nur 64 Jahre alt.

2005: Scotty-Darsteller James Doohan verstirbt mit 85 Jahren, er zählte ebenfalls zur Stammbesetzung.

2007: Drehbuchautor Jack B. Sowards, dessen Name viele als Autor der Serie *Die Straßen von San Francisco* kennen, stirbt mit 78 Jahren.

2009: Ricardo Montalban, der titelgebende zornige Khan, stirbt im Alter von 88 Jahren.

2015: Harve Bennett, Produzent dieses Films, tritt mit 84 Jahren ab.

2015: Filmkomponist James Horner kommt bei einem Flugzeugabsturz ums Leben und wird gerade einmal 61 Jahre alt.

2015: Mit 83 Jahren verlässt Leonard Nimoy als legendärer Mr. Spock für immer die Bühne.

2019: Mit 91 Jahren stirbt John Winston als Lt. Kyle, der zuvor in elf *Star Trek*-Episoden in der gleichen Rolle mitgewirkt hatte.

2021: Kostümdesigner Robert Fletcher, dessen Kreationen vor allem den Stil der Vulkanier und der Klingonen prägten, stirbt im stolzen Alter von 98 Jahren.

2022: Mit 89 Jahren tritt Nichelle Nichols als nunmehr viertes Mitglied der Stammbesetzung ihre letzte Reise an.

2022: Kirstie Alley (Saavik) erliegt mit erst 71 Jahren einem Krebsleiden.

Der missverstandene Vulkanier
Teil 2

Es gibt für einen Künstler wohl nichts Schlimmeres, als in eine geistige Schublade gesteckt zu werden, vor allem dann, wenn das Schubladendenken vom Publikum ausgeht. Einen Agenten, der einem nichts anderes zutraut, kann man wechseln. Um einen Produzenten, der einen nicht einstellen will, kann man einen Bogen machen und nach einem anderen Projekt suchen. Aber ein Schauspieler, der von den Film- und Fernsehzuschauern immer nur mit einer Rolle in Verbindung gebracht wird? Wie soll der sein Publikum gegen ein anderes austauschen?

Genau in dieser Situation befand sich Leonard Nimoy nach dem Ende von *Star Trek*. Er hatte den Vulkanier Spock drei Jahre lang so eindringlich gespielt, dass für viele Zuschauer Nimoy und Spock eins geworden waren. Dieses Erlebnis war für ihn so frustrierend, dass er schließlich eine Autobiografie veröffentlichte, die den Titel *I Am Not Spock* trug. Was als Befreiungsschlag gedacht war, ging für Nimoy dann aber nach hinten los. Während er klarzumachen versuchte, dass Spock nur eine Rolle war und er als Künstler wesentlich vielseitiger war, legten viele Fans den Titel so aus, als würde er sich gegen Spock aussprechen. Er brauchte Jahre, um das Missverständnis auszuräumen und legte zur definitiven Klarstellung eine zweite Autobiografie nach. Ihr Titel: *I Am Spock*.

Captain James T. Kiss ... ähm ... Kirk

Niemand hat sich je so durch eine Star Trek-Serie geküsst wie seinerzeit William Shatner. Kaum eine Frau war vor ihm sicher, allerdings beruhten die meisten Küsse auf Gegenseitigkeit. Bedenkt man, dass Kirk nur rund achtzig Episoden und sechseinhalb Filme lang Gelegenheit zum Küssen bekam, dann fällt seine Quote sogar noch viel höher aus und wird von keinem anderen Captain und auch von keiner anderen Figur quer durch alle Serie auch nur annähernd erreicht.

In der Reihenfolge ihres Auftretens machten folgende Schauspielerinnen die Bekanntschaft mit Shatners Lippen:

- **Sherry Jackson** als **Androidin Andrea** in *Der alte Traum*
- **Marianna Hill** als **Dr. Helen Noel** in *Der Zentralnervensystem-Manipulator*
- **Barbara Anderson** als **Lenore Karidian** in *Kodos der Henker*
- **Joan Marshall** als **Areel Shaw** in *Kirk unter Anklage*
- **Joan Collins** als **Edith Keeler** in *Griff in die Geschichte*
- **BarBara Luna** als **Marlena Moreau** in *Ein Parallel-Universum*
- **Antoinette Bower** als **Sylvia** in *Das Spukschloss im Weltall*
- **Angelique Pettyjohn** als **Shahna** in *Meister der Sklaven*
- **Nancy Kovak** als **Nona** in *Der erste Krieg*
- **Diana Muldaur** als **Ann Mulhall** in *Geist sucht Körper*
- **Barbara Bouchet** als **Kelinda** in *Stein und Staub*
- **Lois Jewell** als **Drusilla** in *Brot und Spiele*
- **Sabrina Scharf** als **Miramanee** in *Der Obelisk*
- **Kathie Browne** als **Deela** in *Was summt denn da?*
- **France Nuyen** als **Elaan von Troyius** in *Brautschiff Enterprise*
- **Yvonne Craig** als **Marta** in *Wen die Götter zerstören*

- **Sharon Acker** als Odona in *Fast unsterblich*
- **Louise Sorel** als Rayna Kapec in *Planet der Unsterblichen*

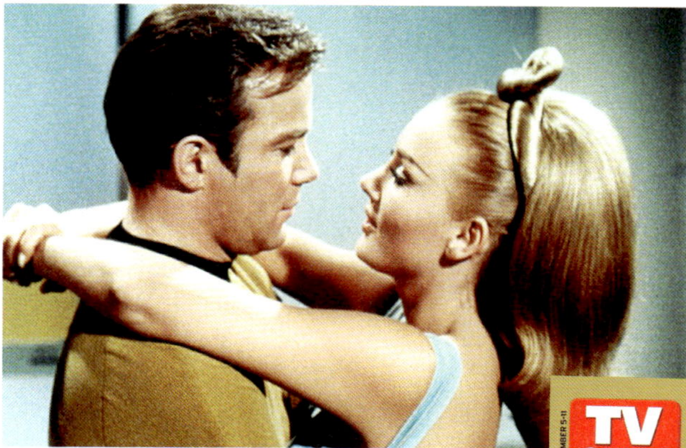

Kirk verführt die Außerirdische Kelinda.

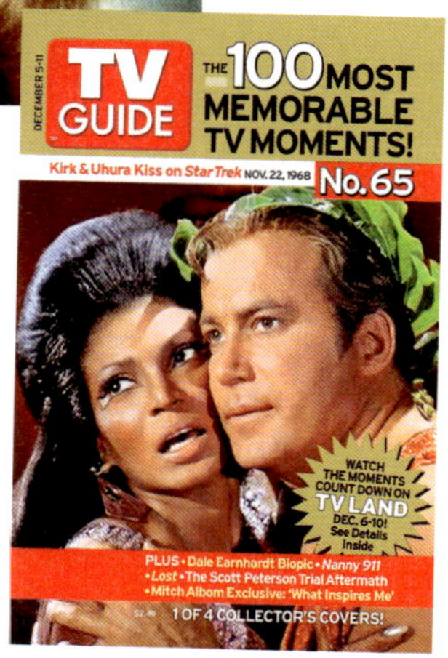

Der Kuss, der TV-Geschichte schrieb: Uhura und Kirk

Besonders erwähnenswert ist der Kuss von Kirk und Uhura (Nichelle Nichols) in Platons Stiefkinder als erster Fernsehkuss zwischen einem Weißen und einer Schwarzen, der vor allem in den Südstaaten der USA für Unmut sorgte.

Der Schmatzer, den er von Gillian Taylor (Catherine Hicks) in *Star Trek IV: Zurück in die Gegenwart* bekommt, kann allenfalls halb zählen, zumal der nicht von Kirk ausging und auch schon vorbei war, ehe er richtig begonnen hatte.

Quasi als Entschädigung gab es dann aber zum Abschluss in *Star Trek VI: Das unentdeckte Land* einen Kuss von David Bowies Ehefrau Iman. Dass die eine Gestaltwandlerin war, die anschließend ihr wahres monströses Aussehen zu erkennen gab, tut dem Kuss keinen Abbruch und gibt ihm allenfalls einen seltsamen Beigeschmack.

Wer ist wer in *Star Trek:* The Next Generation?

Patrick Stewart (*1940) ist Captain Jean-Luc Picard.

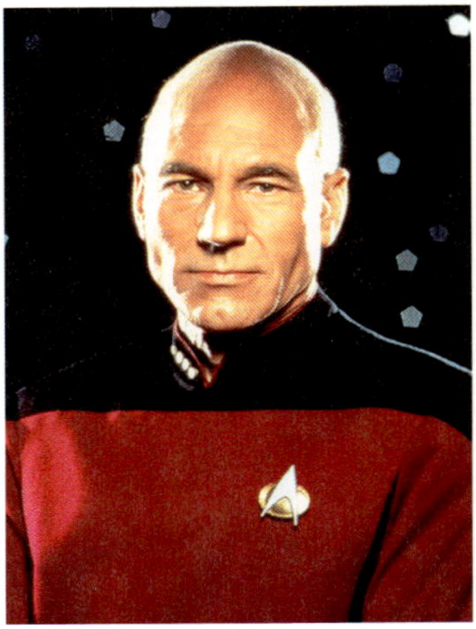

Der in Mirfield, Yorkshire, geborene Stewart war Mitglied der Royal Shakespeare Company und war Fernsehzuschauern aus Serien wie *Ich, Claudius, Kaiser und Gott* sowie *Smileys Leute* und *Dame, König, As, Spion* bekannt. Außerdem hatte er 1984 in David Lynchs *Der Wüstenplanet* und 1985 in *Lifeforce – Die tödliche Bedrohung* mitgewirkt. Den Part des Captain Picard erhielt er, obwohl Gene Roddenberry bis zuletzt seine Zweifel daran hatte, ob er der Richtige für die Rolle war.

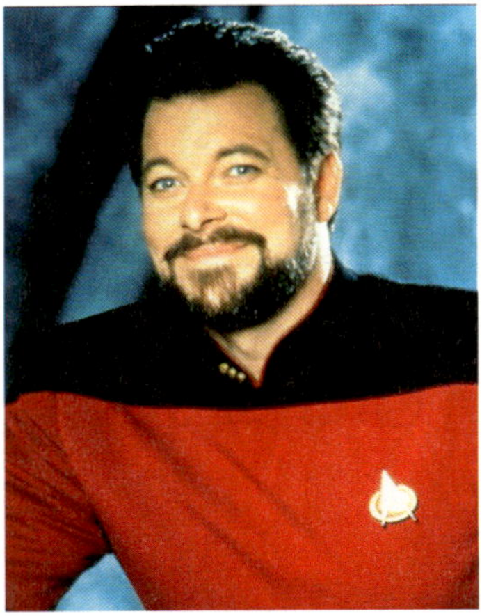

Jonathan Frakes (*1952) ist Lt. Cmdr. William T. Riker.

Frakes war für das US-Publikum kein Unbekannter. Er war Gaststar in verschiedenen Serien, u. a. in *Falcon Crest*, *Ein Engel auf Erden*, *Quincy*, *Hart aber herzlich* und *The Twilight Zone*. Außerdem war er zuvor in einer Reihe von Miniserien zu sehen gewesen, darunter *Karussell der Puppen*, *Dream West* und *Fackeln im Sturm*.

Brent Spiner (*1949) ist Lt. Cmdr. Data.
Nach etlichen Broadway- und Off-Broadway-Produktionen zog Spiner 1984 von New York nach Los Angeles um und konnte in der Filmbranche Fuß fassen. Er erhielt kontinuierlich kleinere Rollen in Serien wie *The Twilight Zone*, *Polizeirevier Hill Street Blues* und *Cheers*, ehe ihm schließlich als Android Data der Durchbruch gelingen sollte.

Marina Sirtis (*1955) ist Counsellor Deanna Troi.
Sirtis wurde in Nord-London geboren und spielte zunächst – nachdem sie ihren ausgeprägten Cockney-Akzent abgelegt hatte – Theater, bekam Rollen in TV-Produktionen und wirkte im Kinofilm *Die verruchte Lady* mit. Außerdem war sie Mitglied des europäischen Ensembles der *Rocky Horror Show*, in der sie die Rolle der Magenta spielte.

LeVar Burton (*1957) ist Lt. Geordi LaForge.
Mit 19 Jahren hatte er den Sklaven Kunta Kinte in der preisgekrönten TV-Serie *Roots* gespielt, was ihm eine Emmy-Nominierung einbrachte – und Rollenangebote in Serien und Filmen. Im Kino konnte man ihn unter anderem in *Jeder Kopf hat seinen Preis* und in *Auf der Suche nach Mr. Goodbar* sehen. 1983 wurde er Präsentator der angesehenen Kinderserie *Reading Rainbow*, in der er bis zu ihrer Absetzung im Jahr 2006 Kindern Bücher näherbrachte.

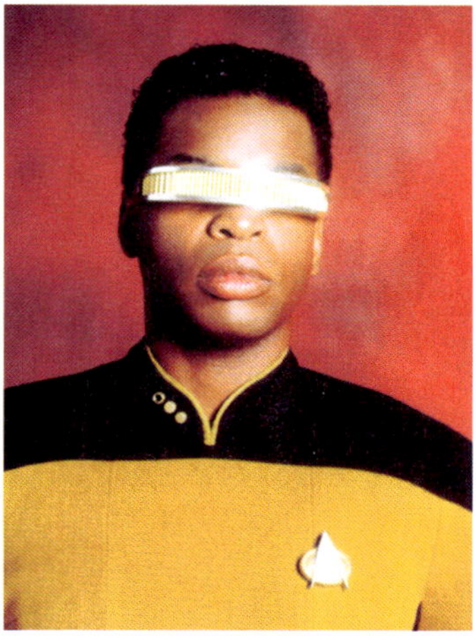

Denise Crosby (*1957) ist Lt. Tasha Yar.
Denise Crosby, Enkelin von Bing Crosby, hatte eine Zeit lang in London als Fotomodell für Modedesign gearbeitet spielte nach der Rückkehr nach Hollywood in diversen Filmen kleine und kleinste Rollen, unter anderem in *Nur 48 Stunden* und in *Frauen waren sein Hobby*.

Wil Wheaton (*1972) ist Wesley Crusher.
Mit damals 15 Jahren war Wheaton bereits ein alter Hase im Film- und Fernsehgeschäft, als er für *The Next Generation* unter Vertrag genommen wurde. Er hatte Gastrollen in Serien wie *Familienbande*, *Chefarzt Dr. Westphall* und *Ein Engel auf Erden* und wirkte in diversen Fernsehfilmen mit. Seine bekannteste Arbeit war der Kinofilm *Stand by Me – Das Geheimnis eines Sommers* (1986), der Verfilmung einer Kurzgeschichte von Stephen King.

Gates McFadden (*1949) ist Dr. Beverly Crusher.
Gates McFadden begann ihre Karriere als Tänzerin und studierte Schauspielerei unter Jacques LeCoq in Paris. In den USA war sie in diversen Theaterproduktionen in New York zu sehen, wo sie auch in verschiedenen dort gedrehten Soap Operas mitspielte. Außerdem war sie in einer Episode der *Cosby Show* zu sehen und hatte einen kleinen Part in Jim Hensons Film *Die Muppets erobern Manhattan*. Für Henson wurde sie auch als Puppenchoreografin für den Film *Die Reise ins Labyrinth* aktiv.

Michael Dorn (*1952) ist Lt. Worf.
Michael Dorns Rolle des einzigen Klingonen an Bord der Enterprise wurde erst nachträglich in das Serienkonzept eingebaut, sodass er als Letzter zum Ensemble dazustieß. Nach kleinen Filmauftritten im ersten Teil der *Rocky*-Filmreihe (1976, als Leibwächter) sowie in *Des Teufels Saat* (1977) erhielt er eine wiederkehrende Rolle in der Polizeiserie *CHiPs*, in der er von 1977 bis 1982 in 60 Episoden mitwirkte. Es folgten Gastauftritte in Serien wie *Hotel*, *Hunter* und *Falcon Crest*.

Roddenberry, der Verräter

1986 stieß fast die komplette Fangemeinde einen Entsetzensschrei aus, gefolgt von massiven Vorwürfen an die Adresse von Gene Roddenberry, als der auf einer Pressekonferenz verkündete, dass *Star Trek* ins Fernsehen zurückkehren würde – aber nicht mit Kirk, Spock und Co., die gerade erst zu ihrem vierten Kinoeinsatz unterwegs waren, sondern mit einer komplett neuen Besetzung. Nachdem die Originalserie als erste TV-Serie eine zweite Chance mit einem zweiten Pilotfilm bekommen hatte und als erste TV-Serie den Sprung ins Kino geschafft hatte, folgte nun ein drittes „erstes Mal", nämlich die Rückkehr ins Fernsehen.

Aus einem unerfindlichen Grund deutete jedoch ein Großteil der Fans diese eigentlich so erfreuliche Nachricht als einen Affront gegen die Originalcrew, so als wollte Roddenberry die Geschichte umschreiben und alles bislang Dagewesene durch eine neue Version ersetzen (also genau das, was im Jahr 2009 geschah, als *Star Trek* mit einem Reboot ins Kino zurückkehrte). Hätte man nur erst mal genauer zugehört oder einen der vielen Zeitungsartikel gelesen, die nach dieser Pressekonferenz veröffentlicht wurden, wäre sehr schnell klar geworden, dass die *Star Trek*-Geschichte nicht neugeschrieben, sondern fortgesetzt werden sollte. Genau genommen war das auch nur eine logische Konsequenz, denn warum sollte der gesamte *Trek*-Kosmos einzig aus Kirk und Spock bestehen?

Um für die Autoren eine gewisse Distanz zum Original zu schaffen, wurde das Geschehen der neuen *Trek*-Generation um nicht ganz achtzig Jahre in die Zukunft verlegt. So war man in der Lage, die Technologie weiterzuentwickeln, neue Schiffe und neue Spezies einzuführen und *Star Trek* praktisch rundzuerneuern, ohne den Fans etwas von dem wegzunehmen, was sie gewohnt waren und über alles liebten.

Merchandise im finsteren Mittelalter

Wer hierzulande in der heutigen Zeit *Star Trek*-Fan wird, der sieht sich einer solchen Fülle an Merchandising-Artikeln gegenüber, dass man dem Hobby fast schon wieder abschwören möchte. Vermutlich wäre es einfacher, die paar Dutzend Artikel zusammenzustellen, die man nicht in einer wie auch immer gearteten *Star Trek*-Version erwerben kann.

Vor allem zur Mitte der Neunzigerjahre hin war es aber sogar noch um einiges schlimmer. Comicläden schossen wie Pilze aus dem Boden, die *Star Trek*-Comics und -Trading Cards frisch aus den USA anboten. Jeder Spielzeugladen packte einen Regalmeter nach dem anderen mit *Star Trek*-Bausätzen, -Fertigmodellen und -Actionfiguren voll, um vom Boom zu profitieren. Buchhandlungen reservierten ganze Tische, um *Star Trek*-Romane zu stapeln. Videotheken beschnitten freiwillig die Auswahl bei den anderen Genres, um die Masse an *Star Trek*-Cassetten (also noch vor dem Siegeszug der DVD) unterbringen zu können, da kontinuierlich bis zu vier Serien gleichzeitig mit je zwei Episoden pro VHS-Band auf den Markt geworfen wurden, um die Nachfrage zu bedienen. Es waren nahezu paradiesische Zustände für jeden Fan, die aber ein Problem mit sich brachten, denn blinde Sammelwut war längst nicht mehr bezahlbar. Und so wurde aus dem Fan, der alles kaufte, was man ihm hinwarf, der nachdenkliche Fan, der bei jedem neuen Produkt erst mal genau überlegte, ob er dafür tatsächlich sein Geld ausgeben sollte.

Doch diese Überlegung war ein echtes Luxusproblem, von dem Fans der ersten Stunde nur hatten träumen können. Der Segen der frühen Geburt, der es erlaubte, *Star Trek* 1972 bei der deutschen Erstausstrahlung zu erleben, war zugleich ein Fluch, sobald es darum ging, etwas Harmloses wie ein Buch oder einen Bausatz zur Serie aufzutreiben. Da war nämlich nichts. Oder so gut wie nichts.

Jeder Versuch, einen Bausatz der U.S.S. Enterprise zu bestellen, führte dazu, dass einem eine Woche später stolz der … *Flugzeugträger* gleichen Namens präsentiert wurde. Weder der normale Spielzeughandel noch der Fachhandel für Modellbau war in der Lage, das Raumschiff aus der gleichnamigen Serie zu beschaffen, was natürlich daran lag, dass praktisch niemand wusste, wie *Raumschiff Enterprise* im Original hieß und kein Importeur erkannte, dass da eine Marktlücke existierte. Geschlossen wurde die erst gegen Ende der Siebzigerjahre, als dank *Star Wars* mit einem Mal alles mit einem „Star“ im Namen für den Handel interessant wurde und zudem der erste Kinofilm näher rückte.

Desinteresse war auch das passende Stichwort für den Buchhandel im Deutschland der Siebzigerjahre. Wer zumindest dahintergekommen war, dass es Taschenbücher mit dem schlichten Titel *Enterprise* gab, der begab sich folgerichtig in die größte Buchhandlung im Ort. Und bekam dann zu hören: „So etwas führen wir nicht.“ Selbst der Hinweis auf den Williams-Verlag als Herausgeber der Bücher führte nur zu einem Schulterzucken, mehr nicht. Keine Nachfrage beim Kollegen, kein Blick in irgendein Verlagsverzeichnis. Einfach nichts. Dabei wäre man den lästigen Kunden schnell wieder losgeworden, wenn man ihm erklärt hätte, dass Produkte des Williams-Verlags nur über Kioske vertrieben wurden, nicht aber über den Buchhandel.

Nein, als Fan der ersten Stunde hatte man es nicht leicht, seinem Hobby nachzugehen. Die wenigen Informationen, die man zusammentragen konnte, waren oft auch noch falsch oder frei erfunden, weil es ja keiner von den Lesern nachprüfen konnte. Aber immerhin lieferte die Fernsehzeitung *Gong* über viele Monate hinweg Fotoromane einiger Episoden, die das ZDF nicht gekauft hatte, und das Comicmagazin ZACK brachte *Star Trek*-Comics, verstieg sich aber bei der Anfrage eines Lesers zu der absurden Erklärung, die Comics seien nach Originaldrehbüchern entstanden.

Tja, früher war eben alles viel besser. Oder auch nicht.

AHA!

Der Star, dem man nicht glaubte

Eine Schauspielerin mit Oscar-Nominierung will eine Rolle bei *Star Trek: The Next Generation*? Sehr witzig. Das war in etwa die Reaktion der Produzenten, als LeVar Burton ihnen im Verlauf der ersten Season davon berichtete, dass er von Whoopi Goldberg darauf angesprochen worden war, ob man ihr vielleicht einen Gastauftritt bei *The Next Generation* ermöglichen könnte. Zugegeben, ein solches Ansinnen von einer Schauspielerin, die erst kurz zuvor für ihre erste Hauptrolle in einem Kinofilm mit einer Oscar-Nominierung belohnt worden war, klang auf den ersten Blick etwas seltsam. Wenn man aber bedenkt, dass Nichelle Nichols mit ihrer Rolle der Uhura in *Star Trek* Whoopi Goldberg überhaupt erst auf die Idee brachte, Schauspielerin zu werden, dann sieht das eben ganz anders aus.

Diese Erkenntnis und Goldbergs beharrliches Nachfragen konnten die Produzenten schließlich davon überzeugen, dass sich niemand einen Scherz erlaubte. Gene Roddenberry schrieb ihr daraufhin nicht nur die Rolle der mysteriösen el-aurianischen Barkeeperin Guinan auf den Leib, sondern machte aus der Gast- eine wiederkehrende Rolle, die im Verlauf der nächsten sechs Jahre immer wieder mal auftauchte und auch den Sprung in den ersten Kinofilm *Treffen der Generationen* schaffte.

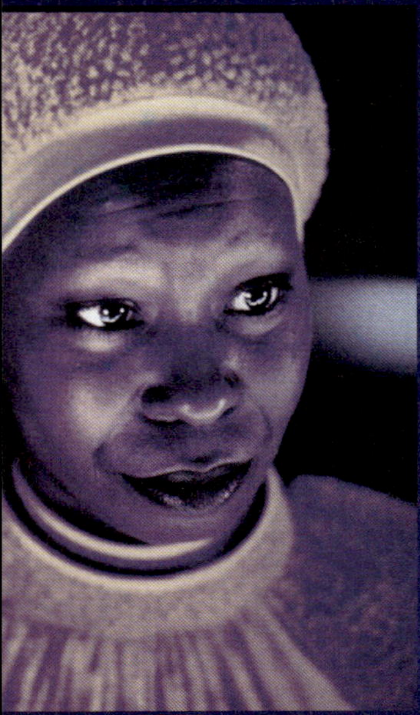

Whoopi Goldberg als intergalaktische Barkeeperin Guinan

AHA!

Singe, wem Gesang gegeben

Ja, viele Menschen verdrehen ungläubig die Augen, wenn sie eine Schallplatte von William Shatner hören, vor allem wenn er Songs wie *Lucy in the Sky with Diamonds*, *Rocket Man* oder ein Werk wie *Bohemian Rhapsody* interpretiert. Legt man die Betonung auf das Interpretieren, wird klar, dass Shatner nicht einfach nachsingt, sondern die Texte in den Mittelpunkt rückt. Und ganz so schlimm kann es nicht sein, sonst hätte er bis heute nicht gut ein Dutzend Alben veröffentlicht.

Viel konventioneller fallen Leonard Nimoys Alben aus. Neben Coverversionen von Hits wie *If I Had a Hammer*, *Proud Mary* oder *I Walk the Line* gab es auch eigene Werke zu hören, mal gesungen, mal gesprochen. Mit Ende der Originalserie im Jahr 1969 beendete Nimoy weitestgehend seine Gesangskarriere.

Kommen wir zu den *Trek*-Stars, die das Singen gelernt haben, allen voran Nichelle Nichols, die bedauerlicherweise nur zwei reguläre Alben aufnahm, auf denen sie ihre Liebe zum Jazz mit ihrem Gesangstalent kombinierte.

Brent Spiner veröffentlichte das Album *Ol' Yellow Eyes Is Back*, der Titel war gleichzeitig eine Anspielung auf Sinatra und auf seine Rolle als Data. Dem Sinatra-Bezug entsprechend fiel die Wahl der Songs auf amerikanische Standards.

Tim Russ ging es deutlich rockiger an, als er aus seiner Popularität durch seine *Voyager*-Rolle Kapital schlug und bislang insgesamt vier Alben mit Coverversionen und eigenen Kompositionen veröffentlichte.

Ganz anders als bei seinen Kollegen verhielt es sich da bei James Darren, der in *Deep Space Nine* einen Nachtclubsänger spielte – und alle Lieder selbst sang. Weil er es kann, denn Darren veröffentlichte schon zwischen 1959 und 1972 acht Alben mit Popmusik, und dank *Star Trek* konnte er 1999 und 2001 auch noch zwei Alben mit Sinatra-Standards nachreichen.

Alle Kameras stehen still, wenn ...

... die Drehbuchautoren in den Streik treten, so geschehen vor Beginn der zweiten Season von *The Next Generation* Mitte 1988. Die Autoren forderten mehr Geld und weigerten sich, Drehbücher zu schreiben, womit quer durch alle Studios die Produktion diverser Serien zum Erliegen kam. Nun war es nicht so, als hätte bei Paramount keine einzige Idee für eine neue Episode herumgelegen. Aber Drehbücher werden naturgemäß viele Male überarbeitet und umgeschrieben, und eben dafür brauchte man die Autoren, die im Streik waren. Wie später verraten wurde, gab es in der Zeit durchaus Kontakte zwischen Produzenten und Autoren, die zwar nichts Schriftliches lieferten, aber per Telefon immer noch indirekt Hilfestellungen gaben, um den Start der neuen Season nicht zu gefährden.

Zum anderen erinnerten sich die Produzenten daran, dass es in den Siebzigern eigentlich eine neue *Star Trek*-Serie – *Phase II* – hätte geben sollen, die aber zugunsten von *Star Trek: Der Film* aufgegeben wurde. Die bereits fertigen Drehbücher existierten immer noch, und sie konnten sogar ohne viel Mühe von den Produzenten selbst für *The Next Generation* umgearbeitet werden. Dabei wurde auch offensichtlich, wie sehr sich das Konzept der neuen Serie an der nicht verwirklichten Serie orientierte, denn beispielsweise die Episode *Das Kind* entsprach in weiten Teilen dem *Phase II*-Drehbuch. Aus den ursprünglichen Figuren Ilia und Decker, die es in den Kinofilm schafften, wurden kurzerhand Deanna Troi und Riker, ohne dass viel geändert werden musste. Selbst der Part von Dr. McCoy konnte übernommen werden, da in der zweiten Season von *The Next Generation* die Schiffsärztin Dr. Crusher durch Dr. Pulaski ersetzt worden war, die eine ähnlich schroffe Art an sich hatte wie McCoy.

AHA!

Urheberrechtsverletzung garantiert

Das Holodeck, das seit *The Next Generation* dazu dient, jede gewünschte Umgebung zu simulieren, ist eine nette Spielerei, die aber auch belegt, dass es den TÜV in 300 Jahren nicht mehr geben kann. Der hätte nämlich wegen diverser Fehlfunktionen und damit verbundener Gefahren für Leib und Leben längst die Betriebserlaubnis entzogen. In der Realität wurden dagegen zweimal durch das Einschreiten von Rechtsanwälten Holodeck-Programme zumindest vorübergehend stillgelegt.

1988 hatte die *Next Generation*-Episode *Sherlock Data Holmes* (im Original viel dezenter mit *Elementary, Dear Data* betitelt) Premiere, in der Data als Holmes und LaForge als Dr. Watson auf dem Holodeck Fälle lösen. Allerdings hatte man nicht zuvor das Einverständnis der Erben von Holmes-Erfinder Arthur Conan Doyle eingeholt, weil die Produzenten davon überzeugt gewesen waren, keine Urheberrechte zu verletzen, da ihre eigenen Charaktere lediglich in die Rollen von Doyles Charakteren schlüpften. Die Erben sahen das anders, erkannten aber offenbar, dass die *Next Generation*-Produzenten in gutem Glauben gehandelt hatten, was zur Freude der Zuschauer dazu führte, dass es in der Episode *Das Schiff in der Flasche* für Data und LaForge einen weiteren Ausflug in die Welt von Sherlock Holmes gab.

Nicht ganz so glimpflich kamen die Macher von *Deep Space Nine* davon, die mit der Episode *Unser Mann Bashir* eine grandiose James Bond-Persiflage ablieferten, in der Dr. Bashir einen Superagenten mimt und es mit dem von Captain Sisko gespielten Superschurken aufnehmen muss. In der Chefetage von MGM kam diese völlig harmlose Hommage gar nicht gut an, und so trudelte kurz darauf ein böser Brief bei Paramount ein, der die Produzenten davon Abstand nehmen ließ, Bashir noch einmal in tödlicher Mission aufs Holodeck zu schicken.

Fünf der besten *Next Generation*-Episoden

Mehr als doppelt so viel Episoden machen es bei *The Next Generation* noch schwerer, das Beste vom Besten zu küren. Daher auch hier ohne Reihenfolge fünf herausragende Episoden mit Picard und Co.

Besuch von der alten Enterprise Nachdem er 75 Jahre in einem Transporterstrahl gefangen war, findet sich Montgomery Scott auf Picards Enterprise wieder. Scotty trauert seinen toten Kameraden nach, und wie es scheint, gehört er in dieser Zukunft zum alten Eisen.

Die schwarze Seele Auf einem Planeten wird die Sicherheitschefin Tasha Yar aus reiner Bosheit von einem Wesen getötet, das aus allem Schlechten der ehemaligen Bewohner dieser Welt entstanden ist – womit zum ersten Mal in einer *Star Trek*-Serie eine der Hauptfiguren durch Tod endgültig ausschied.

Die alte Enterprise Picards Crew stößt auf die Enterprise-C aus einer alternativen Zetilinie, in der zwischen Föderation und Klingonen Krieg herrscht. Picard muss die Enterprise-C mit ihrer Crew zurückzuschicken – und damit in den sicheren Tod.

In den Händen der Borg/Angriffsziel Erde In diesem Zweiteiler wird Picard von den Borg assimiliert, die dessen Wissen nutzen, um zu einem vernichtenden Schlag gegen die Föderation auszuholen.

Das Schiff in der Flasche Auf dem Holodeck gelingt es Sherlock Holmes' Erzfeind Moriarty, die Kontrolle über die Enterprise zu erlangen. Die Crew soll einen Weg finden, wie er das Holodeck verlassen und weiter existieren kann, sonst wird das Schiff zerstört.

Gibt es ein Leben nach *Star Trek?* (Teil 2)

Nachdem die Schauspieler der ersten *Star Trek*-Serie nicht mit Rollenangeboten überhäuft worden waren, stellte sich nach dem Ende von *Star Trek: The Next Generation* die Frage, wie es weitergehen würde. Hätten sie Probleme, sich vom Image ihrer *Trek*-Rolle zu lösen? Würden sich die Studios um sie reißen, weil es sich um Publikumslieblinge handelte?

Fangen wir mal in umgekehrter Reihenfolge an.
Wil Wheaton stieg nach der vierten Season aus, nachdem die Produzenten seinen Wunsch ablehnten, eine Auszeit zu nehmen, um in einer Filmproduktion mitzuwirken. Er arbeitete eine Weile in der Hardware-Entwicklung und kehrte nach fünf Jahren Schauspielunterricht zu Film und Fernsehen zurück. Neben zahlreichen Internet-Aktivitäten ist er seitdem gut beschäftigt, wobei seine bekannteste Rolle zweifellos die in *The Big Bang Theory* ist, wo er sich selbst spielte.
Wheatons Serienmutter **Gates McFadden** widmete sich nach der Serie vorwiegend wieder ihrer anderen Liebe, unterrichtete an diversen Theatern und arbeitete als künstlerische Leiterin. Im Kino sah man sie praktisch gar nicht mehr, im Fernsehen tauchte sie nur sporadisch auf.

Marina Sirtis konnte sich im Anschluss an *The Next Generation* zwar nicht über ausbleibende Engagements beklagen, aber der ganz große Wurf blieb aus, da ihre Filme nicht allzu nennenswert waren und Gastauftritte in Serien jeweils einmalige Angelegenheiten blieben.

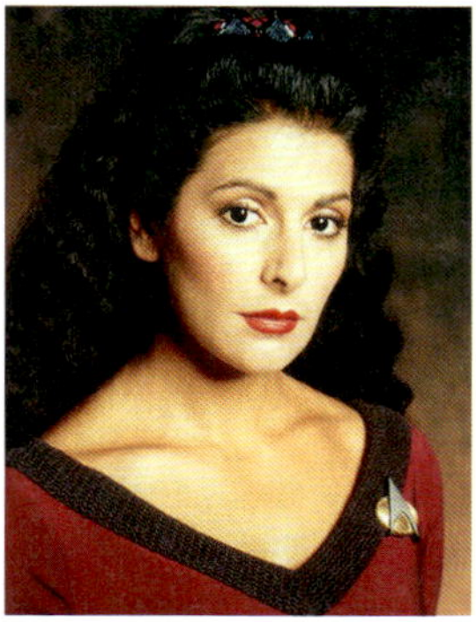

Marina Sirtis als Counselor Deanna Troi

Michael Dorn hatte das große Glück, nach dem Ende von *The Next Generation* praktisch nahtlos zu *Deep Space Nine* zu wechseln, sodass er am Ende dieser Serie elf Seasons lang den Klingonen Worf gespielt hatte. Trotzdem blieben anschließend die Rollenangebote nicht aus, da er ohne Klingonenmaske nicht wiederzuerkennen war.

Obwohl **Brent Spiner** als Data eine ganz ähnliche Rolle wie Leonard Nimoy gespielt hatte, schien niemand zu glauben, er könne nur einen Androiden spielen – sonst hätte man ihn nicht für so viele Serien und Filme engagiert, auch wenn manches davon nur einen Kurzauftritt darstellte. Unter anderem war er wie Wil Wheaton in *The Big Bang Theory* zu sehen.

LeVar Burton profitierte vom Angebot der Produzenten, so wie Frakes Regie zu führen, und konnte so ein weiteres Standbein für sich schaffen, da ihm auch nach dem Ende der Serie Regiearbeiten angeboten wurden. Daneben war er auch weiter als Schauspieler aktiv und führte bis zur Absetzung durch die Kindersendung *Reading Rainbow*, die er zunächst als iOS-Lernapp wiederbelebte. 2014 brachte eine Fundraiser-Kampagne über sechs Millionen Dollar ein, um das Format als Android-App finanziell benachteiligten Schulen zugänglich zu machen.

Jonathan Frakes war der erste *Star Trek*-Schauspieler, dem bei *The Next Generation* die Gelegenheit gegeben wurde, sich als Regisseur zu versuchen. Das verlief so erfolgreich, dass er seitdem häufiger als Film- und TV-Regisseur denn als Schauspieler zum Einsatz kommt. Ganz in der Tradition Hitchcocks taucht er in vielen seiner Regiearbeiten irgendwo kurz im Bild auf.

Patrick Stewart machte nach dem Ende der Serie den größten Karrieresprung, als man ihn für die *X-Men*-Filme als Professor Xavier unter Vertrag nahm – umso überraschender, wenn man bedenkt, dass ihn längst alle Welt als Captain der Enterprise kannte.

Fernsehkult der Achtziger?

Wenn bei uns irgendein TV- oder Radiosender wieder mal die Achtzigerjahre zelebriert und die Reporter fragen Passanten, was sie mit dem Fernsehen jenes Jahrzehnts verbinden, dann wird neben Serien wie *A-Team* oder *MacGyver* mit schöner Regelmäßigkeit auch *Star Trek: The Next Generation* genannt. Das ist zwar erfreulich, aber leider falsch. Denn auch wenn die Serie in den USA 1987 startete, vergingen volle drei Jahre, ehe das ZDF im Herbst 1990 mit der deutschen Ausstrahlung begann. Zwar erschienen Anfang 1988 eine Handvoll Episoden als Verleihcassetten für Videotheken, aber im deutschen Fernsehen war *Star Trek: The Next Generation* definitiv kein Kind der Achtziger.

Die Art und Weise, wie *Star Trek: The Next Generation* dem deutschen Publikum präsentiert wurde, hätte peinlicher kaum sein können. Zum einen hatte man beim ZDF auch fast zwanzig Jahre später nicht verstehen wollen oder können, dass die Serie ins Abendprogramm gehörte, nicht ins Vorabendprogramm. Auch interessierte es diesmal ebenfalls niemanden, dass der Vorspanntext „Der Weltraum, unendliche Weiten …“ im Original traditionsgemäß wieder vom Darsteller des Captains (hier also von Patrick Stewart) gesprochen wurde.

Geändert hatte sich nur eines: die Einstellung zur Werbung. Nachdem sich das Privatfernsehen in Deutschland etabliert hatte, gehörte es zum neuen „guten“ Ton, Serien und Filme für Werbung zu unterbrechen. Dagegen ist grundsätzlich nichts einzuwenden – wenn sich der Sender durch die Werbung finanziert, was beim ZDF aber nicht der Fall ist. Ein Werbeblock wäre ja noch hinnehmbar gewesen, wenn es sich tatsächlich um einen solchen gehandelt hätte. Beim ZDF wurden jedoch die Episoden unterbrochen, um … Kochrezepte zu präsentieren.

Time Trek Teil 2

4. Juni 1982 Nach zweieinhalb Jahren Pause wagt Paramount mit *Star Trek II: Der Zorn des Khan* einen erneuten Vorstoß ins Kino, allerdings ist das vergleichsweise kleine Budget schon fast eine Garantie dafür, dass der Film seine Kosten einspielen wird.

4. November 1982 Der zweite Kinofilm läuft fünf Monate nach dem US-Start auch in Deutschland an.

1. Juni 1984 *Star Trek III: Auf der Suche nach Mr. Spock* feiert Premiere in den US-Kinos.

16. November 1984 Der dritte Film startet in den deutschen Kinos.

7. Januar 1985 Sat.1 sendet erstmals die Originalepisoden, die vom ZDF nicht angekauft wurden.

Sommer 1986 Erste Berichte über eine Rückkehr von *Star Trek* ins Fernsehen kursieren, ohne dass Details bekanntwerden.

10. Oktober 1986 Auf einer Pressekonferenz wird bekanntgegeben, dass es neue *Star Trek*-Fernsehserien geben wird.

26. November 1986 Der Kinofilm *Star Trek IV: Zurück in die Gegenwart* läuft in den USA an und spricht weltweit mit seiner ökologischen Thematik auch ein Publikum jenseits der *Star Trek*-Fans an.

26. März 1987 In den deutschen Kinos läuft der vierte Film an, dessen Plakat den Titel *Zurück in die Gegenwart* deutlich hervorhebt und das viele kleinere *Star Trek IV* darunter fast verschwinden lässt.

Mit *The Next Generation* beginnt für *Star Trek* ein neues Zeitalter als Fernsehserie.

28. September 1987

Star Trek V: Am Rande des Universums unter der Regie von William Shatner startet in den US-Kino.

9. Juni 1989

Der fünfte Kinofilm läuft in den deutschen Kinos an.

16. November 1989

Drei Jahre müssen deutsche Fernsehzuschauer darauf warten, endlich *The Next Generation* sehen zu können.

7. September 1990

Wegen des anhaltenden Erfolgs von *The Next Generation* spielen die Produzenten mit dem Gedanken, eine parallel laufende *Star Trek*-Serie zu starten.

Anfang 1991

Es wird entschieden, dass es eine neue *Star Trek*-Serie geben soll.

Oktober 1991

Star Trek-Erfinder Gene Roddenberry stirbt nach längerer Krankheit.

24. Oktober 1991

Paramount gibt grünes Licht für die Produktion von *Star Trek: Deep Space Nine*.

Dezember 1991

In den US-Kinos startet *Star Trek VI: Das unentdeckte Land*.

6. Dezember 1991

Der sechste Kinofilm startet in Deutschland.

5. März 1992

Der Fall Denise Crosby

Wer im Kapitel „Gibt es ein Leben nach *Star Trek*? (Teil 2)“ Denise Crosby alias Tasha Yar vermisst hat, der bekommt das Gesuchte nun geliefert, denn das ist ein eigenes Kapitel wert.

Denise Crosby stieg nach der ersten Season aus, um sich lieber auf eine Filmkarriere zu konzentrieren, da sie sich in der Serie unterfordert fühlte. Aber etwas mehr Geduld wäre sicher nicht verkehrt gewesen.

Dass die erwartete Filmkarriere ausblieb, war gar nicht so verwunderlich, denn vor *The Next Generation* hatte man sie nur in kleinen Rolle sehen können. Und als Tasha Yar hatte sie sich nie genug profilieren können, um Filmproduzenten auf sich aufmerksam zu machen.

Da lukrative Angebote ausblieben, suchte sie nach Wegen, wie die Produzenten sie trotz ihres Serientods doch wieder mitspielen lassen konnten. Einmal funktionierte das mit einer alternativen Zeitlinie, in der Tasha nie gestorben war. Ein zweiter Auftritt ergab sich in der letzten *Next Generation*-Episode, die zum Teil in der Zeit spielte, als Tasha noch zur Besatzung gehörte.

Aber da war noch ein Vorschlag, der es Crosby möglich machte, auch in ganz regulären Episoden aufzutauchen. Der Trick: Tasha Yar war in der Episode *Die alte Enterprise* in der Vergangenheit gefangen genommen worden. Mit einem Romulaner zeugte sie eine Tochter namens Sela, die von Denise Crosby gespielt in die Serie zurückkehrte, um Picard das Leben schwer zu machen.

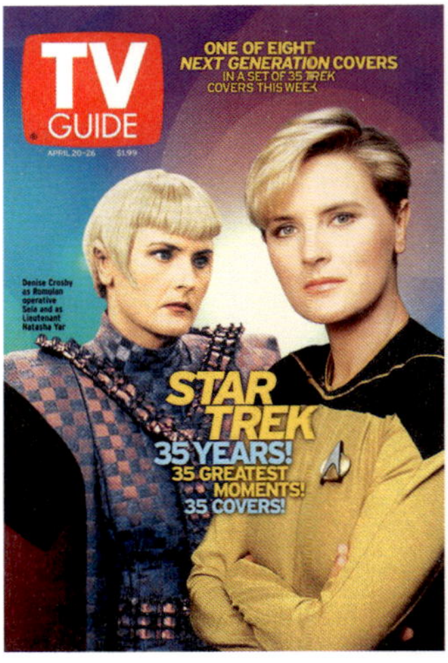

Denise Crosby als Tasha Yar und Tashas Tochter Sela

Den kenne ich doch irgendwoher ...?

Quer durch alle *Star Trek*-Serien tummeln sich etliche bekannte Gesichter, manche zu einem Zeitpunkt, bevor sie Stars wurden, andere waren bereits in Film und Fernsehen erfolgreich und wollten einfach mal bei *Star Trek* einen Gastauftritt auf den Leib geschrieben bekommen. Für die Originalserie hatte dieser Trend noch keine Gültigkeit, da sie eine Produktion unter vielen war, deren Kultcharakter sich erst zeigte, als die Serie bereits abgesetzt worden war.

Mit den Kinofilmen ergab sich zum ersten Mal die Gelegenheit, den lange gehegten Wunsch einer Gastrolle zu verwirklichen, und noch besser standen die Chancen, als *Star Trek* mit *The Next Generation* ins Fernsehen zurückkehrte. Dennoch wimmelte es nicht ausschließlich von bekannten Namen, denn es hätte allen Serien zweifellos Abbruch getan, wenn die Zuschauer sich mehr für die prominenten Gäste der Woche als für die Geschichten interessiert hätten.

Hier nun eine wirklich kleine Auswahl bekannter Gesichter quer durch die *Star Trek*-Serien und -Filme:

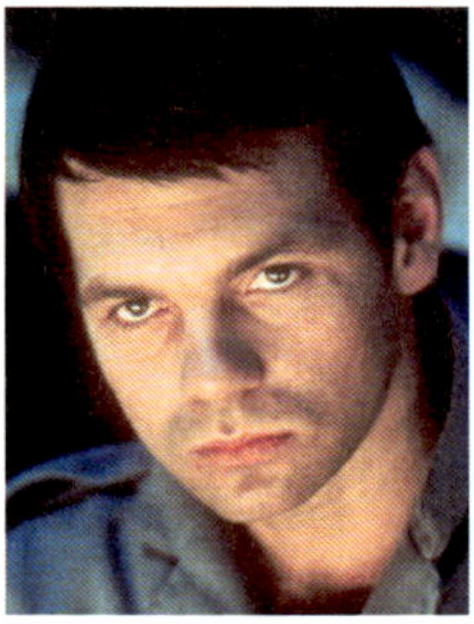

Gary Lockwood in *2001*

Star Trek (die Serie)

Gary Lockwood (*Spitze des Eisbergs*) machte sich später als glückloser Astronaut Frank Poole einen Namen in *2001 – Odyssee im Weltraum*.
David Soul (*Die Stunde der Erkenntnis*) wurde als Sänger und vor allem durch seine Rolle in der Krimiserie *Starsky & Hutch* bekannt.
Clint Howard (*Pokerspiele*) ist der jüngere Bruder des preisgekrönten Regisseurs Ron Howard, war Kinderstar und spielt in so gut wie allen von Rons Filmen in einer kleinen Rolle mit.

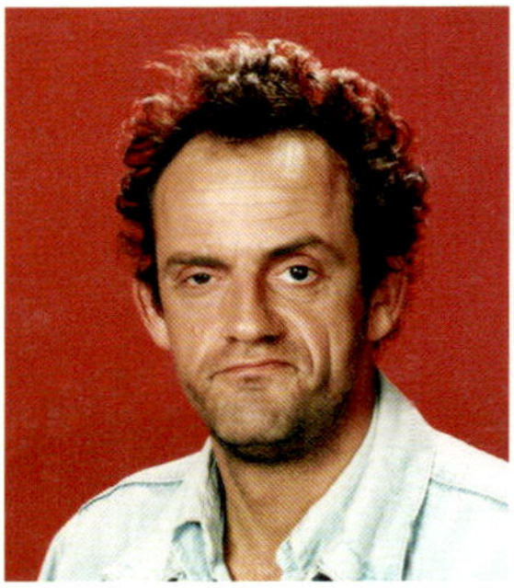

Christopher Lloyd in *Taxi*

Star Trek (die Filme)

Christopher Lloyd (*Star Trek III: Auf der Suche nach Mr. Spock*) kannte man bereits aus der Sitcom *Taxi*, er wurde durch die *Zurück in die Zukunft*-Trilogie weltbekannt.

Christian Slater (*Star Trek VI: Das unentdeckte Land*) hatte seinen Durchbruch in *Der Name der Rose*.

Kim Cattrall war im gleichen *Star Trek*-Film zu sehen und wurde später durch die Serie *Sex and the City* endgültig zum Star.

The Next Generation (die Serie)

Prof. Stephen Hawking (*Angriff der Borg*) ist der einzige Gaststar, der sich selbst bzw. sein eigenes Hologramm spielte.

Kirsten Dunst (*Ort der Finsternis*) wurde nur ein Jahr nach ihrem *Star Trek*-Auftritt durch den Film *Interview mit einem Vampir* weltweit bekannt.

Mick Fleetwood (*Andere Sterne, andere Sitten*) ist im Hauptberuf Schlagzeuger bei Fleetwood Mac, bei seinem Gastauftritt war er bis zur Unkenntlichkeit geschminkt.

Famke Janssen (*Eine hoffnungslose Romanze*) war später in *James Bond: GoldenEye* zu sehen und spielte neben Patrick Stewart eine wichtige Rolle in den *X-Men*-Filmen.

Teri Hatcher (*Der unmögliche Captain Okona*) machte vor allem durch ihre Rollen in *Superman – Die Abenteuer von Lois & Clark* und *Desperate Housewives* auf sich aufmerksam, außerdem war sie in *Der Morgen stirbt nie* als Bond-Girl zu sehen.

Kelsey Grammer (*Déjà vu*) kannte man vor diesem Auftritt bestens als Dr. Frasier Crane in der Sitcom *Cheers*, später erhielt seine Figur mit Frasier eine eigene Sitcom. Seine Serien-Ehefrau wurde von Bebe Neuwirth gespielt, die in *Erster Kontakt* ebenfalls einen Gastauftritt bei *The Next Generation* hatte.

Ashley Judd (*Gefährliche Spielsucht*) spielte später Hauptrollen in Filmen wie *Doppelmord* und *... denn zum Küssen sind sie da*.

The Next Generation – die Filme

Ron Perlman (*Star Trek: Nemesis*) war vor allem bekannt aus der Serie *Die Schöne und das Biest* und blieb später als *Hellboy* in Erinnerung.
Malcolm McDowell (*Star Trek: Treffen der Generationen*) wurde 1971 durch Stanley Kubricks Gewaltorgie *Uhrwerk Orange* weltweit bekannt.

Deep Space Nine

Iggy Pop (*Der glorreiche Ferengi*) gilt als der „Godfather of Punk", der vorzugsweise oben ohne auf der Bühne steht und für exzessive Aufritte bekannt ist.
Vanessa Williams (*Die Reise nach Risa*) war die erste afroamerikanische Miss America und machte als Sängerin und Schauspielerin Karriere, unter anderem in *Desperate Housewives*.

Voyager

Dwayne „The Rock" Johnson (*Tsunkatse*) begann als Wrestler und wechselte mit großem Erfolg zur Schauspielerei.
Daniel Dae Kim (diverse Rollen) gehörte später zum Ensemble der Serien *Lost* und *Hawaii Five-O*.
Jason Alexander (*Die Denkfabrik*) hatte zehn Jahre lang eine der vier Hauptrollen in *Seinfeld* gespielt.
Prinz Abdullah von Jordanien (*Der Verräter*) machte nach seinem *Voyager*-Miniauftritt eine ganz besondere Karriere: Er bestieg den Königsthron seines Heimatlandes.
Titus Welliver (*Equinox I & II*) erhielt später mit *Bosch* seine erste eigene Fernsehserie.

Enterprise

Dean Stockwell (*In sicherem Gewahrsam*) spielte neben *Enterprise*-Captain Scott Bakula die zweite Hauptrolle in der SF-Serie *Quantum Leap*.
Mark Moses (*Aufbruch ins Unbekannte*) und **Steven Culp** (diverse Episoden) waren später gemeinsam in *Desperate Housewives* zu sehen.

To Trek or not to Trek

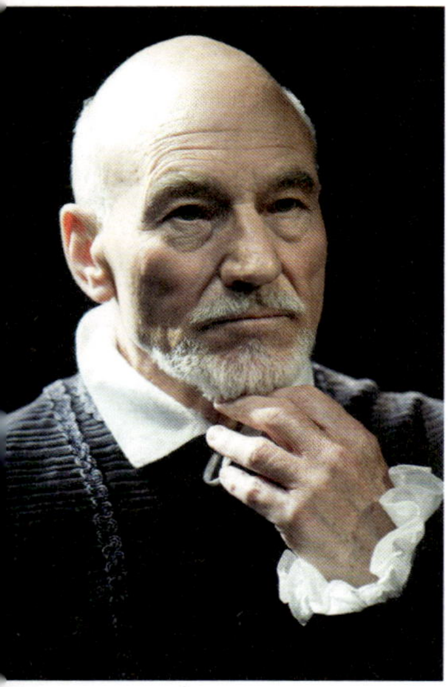

Shakespeare, gespielt von Patrick Stewart

Er hat die letzten vierhundert Jahre überdauert, warum soll sich daran in den nächsten vierhundert Jahren etwas ändern? Die Rede ist vom englischen Dramatiker William Shakespeare, dessen Stücke für die Ewigkeit geschrieben wurden, auch wenn er das natürlich nicht ahnen konnte. In *Star Trek* ist Shakespeare fast allgegenwärtig, auch wenn ein Großteil der Bezüge und Zitate in den Originaltiteln der Episoden steckt und für deutsche Zuschauer unweigerlich verloren geht, da der deutsche Episodentitel fast immer die Vorlage ignoriert – und nebenbei bemerkt dadurch oftmals mehr als eigentlich erforderlich über den Inhalt verrät.

Man könnte ganze Bücher füllen, nur um jeden Verweis und jedes Zitat in den diversen Serien und Filmen aufzulisten und dem entsprechenden Werk zuzuordnen, daher hier nur eine Auswahl:

- In der Originalserie beziehen sich die Episodentitel *Dagger of the Mind* (*Der Zentralnervensystemmanipulator*) und *All Our Yesterdays* (*Portal in die Vergangenheit*) auf *Macbeth*, *By Any Other Name* (*Stein und Staub*) auf *Romeo und Julia*.
- In der Episode *The Conscience of the King* (*Kodos der Henker*, der Originaltitel wurde von *Hamlet* inspiriert) kommt eine Theatertruppe an Bord der Enterprise, um Szenen aus *Hamlet* und *Macbeth* zum Besten zu geben.
- In der Episode *Wen die Götter zerstören* zitiert die grünhäutige Sklavin Marta ein Shakespeare-Sonett.

- *Das Spukschloss im Weltall* bedient sich in Teilen seiner Handlung bei *Macbeth*.
- Sogar die an ein jüngeres Publikum gerichtete Zeichentrickserie zitiert mit dem Episodentitel *How Shaper Than A Serpent's Tooth* (*Kulkulkan – Der Mächtige*) aus *König Lear*.
- Auch *The Next Generation* schöpft aus dem Vollen. In den Episoden *Gedankengift* und *Rikers Versuchung* variieren Data bzw. der allmächtige Q Zitate aus *Der Kaufmann von Venedig* bzw. *Wie es Euch gefällt*.
- In *Der Überläufer* beginnt die Handlung auf dem Holodeck, wo Data und Picard eine Szene aus *Heinrich V.* zum Besten geben.
- In *Die Damen Troi* greift Picard zu diversen Shakespeare-Sonetten, um Deanna Trois Mutter aus den Fängen der Ferengi zu befreien, indem er ihnen vorgaukelt, unsterblich in Lwaxana Troi verliebt zu sein.
- Im Zweiteiler *Gefahr aus dem 19. Jahrhundert* reisen Picard und Co. nach San Francisco. Um keinen Verdacht zu wecken, geben sie sich als Schauspieltruppe aus und proben der Glaubwürdigkeit halber eine Szene aus *Ein Sommernachtstraum*.
- Die Episode *Neue Intelligenz* beginnt auf dem Holodeck, wo Data in der Rolle des Prospero soeben die letzte Szene aus *Der Sturm* spielt.
- Die Krönung der Heldenverehrung folgt dann im sechsten Kinofilm *Star Trek VI: Das unentdeckte Land*. Dort machen Kirk und Co. die Bekanntschaft des ruchlosen Klingonen General Chang, der nicht nur am laufenden Band aus Shakespeares Werken zitiert, sondern schließlich auch noch erklärt, dass man Shakespeare eigentlich nur dann richtig genießen kann, wenn man ihn im klingonischen Original (!) liest.

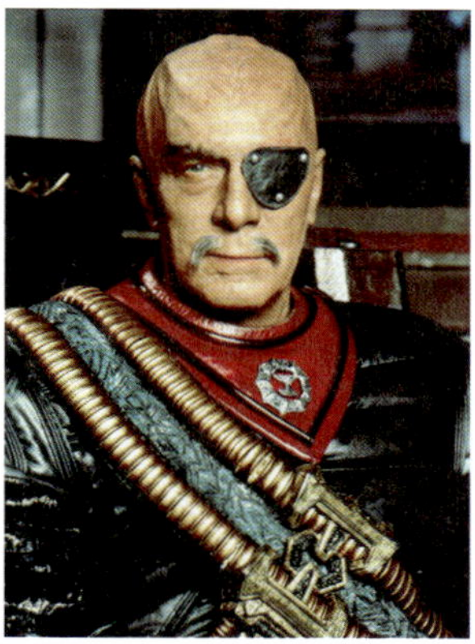
Christopher Plummer als klingonischer Shakespeare-Fan

Shakespeare ist zwar nicht der einzige Schriftsteller, dessen Werke in *Star Trek* zitiert oder interpretiert werden, aber der Rest der schreibenden Zunft hat doch deutlich das Nachsehen. So findet Melvilles *Moby Dick* in *Star Trek: Der erste Kontakt* Erwähnung, als Picard vorgehalten bekommt, dass er sich bei der Jagd auf die Borg nicht viel anders verhält als Captain Ahab, der sich am weißen Wal rächen will.

In *Star Trek II: Der Zorn des Khan* erhält Kirk von Spock das von Charles Dickens verfasste Buch *Eine Geschichte aus zwei Städten* als Geburtstagsgeschenk überreicht, aus dem Kirk zum Ende des Films hin eine Passage zitiert.

In *Star Trek VI: Das unentdeckte Land* macht sich Spock zum Nachkommen von Sherlock Holmes, indem er einem seiner Vorfahren die Aussage zuschreibt, dass – wenn man alles Unmögliche ausschließt – am Ende nur die Wahrheit übrig bleibt. Die Ironie dieser Worte liegt darin, dass Spock-Darsteller Leonard Nimoy 1975 in einem Lehrfilm und 1976 in einem Theaterstück als der von Arthur Conan Doyle erfundene Meisterdetektiv zu sehen gewesen war.

Dann ist da noch Roddenberrys Beschreibung der Figur des Captain April, aus dem auf dem Weg zur Serie schließlich James T. Kirk wurde. Roddenberry verglich April mit Captain Horatio Hornblower, dem Helden der Romane von C.S. Forester.

Und bei *Deep Space Nine* vergleicht sich ein Widersacher mit dem Charakter Jean Valjean aus Victor Hugos Roman *Les Miserables*, damit er Captain Sisko den Vorwurf machen kann, der verhalte sich wie Inspector Javert, da er ihm wegen einer angeblichen Belanglosigkeit unerbittlich im Nacken sitzt.

AHA!

Prominente Fans

Star Trek konnte schon Prominenz in den Reihen der Fans vorweisen, als die Serie noch weit von ihrem Kultstatus entfernt war. Der prominenteste US-Fan dürfte Elvis Presley sein. Eine Dokumentation aus dem Jahr 2017 brachte seine Begeisterung für *Star Trek* ans Licht, als die Schauspielerin Celeste Yarnall aus dem Nähkästchen plauderte. Yarnall hatte 1967 in der Episode *Die Stunde der Erkenntnis* mitgespielt, ein Jahr später war sie für den Elvis-Film *Liebling, lass das Lügen* engagiert worden. Beim ersten Zusammentreffen fiel Presley ihr um den Hals und war außer sich vor Freude darüber, einer Schauspielerin aus seiner absoluten Lieblingsserie zu begegnen und sie auch noch in seinem Film zu haben. Die beiden freundeten sich an, und Elvis verriet ihr, dass er sogar einem seiner Pferde den Namen „Star Trek" gegeben hatte.

Über die pure Begeisterung hinaus ging es bei Ex-Beatle Paul McCartney. In den Siebzigerjahren nahm der mit Gene Roddenberry Kontakt auf, indem er ihn zu einem Konzert seiner Band Wings einlud. Anschließend trug er ihm seine Idee für einen SF-Film vor, in dem die Wings an einem intergalaktischen Musikwettstreit teilnehmen sollten.

Roddenberry machte gerade eine Durststrecke durch und war froh, sich einem Projekt zu widmen, das durch den klangvollen Namen des Ex-Beatles sicherlich gute Chancen gehabt hätte, Realität zu werden. Also willigte er ein und erhielt für das Drehbuch von McCartney einen groben Ablauf der Handlung.

Dann aber wurden die Planungen für eine Rückkehr von *Star Trek* ins Fernsehen so konkret, dass Roddenberry sich ganz darauf konzentrierten musste und keine Zeit für andere Projekte mehr hatte. Über den Verbleib der Unterlagen zu McCartneys Idee ist nichts bekannt, und genauso kann niemand mehr etwas dazu sagen, wie weit die Arbeit gediehen war.

AHA!

Kinder, Kinder und Co.

Vetternwirtschaft kann man bei *Star Trek* zwar nicht finden, trotzdem wimmelt es in den Serien von Verwandten sowohl vor als auch hinter der Kamera.

Einen frühen Fall von Doppelgängertum erlebten wir in der Originalepisode *Spock außer Kontrolle*, in der William Shatner, mit Schnäuzer versehen, Kirks Bruder George Samuel Kirk spielte.

In *Miri, ein Kleinling* hatte Shatner seine Töchter Leslie und Lisabeth als Statisten untergebracht. Seine dritte Tochter Melanie folgte den Schwestern erst zwanzig Jahre später, als sie in *Star Trek V: Am Rande des Universums* als Kirks Assistentin auf der Brücke der Enterprise zu sehen war.

Außerdem spielte in *Miri, ein Kleinling* der noch junge Phil Morris mit, Sohn des aus *Kobra, übernehmen Sie* bekannten Schauspielers Greg Morris. Mit ihm gab es ein Wiedersehen in vier verschiedenen Rollen in *Star Trek III: Auf der Suche nach Mr. Spock*, *Deep Space Nine* und *Voyager*.

In der Episode *Kurs auf Marcus 12* spielt Melvin Belli den Bösewicht Gorgan, sein Sohn Caesar Belli ist eines der Kinder, die unter Gorgans Einfluss stehen und ihn beschwören.

Wil Wheaton holte seine jüngeren Geschwister Amy und Jeremy ins Studio, um mit

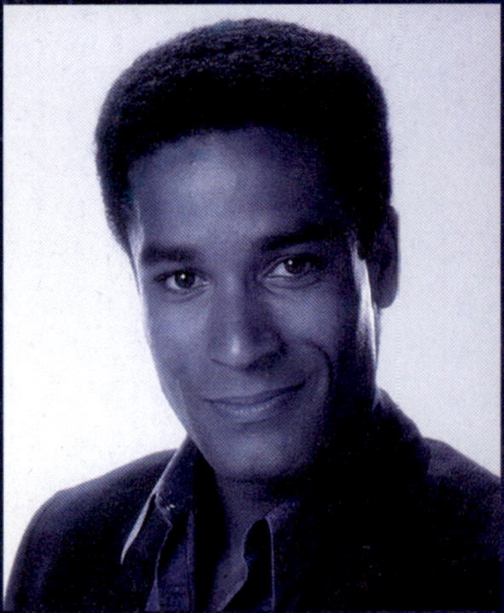

Quer durch alle Star Trek-Serien beschäftigt: Phil Morris

ihnen in der *Next Generation*-Episode *Die Sorge der Aldeaner* vor der Kamera zu stehen.

In dieser Episode war auch erstmals McKenzie Westmore zu sehen, die Tochter des *Star Trek*-Maskenbildners Mike Westmore. Später wirkte sie in *Star Trek: Der Aufstand* und in *Voyager* in der Episode *Geheimnisvolle Intelligenz* mit.

Patrick Stewarts Sohn Daniel wirkte in der *Next Generation*-Episode *Das zweite Leben* mit.

Leonard Nimoys Sohn Adam war zwar nicht vor der Kamera zu sehen, führte aber Regie bei *The Next Generation* bei den Episoden *Gefangen in einem temporären Fragment* und *Erwachsene Kinder*.

Denise Crosby verkörperte in *The Next Generation* ihre eigene halb-romulanische Tochter Sela. Außerdem war ihre Tante Mary Crosby als Cardassianerin in *Deep Space Nine* in der Episode *Profit und Verlust* zu sehen.

John de Lancie, der in *The Next Generation*, *Deep Space Nine* und *Voyager* wiederholt als allmächtiges Wesen namens Q zu sehen war, hatte in der *Voyager*-Episode *Q2* seinen leiblichen Sohn Keegan an seiner Seite, der seinerseits Qs genauso allmächtigen Sohn spielte. De Lancies Ehefrau und Keegans Mutter ist übrigens Marnie Mosiman, die in der *Next Generation*-Episode *Der stumme Vermittler* mitgespielt hatte.

Eine Vervielfachung der besonderen Art betrieb Brent Spiner. Der spielte in *The Next Generation* den Androiden Data und wiederholt dessen bösen Bruder Lore, außerdem Noonien Soong, den Erfinder von Data. Außerdem war er in *Star Trek: Nemesis* als sein eigenes Vorläufermodell B4 zu sehen. In *Enterprise* tauchte er dann auch noch als Vorfahre von Noonien Soong, Arik Soong, auf.

AHA!

Trektechnik

Ein Computer, der Sprachbefehle versteht und mit einer sanften weiblichen Stimme antwortet? Kennen wir. Handliche Telefone, die ganz ohne Schnur auskommen? Ein alter Hut.

2023 ist das tatsächlich nichts Besonderes, aber 1966 war das für den durchschnittlichen amerikanischen Zuschauer genau futuristisch wie sechs Jahre später bei der Deutschlandpremiere. Selbst 1987, als *The Next Generation* ins Fernsehen kam, ahnte kaum jemand, dass schon bald Flachbildschirme verfügbar sein würden, die auf eine Berührung mit dem Finger reagieren. Auf der Brücke der neuen Enterprise-D wirkten die Konsolen und Stationen daher entsprechend futuristisch, waren aber nur von hinten beleuchtete Plexiglasplatten.

Dass diese Zukunft in mancher Hinsicht Realität wurde und nicht bloß Hirngespinst blieb, hat einen guten Grund. Schon zur Zeit der ersten Serie unterhielt sich Roddenberry unter anderem mit Forschern des Massachusetts Institute of Technology, kurz MIT, um sich deren Prognosen für die technischen Entwicklungen auf den verschiedensten Gebieten anzuhören und in sein Serienkonzept einzuarbeiten. Nun war man anno 1966 Fotos von monströs großen Geräten gewöhnt, wenn es um Computer ging, und das bedeutete, dass man nicht einfach den Zuschauern weismachen konnte, dass Computer in der Zukunft erheblich kleiner sein würden. Aber man war zumindest so weit, Daten auf farbigen Modulen zu speichern, die in etwa so aussahen wie die erst viel später handelsüblichen 3,5“-Disketten.

Der Tricorder, mit dem die Crew auf Planeten die Umgebung untersuchte, war da in Sachen Computer schon eine kleine Revolution, auch wenn das Gerät eher zur Aufzeichnung und ersten Analyse benutzt wurde. Die genauere Auswertung wurde vom größeren Schiffscomputer vorgenommen, der auf Sprachbefehle

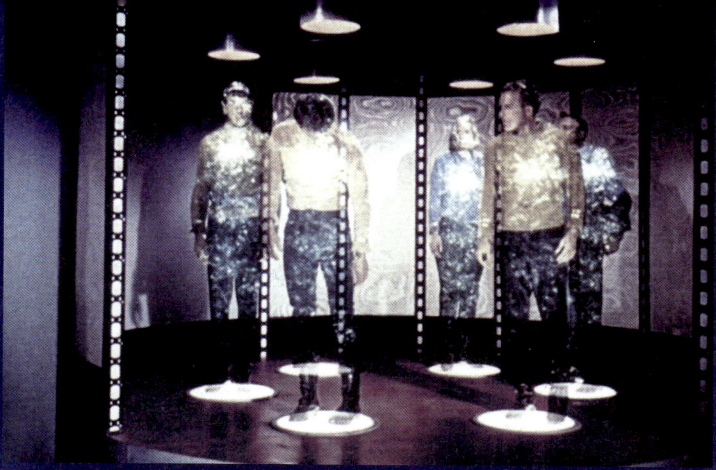

Immer noch Zukunftsmusik: Reisen per Transporter

der Crew reagierte und auch per Sprachausgabe antwortete – nur hieß er nicht Alexa, sondern Majel, da die Schauspielerin Majel Barrett sämtliche Texte quer durch alle Serien und Filme sprach.

Der Communicator, den man aufklappte, um dann mit einem hunderttausende Kilometer entfernten Raumschiff zu sprechen, wirkte selbst 1972 für deutsche Zuschauer als etwas völlig Futuristisches, und die wenigsten werden sich damals eine reale Chance ausgerechnet haben, etwas Derartiges jemals besitzen und benutzen zu können – während es inzwischen kaum noch jemanden gibt, der kein Mobiltelefon hat.

Für *The Next Generation* wurde die bekannte *Trek*-Technologie überarbeitet und der realen Entwicklung entsprechend kleiner und leistungsfähiger. Der Communicator wanderte in das Dienstabzeichen an der Uniform, der Tricorder schrumpfte und erhielt mehr Funktionen – und das PADD wurde eingeführt, der Vorläufer des heutigen Tablets.

Auf mindestens zwei Dinge werden wir aber noch eine Weile warten müssen, nämlich den Warpantrieb und den Transporter. Beide Erfindungen dienten in erster Linie dazu, die Handlung voranzutreiben, um zum einen schnell von einem Sternensystem zum nächsten zu reisen und zum anderen Produktionskosten zu sparen, indem man das Personal auf einen Planeten beamte, anstatt Flug und Landung eines Shuttles zu zeigen.

Nackte Fakten

Während sich nackte Haut bei *Star Trek* in Grenzen hielt und eigentlich nur William Shatner jede sich bietende Gelegenheit nutzte, um sein Uniformoberteil abzulegen, ging es abseits der Serie wesentlich freizügiger zu. Julie Newmar (*Im Namen des jungen Tiru*), Susan Denberg (*Die Frauen des Mr. Mudd*), Sherry Jackson (*Der alte Traum*) und Barbara Bouchet (*Stein und Staub*) zogen sich allesamt für den Playboy aus, oft schon vor ihrem jeweiligen Einsatz bei *Star Trek*.
Denise Crosby posierte 1979 für den US-Playboy, damals noch mit dem deutlichen Verweis auf ihren berühmten Großvater Bing Crosby. Im Mai 1988 wurden diese Fotos wieder veröffentlicht, diesmal mit Bezug auf ihre Rolle bei *The Next Generation*. Serienkollegin Marina Sirtis hatte sich in der Frühphase ihrer Karriere in den Filmen *Die verruchte Lady* und *Blind Date* eines Großteils ihrer Kleidung entledigt. In letztgenanntem Film findet sich auch die einzige Nacktszene von Kirstie Alley (*Trek II: Der Zorn des Khan*).
Und wo wir gerade von nackten Vulkanierinnen reden: Ein Eigentor schoss Kim Cattrall, als sie sich während der Dreharbeiten zu *Star Trek VI: Das unentdeckte Land* nachts auf der menschenleeren Brücke der Enterprise ablichten ließ – und dabei nichts weiter trug als ihre vulkanischen spitzen Ohren. Leonard Nimoy soll nach dieser Aktion wutentbrannt die Negative vernichtet haben. Damit fehlt jeder Beleg für diesen Vorfall, über den nur ein amerikanisches SF-Magazin berichtete, das allerdings für seinen seriösen Stil bekannt war.
Damit sich niemand beklagt, dass dieses Kapitel frauenfeindlich und sexistisch ist: William Shatner ließ im Spielfilm *Big Bad Mama* die Hüllen fallen, als er sich mit Angie Dickinson im Bett vergnügte. Und Leonard Nimoy war im Western *Catlow* ebenfalls in einer kurzen Szene textilfrei zu erleben.

Wer ist wer in *Deep Space Nine*?

Deep Space Nine **war von Anfang an die Serie, in der alles anders war, als man es von *Star Trek* kannte. Kein Raumschiff, das von Planet zu Planet reist, sondern eine Raumstation, auf der man morgen mit den Konsequenzen der Entscheidungen vom Tag zuvor konfrontiert wurde. Da war es nur konsequent, den Ableger von *The Next Generation* mit einem farbigen Schauspieler in der Hauptrolle zu besetzen, um das fortzusetzen, was Gene Roddenberry über zwanzig Jahre zuvor begonnen hatte.**

Avery Brooks (*1948) ist Captain Benjamin Sisko.

Brooks war von 1972 bis 1985 als Professor für Theaterwissenschaften an der Rutgers Universität in New Jersey tätig. Ab 1985 spielte er eine feste Rolle als Hawk in der Kriminalserie Spenser mit Robert Urich, die den Ableger *A Man Called Hawk* nach sich zog. Im Dezember 1988 sah man ihn an der Seite von LeVar Burton in der Weihnachtsspecial *Roots: The Gift*.

René Auberjonois (1940–2019) ist der Gestaltwandler Constable Odo.

Auberjonois hatte mit 16 Jahren seine erste Theaterrolle. Sein erstes Musical, *Coco*, brachte ihm direkt einen Tony Award ein. Vor *Deep Space Nine* konnte man ihn unter anderem in *M*A*S*H*, *King Kong* (die Verfilmung von 1976) und *Police Academy 5* sehen. In *Star Trek VI: Das unentdeckte Land* spielte er den Part des an einer Verschwörung gegen die Klingonen beteiligten Colonel West, die Szenen wurden jedoch aus der Kinofassung geschnitten.

Nana Visitor (*1957) ist Major Kira Nerys.

Visitors Vater war Choreograf am Broadway, ihre Mutter Ballettlehrerin und Leiterin einer Tanzschule, sie selbst spielte zunächst in einigen Soap Operas mit. Nachdem sie 1985 nach Los Angeles umgezogen war, begann eine lange Karriere als Gastschauspielerin in Dutzenden Serien wie *Mord ist ihr Hobby* und *L.A. Law. Deep Space Nine* war ihr erstes langfristiges Engagement.

Terry Farrell (*1963) ist **Jadzia Dax**.

Farrell begann ihre Karriere mit 16 Jahren als Model für die Magazine *Vogue* und *Mademoiselle*, 1984 wirkte sie in der Mini-Serie *Karussell der Puppen* mit. Es folgten Gastauftritte in *Die Bill Cosby Show*, *Familienbande* und *Twilight Zone*, außerdem in Filmen wie *Der Callgirl-Club* und *Hellraiser III: Hell on Earth.*

Colm Meaney (*1953) ist **Chief Miles O'Brien**.

Meaney war seit dem Pilotfilm zu *The Next Generation* in der Serie immer wieder zu sehen gewesen, wenn seine anderen Verpflichtungen es zuließen. Mit dem Wechsel zu *Deep Space Nine* wurde er zu einem festen Teil des Ensembles. Er hatte zuvor nur wenige Rollen im Fernsehen verkörpert.

Alexander Siddig (*1965; vormals Siddig El Fadil) ist **Stationsarzt Dr. Julian Bashir**.

Siddig wurde als Sohn britischer Eltern im Sudan geboren und wuchs in England auf. Er machte erste Schauspielerfahrung als Student an der London Academy of Music and Dramatic Arts, betätigte sich eine Weile als Theaterregisseur, widmete sich dann aber doch der Schauspielerei und wirkte unter anderem in *A Dangerous Man*, *Lawrence After Arabia* mit.

Armin Shimerman (*1949) ist **Quark**.

Shimerman war kein Unbekannter in Sachen *Star Trek*, hatte er doch in *The Next Generation* bereits als erster Ferengi überhaupt in der Episode *Der Wächter* mitgewirkt. Nachdem die extrem kapitalistisch ausgerichtete Spezies der Ferengi zunächst nicht so recht überzeugt hatte, war es ein Wagnis gewesen, diesen Außerirdischen in *Deep Space Nine* einen festen Platz zu gewähren. Dass

das Experiment ein gutes Ende nahm, ist vor allem Shimerman und den anderen festen Ferengi-Darstellern dieser Serie zu verdanken.
Shimerman entdeckte früh seine Begeisterung für die Schauspielerei und war im Theater unter anderem in Bertolt Brechts *Dreigroschenoper* zu sehen. Präsent war er vor allem in Gastauftritten bei Serien wie *Alien Nation, Wer ist hier der Boss?* und *Eine schreckliche nette Familie*. Eine wiederkehrende Rolle hatte er in *Die Schöne und das Biest*.

Cirroc Lofton (*1978) ist Jake Sisko.
Lofton war 14 Jahre alt, als er den Part von Benjamin Siskos Sohn bekam. Mit sechs Jahren hatte er schon in Werbespots und Lehrvideos mitgewirkt. Eine kleine Rolle hatte er 1990 in der Bernhardiner-Komödie *Ein Hund namens Beethoven*.

Durch den Umstand bedingt, dass die Serie auf einer Raumstation spielte, entwickelten sich viele Nebencharaktere zu beliebten Figuren, denen im Laufe der Serie immer mehr Platz eingeräumt wurde. Zu diesen wichtigsten Charakteren dieser Kategorie und ihren Darstellern gehören:

- **Max Grodénchik als Ferengi Rom**, seines Zeichen der unterdrückte Bruder von Quark, der später unerwartet Karriere macht.
- **Aron Eisenberg als Nog**, der Sohn von Rom, der zunächst nur den Störenfried gibt, dann aber der erste Ferengi in der Sternenflotte wird.
- **Mark Allen Sheppard als Morn**, der wortkarge Stammgast in Quarks Bar, der nach dem Vorbild von Norm Peterson aus *Cheers* entstand.
- **Andrew Robinson als** der scheinbar harmlose cardassianische **Schneider Garak**, der im Verlauf der Serie einige Überraschungen zu bieten hat.
- **Louise Fletcher als Kai Winn**, die geistliche Führerin der Bajoraner, die so hinterlistig angelegt ist, wie man es von einer Rolle für die Oscar-Preisträgerin erwarten durfte.

Ironie und Parodie

Wenn Marty McFly in *Zurück in die Zukunft* die Hand zum vulkanischen Gruß hebt und der ganze Kinosaal lacht, dann weiß man, dass *Star Trek* im Lauf der Jahre ein popkulturelles Phänomen geworden ist, das praktisch jeder kennt – zumindest gut genug, um so etwas wie den vulkanischen Gruß wiedererkennen zu können.

Ob es *Die Simpsons* sind oder das Segment *Schweine im Weltall* aus der *Muppet Show* – *Star Trek* findet in unzähligen Filmen und Serien auf die eine oder andere Weise Erwähnung, von *Psych*, *NCIS* und *CSI: Vegas* über *Frasier* bis hin zu *Castle*, bei der man sogar eine ganze Episode mit *Star Trek*-Darstellern besetzte, um einen Mord auf dem Set einer fiktiven SF-Serie stattfinden zu lassen.

In der Komödie *Die unglaubliche Reise in einem verrückten Raumschiff* ist es ausgerechnet William Shatner als Kommandant einer Mondbasis, der beim Blick durch ein Periskop die

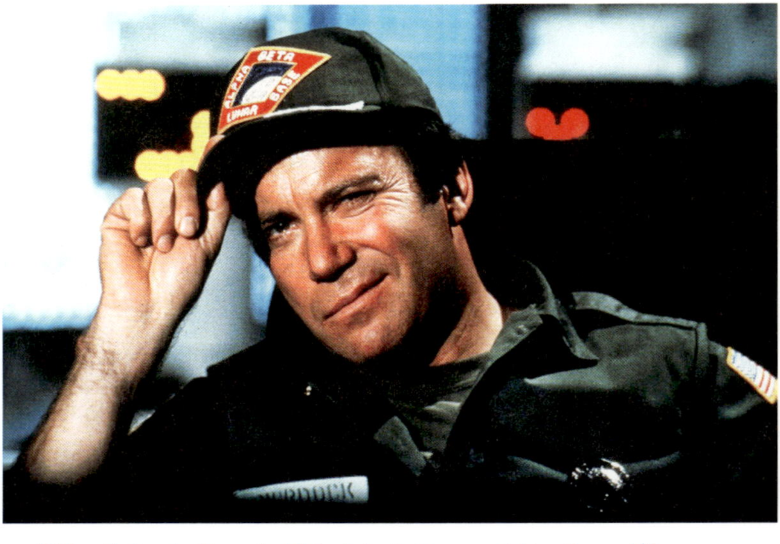

William Shatner in *Die unglaubliche Reise in einem verrückten Raumschiff*

Enterprise vorbeifliegen sieht. Ebenfalls ist es Shatner, der in seiner Serienrolle als Denny Crane in einer Episode von *Boston Legal* den Kommentar von sich gibt, er sei mal Captain eines eigenen Raumschiffs gewesen.

Oft sind aber nicht die Figuren der Serien die Zielscheibe der Späße, so zum Beispiel in *Frasier*, wo es den Charakter Noel gibt, der allzu gern *Star Trek* in eine Unterhaltung einfließen lässt. Oder die Sitcom *The Big Bang Theory*, die davon lebt, dass sie Fans als leicht verschrobene, aber hochintelligente Typen zeigt, die sich für fremde Welten, Außerirdische, Rollenspiele, Zauberer, Trolle und mehr begeistern, auch wenn sie vom Rest der Menschheit dafür schief angesehen werden. *Star Trek* spielt immer wieder eine wichtige Rolle, und so gibt es im Verlauf von zwölf Seasons ein Wiedersehen mit William Shatner, George Takei, LeVar Burton, Brent Spiner und mehrmals mit Wil Wheaton, die alle nicht so ganz sich selbst spielen, sondern mit den Klischees kokettieren, die ihnen nachgesagt werden. Bemerkenswert ist auch noch, dass Dorothy C. Fontana und David Gerrold ebenfalls einen Gastauftritt haben, die beide *Star Trek*-Autoren aus Zeiten der Originalserie sind.

Gefährlich für die Karriere kann es allerdings werden, wenn die Stars selbst sich auf das Terrain von Ironie und Parodie wagen, allen voran Kirk-Darsteller William Shatner. Sein Kollege Leonard Nimoy war ja schon wegen seines Buchtitels *I Am Not Spock* missverstanden und angefeindet worden, aber Ironie ist noch eine Spur problematischer, da sie definitiv nicht jedermanns Sache ist. Als Shatner in der Comedy-Sendung *Saturday Night Live* in einem Sketch mitwirkte, in dem er den Gast auf einer *Star Trek*-Convention spielte, wurde er von den angeblichen Fans mit Fragen bestürmt, die sich um Details wie die Kombination zu seinem Safe an Bord der Enterprise drehten. Schließlich wurde es Shatner zu viel, er forderte die Fans sinngemäß auf, ihr eigenes Leben zu führen, anstatt sich über die Dinge Gedanken zu machen, die sie von ihm wissen wollten. Als wäre das nicht schon brutal genug, stellte er dann zum Entsetzen der Fans klar, dass es sich bei *Star Trek* „nur um eine Fernsehserie“ handelte.

Natürlich steckte da auch ein Körnchen Wahrheit drin, weil Shatner genügend Fans kennengelernt hat, aber es war trotz allem eine ironische Übertreibung, schließlich wusste der Schauspieler ja, wie viel er seinen Fans zu verdanken hatte. Dennoch nahmen ihm diesen Sketch viele übel, und es dauerte eine Weile, bis Gras über die Sache gewachsen war.

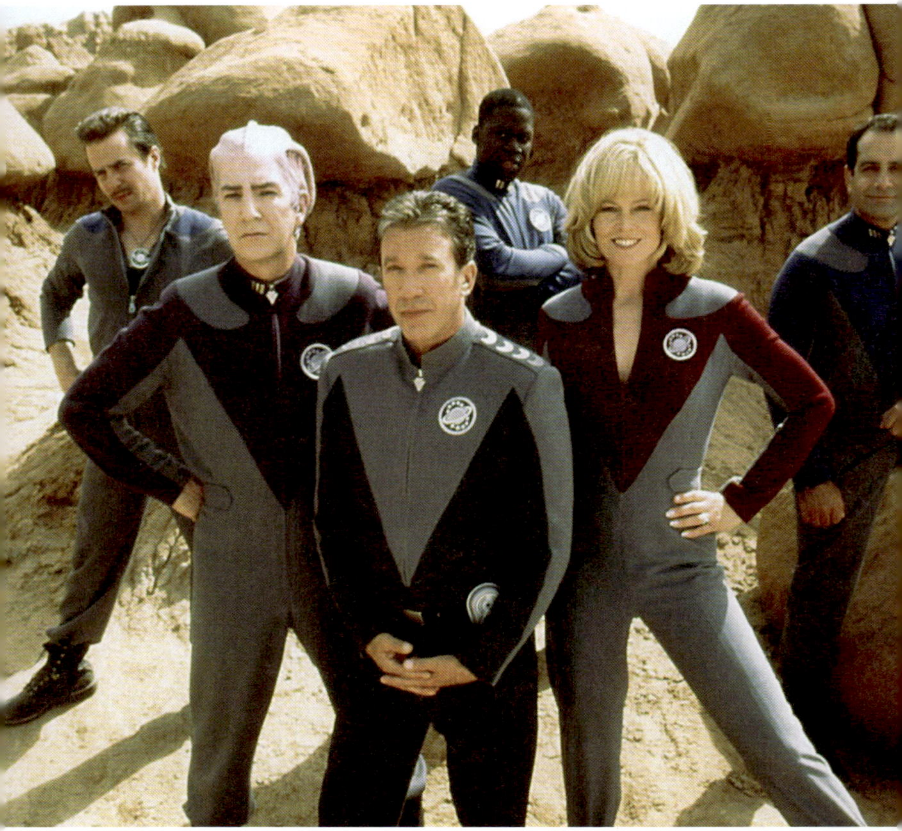

Wenn die fiktive Realität zur realen Fiktion wird ... oder so ähnlich. *Galaxy Quest* mit Tim Allen und Sigourney Weaver

Interessant ist in diesem Zusammenhang, dass der Film *Galaxy Quest* mit Tim Allen, Sigourney Weaver und Alan Rickman über eine fiktive TV-Serie im Stil der Originalserie die Fans auf genau die gleiche Weise aufs Korn nahm und die Darsteller genervte Schauspieler verkörperten, die es längst leid waren, ständig mit einer vor Jahren abgesetzten Serie in Verbindung gebracht zu werden und keine Würdigung ihres sonstigen Schaffens zu erfahren. Anders als Shatners Auftritt wurde der Film von den Fans mit Begeisterung aufgenommen, obwohl es keinen Unterschied gab – außer natürlich, dass Tim Allen nie einen Kirk-Typ gespielt hatte.

Aber die Parodien beschränken sich nicht allein auf das Medium, in dem *Star Trek* zu Hause ist. Eines der kuriosesten Produkte abseits von Film und Fernsehen dürfte wohl die Single *Star Trekkin'* der britischen Band The Firm sein. Hinter dem Bandnamen verbirgt sich der Studiomusiker John O'Connor, der zusammen mit Graham Lister ein Lied schrieb und aufnahm, in dem sie in der Stimmlage Offiziere der Enterprise zum Refrain „Star Trekkin' across the Universe" jeder eine für die Figur typische Zeile singen. So hört man McCoy wiederholt „Er ist tot, Jim" singen, während Scotty wie gewohnt darauf aufmerksam macht, dass er nicht die Gesetze der Physik verändern kann. Die Melodie war so schlicht wie eingängig, aber die beiden fanden keine Plattenfirma, die den Song haben wollte. Kurzerhand veröffentlichten sie ihn auf eigene Faust – mit dem Ergebnis, dass sich die Single drei Wochen später im Juni 1987 auf Platz eins der britischen Charts kletterte und sich weltweit eine Million Mal verkaufte.

Fünf der besten *Deep Space Nine*-Episoden

Bei *Deep Space Nine* ist es noch schwieriger, fünf herausragende Episoden herauszufiltern, da sich das Geschehen ab dem Krieg gegen das Dominion als eine große durchgehende Handlung präsentiert.

Jenseits der Sterne In Visionen erlebt sich Captain Sisko als Schriftsteller, der in den Fünfzigerjahren auf der Erde für ein Science-Fiction-Magazin Geschichten schreibt und dabei aus erster Hand die Vorurteile erfährt, mit denen man in jener Zeit Farbigen begegnete.

Immer die Last mit den Tribbles Sisko und seine Leute geraten in die Vergangenheit, und zwar genau in die Zeit, als Kirk und Co. zum ersten Mal mit den Tribbles Bekanntschaft machen. Die Tricktechnik machte es möglich, die *Deep Space Nine*-Figuren nahtlos in die *Classic-Szenen* einzufügen.

In fahlem Mondlicht Da das Dominion im Krieg die Oberhand zu erlangen droht, sieht sich Captain Sisko gezwungen, zu einer List zu greifen, damit die Romulaner auch in den Krieg eintreten. Sein Dilemma: Er verstößt damit gegen all seine Prinzipien als Offizier.

Badda-Bing, Badda-Bang Sisko und Co. müssen in bester *Ocean's Eleven*-Manier Holodeck-Charakter Vic Fontaine helfen, der im Las Vegas der Sechzigerjahre seinen Job als Sänger im Club eines Hotels verliert, als das von einem Gangster gekauft wird.

Unser Mann Bashir Ein Holodeck-Abenteuer in James-Bond-Manier wird durch eine Fehlfunktion zu einer tödlichen Falle für mehrere Crewmitglieder. Geheimagent Julian Bashir muss dem zum größenwahnsinnigen Schurken mutierten Sisko das Handwerk legen, ehe wirklich jemand zu Schaden kommt.

AHA!

Mehr als nur eine Fernsehserie

Bereits zum Start von *Star Trek* im Jahr 1966 erkannten Lizenznehmer das Potenzial für eine Vermarktung der Serie. Es dauerte nicht lange, bis die ersten Produkte auf den Markt kamen, wobei viele Lizenznehmer keine Ahnung hatten, um was es bei der Serie ging und es dem Studio umgekehrt auch ziemlich egal war, was da produziert wurde, solange die Lizenzgebühr gezahlt wurde. Ob es Wasserpistolen mit einem *Star Trek*-Aufkleber waren oder eine Art Motorradhelm mit eingebautem Blaulicht, der als Spocks Weltraumhelm angepriesen wurde – mit *Star Trek* hatte das alles nichts zu tun.

Etwas besser erging es den Comics zur Serie, auch wenn die in Italien von Comiczeichnern geschaffen wurden, die als Vorlage nur Fotos erhielten, aber keine vollständigen Episoden. Dementsprechend „fantasievoll" sah das Innenleben der Enterprise aus, und von den Figuren konnte man oft nur Spock auf Anhieb identifizieren, obwohl dessen Ohren allzu spitz geraten waren.

Am besten schnitten noch die Bücher zur Serie ab, angefangen mit *Mission to Horatius*, einem Jugendbuch mit episodenhaften Geschichten, die den Ton der Serie trafen, aber allzu klischeehaft geraten waren. Weit weniger auszusetzen gab es an den durchnummerierten Taschenbüchern, für die SF-Autor James Blish die Drehbücher in Kurzgeschichtenbände umwandelte – mit dem interessanten Nebeneffekt, dass er nicht die verfilmten, sondern oft frühere Fassungen der Drehbücher mit Szenen und Dialogen erhielt, die bei den Episoden fehlten.

Mit dem ersten Kinofilm endete dann auch endlich die Ära der willkürlichen *Star Trek*-Produkte, stattdessen achtete man genau darauf, dass ein Lizenzprodukt auch den Vorgaben der Rechteinhaber entspricht. Zwar hat uns das nicht vor *Star Trek*-Unterwäsche bewahrt, aber wenigstens gab es keine Neuauflage von Mr. Spocks Weltraumhelm.

Time Trek Teil 3

April 1992 *Star Trek: Deep Space Nine* wird offiziell angekündigt.

24. August 1992 Die Dreharbeiten zu *Star Trek: Deep Space Nine* beginnen.

3. Januar 1993 *Star Trek: Deep Space Nine* startet im US-Fernsehen.

28. Januar 1994 Mit nur einem Jahr Differenz kommt Deep Space Nine ins deutsche Fernsehen, schneller als jede Star Trek-Serie zuvor.

23. Mai 1994 Nach sieben erfolgreichen Jahren im Fernsehen verabschiedet sich *The Next Generation*, um gleich im Anschluss ins Kino zu wechseln.

6. September 1994 Der Produktionsbeginn für die nächste Serie, *Star Trek Voyager*, wird bekanntgegeben.

18. November 1994 *Star Trek: Treffen der Generationen* startet in den US-Kinos.

16. Januar 1995 In den USA beginnt die Ausstrahlung von *Star Trek Voyager.*

9. Februar 1995 Die deutschen Kinos zeigen den siebten Kinofilm.

21. Juni 1996 *Voyager* kommt eineinhalb Jahre nach dem US-Start ins deutsche Fernsehen.

22. November 1996 Mit *Star Trek: First Contact* kommt der achte Film in die amerikanischen Kinos.

19. Dezember 1996

Mit so geringem zeitlichem Abstand zwischen US- und Deutschland-Start wie noch bei keinem anderen *Star Trek*-Film kommt Teil acht der Reihe kurz vor Weihnachten in die deutschen Kinos.

11. Dezember 1998

Star Trek: Der Aufstand läuft in den US-Kinos an.

31. Dezember 1998

Das Rekordtempo des Vorgängerfilms wird durch *Star Trek: Der Aufstand* eingestellt, der diesmal keine drei Wochen nach dem US-Start in Deutschland anläuft.

2. Juni 1999

Nach sieben Jahren läuft die letzte *Deep Space Nine*-Episode im US-Fernsehen.

23. Mai 2001

Nach sieben Jahren verabschiedet sich *Voyager* von den US-Fernsehzuschauern.

26. September 2001

Die Erstausstrahlung von *Star Trek: Enterprise* beginnt in den USA.

13. Dezember 2002

Der zehnte und vorerst letzte Kinofilm *Star Trek: Nemesis* startet in den USA.

16. Januar 2003

Star Trek: Nemesis kommt in die deutschen Kinos.

15. März 2003

Sat.1 startet mit der deutschen Erstausstrahlung von *Star Trek: Enterprise*.

13. Mai 2005

Mit der letzten Episode von *Star Trek: Enterprise* endet die von Gene Roddenberry und seinem Nachfolger Rick Berman geprägte *Star Trek*-Ära. Es soll von da an vier Jahre dauern, ehe *Star Trek* unter neuer Leitung ins Kino und schließlich auch ins Fernsehen zurückkehrt.

Gibt es ein Leben nach *Star Trek*? (Teil 3)

Bei vielen Stars aus *Deep Space Nine* schloss sich nach dem Ende der Serie eine weiterhin erfolgreich verlaufende Karriere an.

Rene Auberjonois war wie bereits vor seinem *Star Trek*-Engagement ein gefragter Schauspieler, der in Serien wie *Frasier*, *Warehouse 13* und *NCIS*-Gastauftritte absolvierte und vier Jahre lang neben William Shatner eine feste Rolle in der Anwaltsserie *Boston Legal* hatte. Bis zu seinem Tod im Jahr 2019 war er praktisch dauerbeschäftigt.

Ebenso konnte **Nana Visitor** (die von 1997 bis 2001 mit ihrem Kollegen Alexander Siddig verheiratet war) nicht über einen Mangel an Gastrollen klagen, ging es doch nach der Serie mit Auftritten in *Castle*, *Torchwood* oder *Dark Angel* mit der gewohnten Regelmäßigkeit weiter.

Terry Farrell verließ *Deep Space Nine* nach dem sechsten Jahr, eine Entwicklung, über die die widersprüchlichsten Erklärungen kursieren, mal mit Schuldzuweisungen, mal ohne, immer abhängig davon, wen man gerade fragt – aber auch, wann man ihn fragt, denn fast 25 Jahre nach dem Ende der Serie liefern manche Beteiligte plötzlich eine völlig gegensätzliche Stellungnahme ab. Allerdings gibt es zu denken, dass Farrell nach ihrem Wechsel zur Sitcom *Becker* ebenfalls zu Beginn der letzten Season ausstieg. Oder gefeuert wurde. Oder was auch immer. Fakt ist, dass sie sich 2003 von der Schauspielerei verabschiedete, um sich ihrem Privatleben zu widmen. Von 2018 bis 2022 war sie mit Leonard Nimoys Sohn Adam verheiratet.

Colm Meaney hatte wegen der nur sporadischen Auftritte bei *The Next Generation* immer wieder Filmrollen annehmen können, was er während der Produktion von *Deep Space Nine* deutlich zurückfahren musste. Dieses Engagement schadete ihm aber nicht, sondern brachte ihm ganz im Gegenteil neben weiteren Filmrollen auch etliche Verpflichtungen für Gastauftritte in Serien ein. Seine Bandbreite an Kinofilmen reicht von *Alarmstufe: Rot* über *The Commitments* bis hin zu *Layer Cake*.

Alexander Siddig konnte von der durch *Deep Space Nine* gewonnenen Popularität durchaus profitieren, die seine Karriere in Film und Fernsehen erst so richtig in Gang brachte. So konnte man ihn in mehreren Episoden von *Game of Thrones* sehen.

Armin Shimerman spielte in den letzten Jahren von *Deep Space Nine* parallel eine wiederkehrende Rolle in *Buffy – Im Bann der Dämonen*, später folgten kontinuierlich Gastauftritte unter anderem bei *Charmed*, *Castle* und *Boston Legal*.

Cirroc Lofton war nach dem Ende der Serie nur mäßig erfolgreich. 2008 zog er sich von der Schauspielerei zurück, führte zeitweise ein Lokal in Culver City, ließ aber über sein Privatleben so gut wie nichts verlauten. Seit 2017 nimmt er wieder sporadisch Rollen an.

Ein Kuriosum ist der Fall **Avery Brooks**. Nach der Serie war er noch in zwei oder drei anderen Produktionen zu sehen, tauchte dann aber nur noch auf Theaterbühnen auf und unterrichtete wie zuvor als Professor angehende Schauspieler. Außerdem veröffentlichte er ein Jazz-Album. In einem Podcast deutete sein Serien-Sohn Lofton an, dass Brooks zwar spielen wolle, man ihn aber nicht lasse. Mehr als diese schwammige Aussage existiert allerdings nicht, sodass man über die Gründe nur spekulieren kann.

Wer ist wer in *Star Trek: Voyager*?

Nach dem Ausflug auf eine Raumstation in *Star Trek: Deep Space Nine* entschieden die Produzenten Rick Berman, Michael Piller und Jeri Taylor den nächsten Serienableger wieder auf einem Raumschiff spielen zu lassen (obwohl die Geschichten rund um die Raumstation Deep Space Nine keineswegs so stationär waren, wie man hätte vermuten können). Anstatt aber das neue Schiff U.S.S. Voyager wie gewohnt in fremde Welten reisen zu lassen, drehte man das Prinzip um und ließ das Schiff mitten im Delta-Quadranten in einer Region stranden, die von der Sternenflotte noch nie erforscht worden war. Selbst bei maximaler Geschwindigkeit würde die Voyager gut siebzig Jahre benötigen, um nach Hause zurückzukehren …

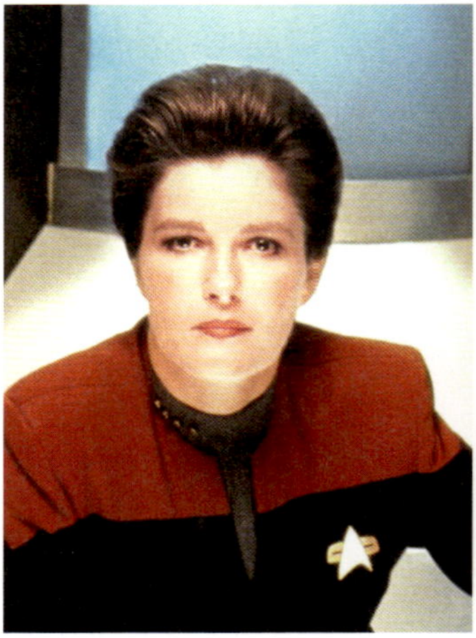

Kate Mulgrew (*1955) ist

Captain Kathryn Janeway.

Mulgrew machte sich schon mit gerade mal zwanzig Jahren einen Namen, als man ihr 1975 eine wiederkehrende Rolle in der Soap *Ryan's Hope* gab, die sie in über 400 Episoden bis 1989 spielte. Daneben war sie in Serien wie *Cheers*, *Dallas* oder *Hotel* zu sehen, und sie hatte eine eigene, wenn auch nur kurzlebige Serie mit dem Titel *Mrs. Columbo*, in der sie ursprünglich die Ehefrau des berühmten Fernseh-Inspectors war. Die erwarteten Zuschauer blieben aber aus, und so wurde aus Mrs. Columbo Mrs. Callahan, die mit Columbo nichts mehr zu tun hatte.

Robert Beltran (*1953) ist Commander Chakotay.

Beltran konnte bis zu seinem Voyager-Engagement auf eine kontinuierlich verlaufende, solide Karriere mit Gastauftritten in *Street Hawk* und *Miami Vice* zurückblicken. Am bekanntesten war er durch seine Rolle im Independent-Film *Eating Raoul* über ein Pärchen, das ein ahnungsloses Opfer nach dem anderen umbringt.

Robert Picardo (*1953) ist der namenlose Holo-Doktor.

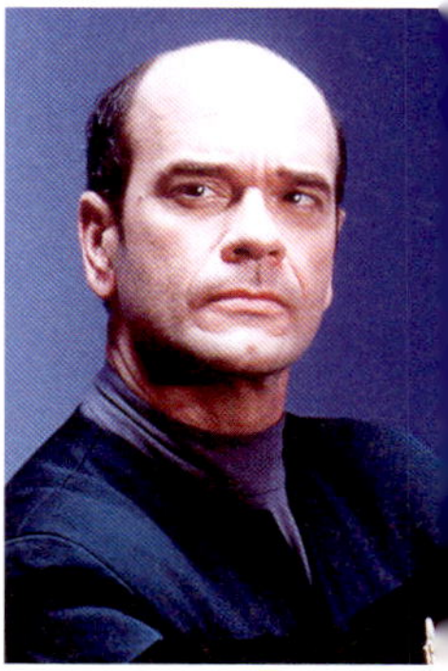

Picardo ist von all seinen *Voyager*-Kollegen eindeutig der Schauspieler mit den meisten Rollen in Film in Fernsehen. Neben einer festen Rolle in der Vietnamkrieg-Serie *China Beach* wurde er unter anderem von Regisseur Joe Dante für gleich zehn Kinofilme engagiert, darunter *Das Tier*, *Meine teuflischen Nachbarn* und *Die Reise ins Ich*.

Tim Russ (*1956) ist Lt. Tuvok.

Eine ähnlich umfangreiche Filmografie konnte nur noch Russ vorweisen, der ab 1985 in so ziemlich jeder Serie mitgewirkt hat, in der Gastrollen vergeben wurden. Vor allem war er einmal in *The Next Generation*, zweimal in *Deep Space Nine* und dazu auch noch im Trek-Kinofilm *Treffen der Generationen* zu sehen gewesen – jedes Mal in einer anderen Rolle.

Robert Duncan McNeill (*1964) ist Lt. Tom Paris.

Neben etlichen Rollen in Serien und Spielfilmen war McNeills wichtigster Part der des Nicholas Locarno in der *Next Generation*-Episode *Ein missglücktes Manöver*, denn diese Figur ist Tom Paris. Sie heißt nur nicht so, weil die Produzenten die Autoren dieser Episode nicht jahrelang dafür bezahlen wollten, nur um den von ihnen ausgedachten Namen benutzen zu können.

Garrett Wang (*1968) ist Ensign Harry Kim.

Nach nur drei kleineren Produktionen landete Wang mit *Star Trek:*

Voyager gleich einen Volltreffer, der für ihn für die nächsten sieben Jahre quasi eine Beschäftigungsgarantie sein sollte, sofern die Serie diesen anvisierten Zeitraum überleben würde.

Jeri Ryan (*1968) ist Seven of Nine.

Ryan kam erst in der vierten Season zur Serie dazu, um die dümpelnden Einschaltquoten zu verbessern. Ihre Schauspielkarriere hatte 1991 mit einem Gastauftritt in der Sitcom *Wer ist hier der Boss?* begonnen, seitdem war sie in etlichen Spielfilmen und Serien zu sehen gewesen, wobei ihre Rolle als Juliet Stewart in der düsteren Science-Fiction-Serie *Dark Skies* das erste längere Engagement war und nur so deshalb so jäh endete, weil die Serie nach einem Jahr eingestellt wurde.

Roxann Dawson (*1958) ist die Chefingenieurin B'Elanna Torres.

Zu Dawsons Arbeiten vor *Voyager* gehörten unter anderem Gastrollen bei Serien wie *Matlock* oder *Baywatch*. Insgesamt war sie in den zehn Jahren vor *Star Trek: Voyager* nur sporadisch beschäftigt, sodass der Part als halb klingonische, halb menschliche Chefingenieurin für sie einen erheblichen Karrieresprung bedeutete.

Ethan Phillips (*1955) ist der talaxianische Schiffskoch Neelix.

Philips begann Ende der Siebziger/Anfang der Achtziger mit der Schauspielerei und ist seitdem kontinuierlich mit Gastrollen beschäftigt, obwohl oder gerade weil er so gar nichts Markantes an sich hat und völlig durchschnittlich erscheint. Neben *Voyager* ist er in jeweils anderen Rollen in *The Next Generation*, in *Enterprise* und im achten Kinofilm *Der erste Kontakt* zu sehen gewesen.

Jennifer Lien (*1974) ist die Ocampa Kes.

Als jüngstes Ensemblemitglied hatte die aus Chicago stammende Lien bereits ein Jahr bei der Soap *Another World* verbracht und war in der Sitcom *Phenom* zu sehen gewesen.

AHA!

Star Treks zweiter Vater

Der 1945 geborene Rick Berman hatte sich bereits als Produzent und Programmleiter bewährt, als Gene Roddenberry ihn 1987 in sein Produktionsteam für *The Next Generation* holte. Berman übernahm mehr und mehr Aufgaben, da sich Roddenberrys Gesundheitszustand zusehends verschlechterte, bis er schließlich ganz offiziell auf dessen Posten als Ausführender Produzent nachrückte und die Serie ganz im Sinne von Gene Roddenberry weiterführte. Gemeinsam mit Michael Piller entwickelte er 1990 den Ableger *Deep Space Nine* und 1995 mit Michael Piller und Jeri Taylor den nächsten Ableger mit Namen *Voyager*, außerdem produzierte er vier *Star Trek*-Kinofilme.

Als sich *Voyager* dem Ende näherte und Paramount eine neue *Star Trek*-Serie haben wollte, sprach Berman sich dagegen aus und empfahl, nach dreizehn Jahren *Star Trek* nonstop und weit über 500 Episoden erst einmal eine Pause einzulegen. Seiner Meinung nach mussten bei den Zuschauern Ermüdungserscheinungen eingetreten sein, weil sie mehr als genug neues Material zu sehen bekommen hatten. Ihm schwebte eine Pause von zwei oder drei Jahren vor, um das Interesse nach und nach wiedererwachen zu lassen. Das Studio sah das anders, und Berman hatte letztlich die Wahl, standhaft zu bleiben und den Produzentenposten zu verlieren, weil man sich einfach einen Nachfolger suchen würde, oder nachzugeben und das Beste daraus zu machen. Das Resultat war die Serie *Star Trek: Enterprise*, die wie von ihm prophezeit nicht die Einschaltquoten holte, die man erzielen wollte. Am Ende wurde die Serie nach nur vier Jahren abgesetzt, und Berman war seinen Posten ebenfalls los, da man natürlich ihn für das Scheitern verantwortlich machte. Zwar gab es 2005 noch Planungen für einen elften Kinofilm, aber die wurden aufgegeben, als es Umbesetzungen auf der Führungsebene des Studios gab.

Fünf der besten *Voyager*-Episoden

Auch bei Voyager ist es natürlich eine völlig subjektive Auswahl, auf eine Reihenfolge soll auch diesmal verzichtet werden.

Chaoticas Braut Tom Paris und Harry Kim haben das Holodeck-Programm „Captain Proton" aktiviert – ein Schwarzweiß-Abenteuer in der Art von Flash Gordon –, als photonische Lebensformen die Simulation für die Realität halten. Sie geraten in die Welt des größenwahnsinnigen Dr. Chaotica, und nur Captain Janeway als Königin Arachnia kann Schlimmeres verhindern.

Es geschah in einem Augenblick Die Voyager sitzt im Orbit um einen Planeten fest, auf dem die Zeit rasend schnell vergeht. Dort rätselt man über die Jahrhunderte hinweg, was es mit dem seltsamen Objekt am Himmel auf sich hat, das man seit dem frühen Mittelalter beobachtet. Als man in der Lage ist, eine Rakete in den Orbit zu bringen, kommt es zum ersten Kontakt.

Tuvix Eine Transporterfehlfunktion lässt Neelix und Tuvok zu einem einzigen Wesen verschmelzen. Während die Crew nach einer Lösung sucht, um die beiden wieder voneinander zu trennen, entwickelt Tuvix eine ganz eigene Persönlichkeit und stellt damit Captain Janeway vor ein moralisches Dilemma.

Zeitschiff Relativity Die Sternenflotte des 29. Jahrhunderts schickt Seven of Nine in der Zeit zurück, damit die noch vor dem Jungfernflug der Voyager an Bord nach einem Saboteur sucht. Ihr Problem ist es, nicht Captain Janeways Misstrauen zu wecken, doch genau das geschieht allen Bemühungen zum Trotz.

Q2 Der allmächtige Q stattet der Voyager einen Besuch ab und bringt seinen Sohn mit, der seine Ferien in der Obhut von „Tante" Kathryn verbringen soll, damit sie ihn erzieht.

AHA!

Das Beinahe-Desaster

Kathryn Janeway war die erste Frau in der Rolle des Captain in einer *Star Trek*-Serie. Das war von dem Produzententeam Rick Berman, Michael Piller und Jeri Taylor auch so gewollt. Jedoch war Kate Mulgrew nicht die erste Wahl, sondern sie sprang erst in letzter Sekunde ein, womit *Star Trek: Voyager* vor einem Desaster bewahrt wurde.

Der Platz auf der Brücke war nämlich an die Kanadierin Geneviève Bujold vergeben worden, eine bekannte und gefragte Kinoschauspielerin, die es aber in rund dreißig Jahren nur auf gut ein halbes Dutzend TV-Engagements gebracht hatte, also so gut wie keine Erfahrung mit den Anforderungen des Serienfernsehens besaß.

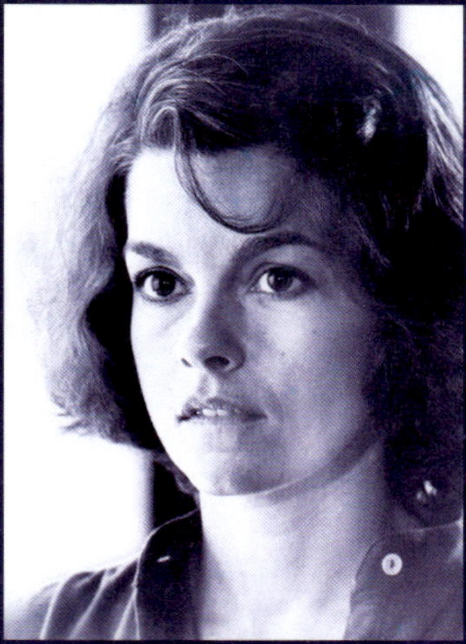

Die Frau, die nicht Captain sein wollte: Genevieve Bujold

Zwei Drehtage lang war es für alle Beteiligten offensichtlich gewesen, dass Bujold mit dem Arbeitstempo nicht zurechtkam, da innerhalb weniger Tage eine ganze Episode fertig werden musste, während sie von ihrer Arbeit fürs Kino gewöhnt war, dass ein Vielfaches an Zeit zur Verfügung stand und nur ein Bruchteil an Text gelernt werden musste.

Für die Produzenten war klar, dass man mit Bujold trotz des klangvollen Namens nicht noch länger zusammenarbeiten konnte, da der Drehplan bereits an diesen zwei Tagen überzogen worden war. Ihnen war aber auch klar, dass es für das Studio ein teures Vergnügen werden würde, wenn man die Schauspielerin loswerden wollte. Zum Glück für das Studio war Bujold so frustriert, dass sie von sich aus darum bat, den Vertrag aufzulösen.

Gibt es ein Leben nach *Star Trek*? (Teil 4)

Wie nach jeder vorangegangenen *Star Trek*-Serie standen auch die Darsteller nach der letzten Episode von *Voyager* vor der großen Frage, wie es weitergehen würde.

Für **Kate Mulgrews** Karriere war *Voyager* nur eine weitere Etappe in einer Reihe kontinuierlicher Engagements in Serien und Filmen, da es nach dem Ende der Serie so wie gewohnt weiterging und sie in der Gefängnisserie *Orange is the New Black* eine weitere feste Rolle erhielt.

Robert Beltran ist seit dem Ende von *Voyager* immer wieder in Gastrollen zu sehen, außerdem steht er regelmäßig auf Theaterbühnen. Die große Karriere blieb aus, was wohl auch daran liegen dürfte, dass er sich immer wieder öffentlich darüber beklagte, dass seine Rolle nicht genügend berücksichtigt wurde.

Robert Picardo war bereits vor *Voyager* ein vielbeschäftigter Schauspieler, dem der Aufenthalt im *Star Trek*-Universum sogar noch mehr Engagements einbrachte. So tauchte er in Gastauftritten bei *Stargate* auf und hatte in *Stargate: Atlantis* eine feste Rolle.

Robert Duncan McNeill begann sich während seiner Zeit bei *Voyager* für Regiearbeit zu interessieren, um sich ein zweites Standbein zu schaffen. Inzwischen kommt er auf über fünfzig Regiearbeiten bei Serien wie *The Mentalist* oder *Desperate Housewives*.

Roxann Dawson profitierte von dem gleichen Angebot wie Robert Duncan McNeill, bei *Voyager* Regie zu führen. Seit dem Ende der Serie kann sie mittlerweile rund sechzig Regieeinsätze vorweisen.

Für **Jeri Ryan** war *Voyager* das Sprungbrett zu einer noch erfolgreicheren Karriere. War sie zuvor „nur“ Gast in etlichen TV-Serien gewesen, erhielt sie nun feste Rollen in Serien wie *Boston Public*, *Shark* und *Body of Proof*. Ab 2020 war sie in *Star Trek: Picard* erneut als Seven of Nine zu sehen.

Für **Tim Russ** bedeuteten die spitzen Ohren seiner *Voyager*-Figur glücklicherweise nicht, dass er so wie zuvor Leonard Nimoy in eine Schublade gesteckt wurde. Vielmehr brachte sie ihm unzählige Gastauftritte und sogar für eine feste Rolle in der Sitcom *Samantha Who?*

Garrett Wang ist seit dem Ende der Serie nur mäßig beschäftigt, womöglich eine Folge seiner vielen öffentlichen Äußerungen über die Art und Weise, wie er bei *Voyager* behandelt worden war, zumal er der einzige *Star Trek*-Schauspieler ist, den die Produzenten nicht Regie führen ließen.

Ethan Phillips kann es fast mit Robert Picardo aufnehmen, was die Zahl der Film- und Serienrollen angeht, die er sich nach dem Ende der Serie sichern konnte, darunter auch in einem Miniauftritt in *Star Trek: Der erste Kontakt*.

Jennifer Lien ist von allen *Star Trek*-Schauspielern zweifellos die tragischste Figur. So wurde gemunkelt, dass ihr Ausstieg aus *Voyager* mit Drogenmissbrauch und psychologischen Problemen zu tun hatte. Nach ihrem Abschied von der Schauspielerei im Jahr 2015 geriet sie so heftig mit der Polizei aneinander, dass sie zwei Wochen lang in Haft blieb. 2018 wurde sie zweimal mit Alkohol am Steuer erwischt, verlor ihren Führerschein und musste sich auf ihren Geisteszustand untersuchen lassen. Nach 2018 geriet sie allem Anschein nach nicht noch einmal mit dem Gesetz in Konflikt.

Sex sells – und wie!

Schon die erste *Star Trek* wusste von der Erkenntnis zu profitieren, dass nackte Haut das Interesse des Publikums weckt. Die Herausforderung für den Kostümdesigner William Ware Theiss bestand darin, exotische Kleidungsstücke zu entwerfen und dabei die Haut der weiblichen Gaststars mit nur so viel Stoff wie unbedingt nötig zu bedecken. Gleich im Dutzend lieferte er meist rückenfreie Kostüme ab, die so spärlich waren, dass man zeitweise mehr zu sehen glaubte, als tatsächlich zu sehen war. Die Zensoren des Senders müssen sich bei jeder Episode aufs Neue die Haare gerauft haben, da sie einfach keinen Ansatzpunkt fanden, um die Produzenten zu rügen.

Sex wurde, wie im seit eh und je prüden US-Fernsehen üblich, auch bei *Star Trek* nur verschämt angedeutet, indem die Kamera mitten in einer Kuss-Szene dezent wegschwenkte. Daran änderte sich auch gut zwanzig Jahre später bei *Star Trek: The Next Generation* und allen Folgeserien nichts, weil es sich auch da noch immer nicht gehörte. Nach außen hin wurden aber weder das Thema Sex noch die knappen Kostüme benutzt, um Zuschauer zu ködern.

Das sollte sich im Sommer 1997 ändern, denn was da geschah, das hatte es bei *Star Trek* noch nie gegeben. Vor dem Start der vierten Season von *Star Trek: Voyager* zierte eine gewisse Jeri Ryan in einem hautengen und entsprechend figurbetonenden silbernen Catsuit das Titelbild der wichtigsten Programmzeitschrift der USA, *TV Guide*. Und natürlich wollte jeder wissen, was es mit dieser Schauspielerin auf sich hatte, die in der Serie bislang keine Rolle gespielt hatte und praktisch aus dem Nichts auftauchte und dabei als die kommende große Attraktion präsentiert wurde.

Zwar betonten die Produzenten später in Interviews immer wieder, dass es nicht ihre Absicht gewesen war, das sehr attraktive Äußere der Schauspielerin zu nutzen, um neue Zuschauer zu gewinnen. Aber allen Beteuerungen zum Trotz kann man Jeri Ryans erotische Ausstrahlung nicht leugnen, und ebenso wenig kann man behaupten, dass man sie nur so und nicht anders in Szene hätte setzen können.

Natürlich hatte man Argumente zur Hand, warum eine wieder zum Menschen gewordene Borg kein anderes als ein hautenges Kostüm tragen konnte, dennoch war es letztlich nichts weiter als ein marketingtechnischer Schachzug der Produzenten, der auch nach hinten hätte losgehen können – wenn nämlich die Rolle der Ex-Borg auf nichts weiter als hübsch anzusehende Dekoration reduziert worden wäre. Zum Glück (auch für Jeri Ryan) begingen die Macher der Serie diesen Fehler nicht. Ganz im Gegenteil, sie hatten mit Seven of Nine sogar eine Figur geschaffen, die in der Beliebtheit bei den Fans an die erste Stelle rückte, verständlicherweise zum Missfallen mancher ihrer Schauspielerkollegen – allen voran Kate Mulgrew, die sich als Captain des Schiffs im Mittelpunkt der Serie sah. In einem Convention-Interview berichtete Jeri Ryan später dann auch von zum Teil schwierigen Dreharbeiten, weil eine „bestimmte Person" sich wohl sehr unprofessionell verhielt. Nach der Schilderung der Umstände kann damit nur Kate Mulgrew gemeint gewesen sein.

Inzwischen scheint der Streit vergessen, zumindest dann, wenn Kameras anwesend sind. Wie es hinter den Kulissen aussieht, darüber kann man nur spekulieren.

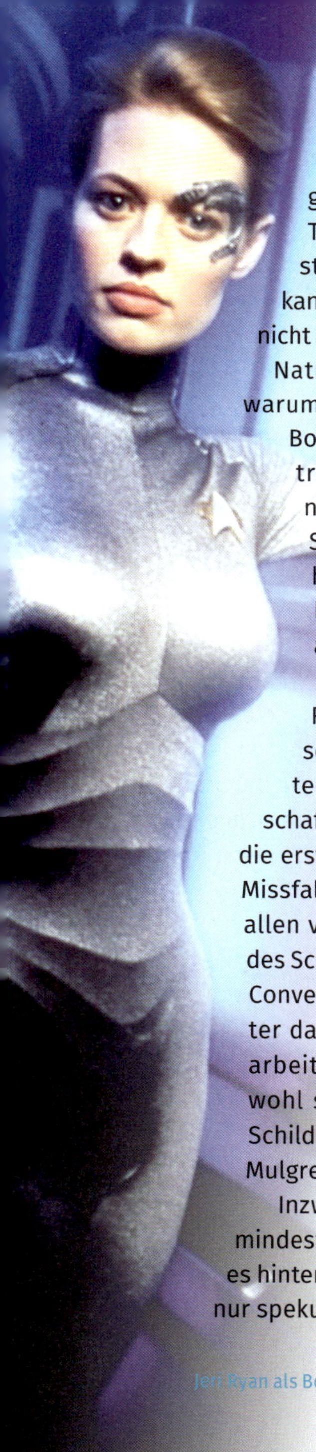

Jeri Ryan als Borg-Drohne Seven of Nine

AHA!

Der Fluch der ungeraden Zahl

Es ist schon kurios, aber lange Zeit schien es tatsächlich ein ungeschriebenes Gesetz zu geben, das vorgab, dass nur jeder zweite *Star Trek*-Kinofilm eine wirklich gelungene Arbeit darstellte. Dem ersten Film wird bis heute von vielen der Vorwurf gemacht, dass er zu langatmig ist, obwohl man keinen besseren Gegenentwurf zum vergleichsweise hektischen Konkurrenten *Star Wars* hätte abliefern können.

Dagegen schien *Der Zorn des Khan* in den Augen der Kritiker alles genau richtig zu machen. Nummer drei mit seiner titelgebenden Suche nach Mr. Spock gefiel zwar, hatte als mittlerer Teil einer Trilogie damit zu kämpfen, dass er zwar die Handlung fortführen, aber nicht zu Ende bringen durfte. *Zurück in die Gegenwart* schaffte es als vierter Film mit seiner Ökobotschaft, auch ein Publikum abseits der Fangemeinde anzusprechen, während das Regiedebüt von William Shatner im fünften Film *Am Rande des Universums* von den Kritikern bestenfalls belächelt wurde, was aber völlig zu Unrecht geschah. Die beiden Hauptprobleme des Films lagen in einem Effekte-Lieferanten, dessen Weltallszenen nicht mal TV-Niveau erreichten, und in wiederholten Budgetkürzungen, die Shatner dazu zwangen, sich von ganzen Szenen zu verabschieden bzw. sie so preiswert wie möglich zu verwirklichen – was man dann leider auch sehen konnte.

Das unentdeckte Land war als sechster Film zugleich die Abschiedsvorstellung der alten Helden und erfreute sich wieder großer Beliebtheit, sofern man gewillt war, über so manchen platten Kalauer hinwegzusehen.

Treffen der Generationen enttäuschte als Film Nr. 7 dann wieder, weil eben dieses Treffen nichts Halbes und nichts Ganzes war und über allem der ungeschickt gehandhabte Tod von Captain Kirk schwebte. Beides hätte man sich ersparen können, wenn man den Film nicht gleich nach dem Ende Serie in Angriff genommen, sondern zwei oder drei Jahre gewartet hätte, um sich mit dem Drehbuch Zeit zu lassen.

Bei der geraden Nr. 8 angekommen konnte die *Next Generation*-Crew dann mit einem packenden Kampf gegen die Borg in *Der erste Kontakt* wieder Pluspunkte sammeln. Die reichten dann jedoch nicht aus, um mit dem neunten Film gnädiger umzugehen, als es die Kritiker machten, die in *Der Aufstand* wenig mehr als einen etwas aufwendigeren Zweiteiler der Fernsehserie sahen. Das wahre Problem lag aber darin, dass man Patrick Stewart zum Mitproduzenten machte, was es ihm erlaubte, seine Figur des Captain Picard noch stärker in den Vordergrund zu rücken.

Mit dem zehnten Kinofilm *Star Trek: Nemesis* wurde dann aber der Fluch gebrochen. Ein Grund dafür war die Beteiligung von Brent Spiner am Drehbuch, das Data zu sehr in den Mittelpunkt stellte. Das Ergebnis war ein weiterer Film mit einer geraden Zahl, doch der konnte die Kritiken nicht überzeugen, scheiterte an den Kinokassen und läutete (gemeinsam mit der ebenso erfolglosen fünften Serie *Star Trek: Enterprise*) das Ende für *Star Trek* ein, wie es von Gene Roddenberry erfunden und von Rick Berman fortgeführt worden war.

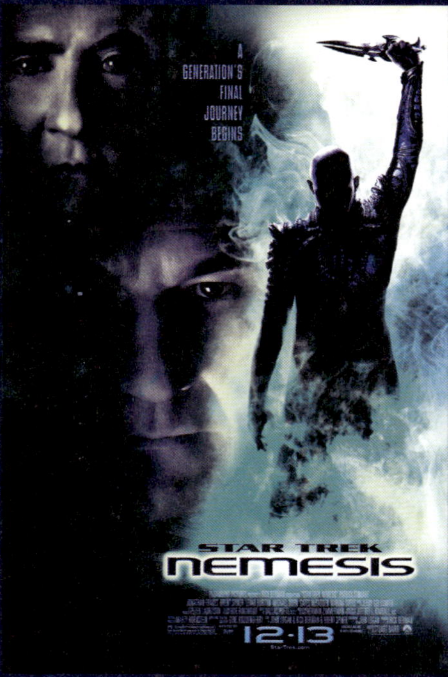

Star Trek Nemesis – der Film, der sein eigener ärgster Feind war

Wer ist wer in *Star Trek: Enterprise?*

Nachdem zuvor jede neue *Star Trek*-Serie auf der vorangegangenen aufgebaut und die Geschichte innerhalb des Serienkosmos weitererzählt hatte, ging man 2001 zum ersten Mal einen anderen Weg und ließ die fünfte Serie (die sechste, wenn man die Zeichentrickserie mitzählt) noch vor dem Original spielen. Auch wenn es mittlerweile zum Standard gehört, zu jedem erfolgreichen Film die Vorgeschichte nachzuliefern, ist es aus dem erzählerischen Blickwinkel unbefriedigend.
Unter diesen wenig erfreulichen Vorzeichen war für die neue Serie ein steiniger Weg vorprogrammiert, der nicht von langer Dauer sein sollte.

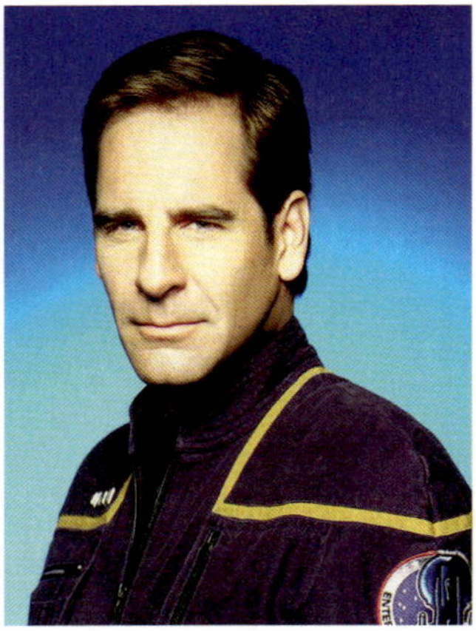

Scott Bakula (*1954) ist
Captain Jonathan Archer.

Anders als bei den vorangegangenen Serien verpflichtete man mit Scott Bakula einen wirklich großen Namen, bekannt aus unzähligen Serien und Fernsehfilmen. Vor allem war Bakula der Star der SF-Serie *Zurück in die Vergangenheit*, in der er ab 1989 fünf Seasons lang nach einem fehlgeschlagenen Experiment durch die Zeit sprang und immer neue Identitäten annahm.

Jolene Blalock (*1975) ist Sub-Commander T'Pol.

Blalock war schon als Kind Fan der ersten *Star Trek*-Serie und vor allem Spock-Fan gewesen, womit die spitzen Ohren genau der richtigen Schauspielerin aufgesetzt wurden. Sie hatte vor *Enterprise* eine Weile als Model gearbeitet.

John Billingsley (*1960) ist Dr. Phlox.

Billingsley war schon vor *Enterprise* ein gefragter Darsteller, der in den Neunzigerjahren jede angebotene Rolle mitnahm. Von *Practice – die Anwälte*, *Profiler*, *Martial Law* bis hin zu *Akte X* war er quer durch die Serienlandschaft aktiv.

Connor Trinneer (*1969) ist
Commander Charles „Trip“ Tucker III.

Emergency Room und *Sliders* gehörten zu den wenigen Serien, in denen Trinneer vor seiner Rolle als Chefingenieur der Enterprise als Gast zu sehen gewesen war.

Dominic Keating (*1962) ist
Lt. Malcolm Reed.

Der Engländer Keating hatte 1990 sein Schauspieldebüt in der britischen Serie *Casualty* und war auch in *Inspector Morse* zu sehen gewesen. Nach seinem Umzug in die USA wirkte er vor *Enterprise* unter anderem in *Buffy – Im Bann der Dämonen* mit.

Linda Park (*1978) als
Kommunikationsoffizierin Hoshi Sato.

Die aus Seoul stammende und in Kalifornien aufgewachsene Park war schon früh auf der Theaterbühne zu Hause und machte 2000 ihren Bachelor of Fine Arts.

Anthony Montgomery (*1971) ist
Ensign Travis Mayweather.

Vor seiner Verpflichtung war Montgomery nur in kleineren Rollen in Serien wie *Frasier*, *JAG* und *Charmed* zu sehen gewesen. *Enterprise* sollte seine erste wirklich große Rolle werden.

AHA!

Das Kreuz mit dem Kreuz

Wenn US-Fernsehserien einen gemeinsamen Nenner haben, dann ist es der, dass man früher oder später eine Episode vorgesetzt bekommt, die auf die eine oder andere Weise Nazi-Deutschland und das Dritte Reich zum Thema hat – mal mit direktem Bezug auf diese Zeit, mal in Form irgendwelcher Neonazi-Gruppierungen. Wichtig ist dabei vor allem, ein paar Hakenkreuze oder daran angelehnte Symbole ins Bild zu rücken.

Nicht einmal *Star Trek* blieb von diesem Pflichtprogramm verschont, auch wenn das dem durchschnittlichen deutschen Fernsehzuschauer lange Zeit verschwiegen wurde. Bei der Erstausstrahlung des ZDF fiel diese Episode ohnehin unter den Tisch, da man nur gut die Hälfte gekauft hatte. SAT.1 lieferte dann alle fehlenden Episoden nach, oder besser: fast alle. Denn *Patterns of Force*, so der Originaltitel, fehlte danach immer noch. Nun ist die Geschichte über einen Planeten, auf dem ein Erdhistoriker die Machtstrukturen der Nazis auf die dortige Gesellschaft übertragen hat, die im Hauruck-Verfahren von Kirk und Spock wieder zerschlagen werden, inhaltlich nicht der Rede wert, zumal sie das Thema deutlich zu lässig angeht und Spock zu Kirk sogar sagen darf, dass der Captain einen perfekten Nazi abgibt. Aber der Vollständigkeit halber sollte man sie wenigstens einmal gesehen haben, und genau diese Möglichkeit ergab sich für deutsche Fans erstmals 1995, als man die Episode mit dem Titel *Schablonen der Gewalt* zunächst als VHS-Cassette veröffentlichte, nahezu dreißig Jahre nach ihrer US-Erstausstrahlung. 1996 sendete ORF 2 die Episode im Original als österreichische Free-TV-Premiere. Deutsche Fernsehzuschauer mussten bis 1999 warten, um zumindest die Premiere im Pay-TV zu sehen, während es mit der Free-TV-Premiere auf ZDFneo noch bis 2011 dauern sollte, also gut 45 Jahre nach der US-Erstausstrahlung.

Fünf der besten *Enterprise*-Episoden

Ein letztes Mal rücken fünf wichtige, originelle oder kuriose Episoden in den Mittelpunkt:

Carbon Creek T'Pol enthüllt, dass der Erstkontakt der Vulkanier mit den Menschen über hundert Jahre früher stattfand als historisch belegt. Dann erzählt sie von ihrer Urgroßmutter T'Mir, die 1957 mit einem Forschungsschiff in Pennsylvania abstürzte und sich bis zur Rettung mit den Menschen arrangieren musste.

Doppeltes Spiel Captain Archer besucht mit T'Pol das vulkanische Kloster P'Jem. Dort geraten sie in die Gewalt der Andorianer, die davon überzeugt sind, dass die Vulkanier sie von diesem Kloster aus ausspionieren.

Im finsteren Spiegel Im Spiegeluniversum, in dem das Terranische Imperium nur auf Eroberung aus ist, stößt Archer auf die U.S.S. Defiant, die in der *Classic*-Episode *Das Spinnennetz* in eine andere Dimension geriet. Mit diesem Schiff, das für Archer aus der Zukunft kommt, kann er zu einem mächtigen Mann werden.

Auf ärztliche Anordnung Die Enterprise durchquert eine Anomalie, die für Menschen schädlich ist. Die gesamte Crew außer T'Pol wird von Dr. Phlox in ein künstliches Koma versetzt. Nach einer Weile beginnt der Doktor unter Halluzinationen zu leiden.

Regeneration Ein Forscherteam stößt in der Arktis auf Überreste eines Raumschiffs mit zwei toten Humanoiden mit seltsamen Implantaten. Bei der Untersuchung erwacht einer der Toten zum Leben, assimiliert die Forscher und entkommt mit ihnen an Bord des zusammengeflickten Schiffs.

Gibt es ein Leben nach *Star Trek?* (Teil 5)

***Star Trek: Enterprise* stand von Anfang unter keinem guten Stern. Die Serie startete so kurz nach dem Ende von 13 Jahren *The Next Generation*, *Deep Space Nine* und schließlich *Voyager* mit wöchentlich ein bis zwei *Star Trek*-Episoden, dass viele Zuschauer unwillkürlich leicht genervt fragten: „Schon wieder eine neue *Star Trek*-Serie?“**

Anstatt neuer Technologie bekam das Publikum dann auch noch die Ursprünge jener Geräte zu sehen, die man seit 1966 bestens kannte – also Phaser, Transporter, Warpantrieb. Und dann wartete der Pilotfilm ausgerechnet mit Klingonen auf. Das alles konnte keine breite Masse begeistern, und verschlimmert wurde der negative Eindruck auch noch durch das anfänglich behäbige Erzähltempo, mit dem man kein jüngeres Publikum ansprechen konnte, das schnellere Schnitte gewöhnt war.

Die Serie nahm erst im Lauf der zweiten Season an Fahrt auf und wurde von da an mit jedem Jahr noch etwas besser und interessanter. Doch die Zuschauer, die sich lange zuvor von der Serie verabschiedet hatten, konnte man nicht mehr zurückholen. Das Ende vom Lied war, dass *Enterprise* nach der vierten Season sang- und klanglos eingestellt wurde und das Franchise *Star Trek* seine Attraktivität zumindest vorläufig verloren hatte.

Für die Schauspieler, die mit den für die Vorgängerserien üblichen sieben Jahren gerechnet hatten, bedeutete das ein überraschend frühes Ende ihrer Rollen.

Scott Bakula mochte es zwar nicht gefallen, als Hauptdarsteller einer letztlich gefloppten Serie dazustehen, doch seiner Karriere tat das keinen Abbruch. Mit dem Ende von *Enterprise* kehrte er mühelos in die Routine des Gastauftritts der Woche zurück und war quer durch die Fernsehlandschaft ein gefragter Schauspieler. Schließlich winkte die nächste Hauptrolle, und zwar in *NCIS: New Orleans*, einem weiteren Ableger aus dem *JAG/NCIS*-Kosmos. Zwar schaffte diese Serie sieben Seasons, reichte damit aber nicht an die Schwesterserien *NCIS* und *NCIS: Los Angeles* heran.

Jolene Blalock war nach *Enterprise* nur noch sporadisch im Fernsehen zu entdecken, aber ob das in einem Zusammenhang mit den spitzen Ohren ihrer Rolle als Vulkanierin zu tun hat, lässt sich nur schwer sagen.

Umso erstaunlicher ist, wie viele Engagements sich **Anthony Montgomery** nach dem Ende der Serie sichern konnte. Immerhin hatte er in den vier Jahren als Pilot der *Enterprise* kaum einmal Gelegenheit bekommen, sich in einer Episode hervorzutun. Rückblickend kann man den Eindruck bekommen, dass die Autoren und Produzenten keine Ahnung hatten, was sie mit ihm anstellen sollten.

Ganz anders erging es **John Billingsley**, der sich als denobulanischer Schiffsarzt mit all seinen Macken schnell zum interessantesten Charakter der Serie entwickelt hatte. Das Ende der Serie verkraftete er gut, da er mindestens im gleichen Maß wieder Gastauftritte erhielt wie vor dem festen Engagement. Allerdings hat die Rolle des Phlox ihn zu einem vertrauteren Gesicht gemacht, was dazu geführt haben dürfte, dass er inzwischen prominentere Rollen erhält, die dem Zuschauer im Gedächtnis bleiben.

Bemerkenswert ist, dass sich das Gleiche auch über **Connor Trinneer**, **Dominic Keating** und **Linda Park** sagen lässt, von denen keiner über Beschäftigungsmangel klagen kann. Womöglich hat das geringe Zuschauerinteresse kombiniert mit dem frühen Ende von *Enterprise* dazu beigetragen, dass sie nicht allzu sehr mit ihren Rollen in der Serie in Verbindung gebracht werden und dadurch leichter neue Aufträge annehmen können.

Alles hat ein Ende – außer *Star Trek*

Star Trek war schon einige Male totgesagt worden, und dennoch ging es danach weiter. 1969 sah es nach dem Ende der Originalserie so aus, als wäre nach drei Jahren Schluss, und auch 1975 nach 22 Zeichentrickepisoden sagten sich viele: „Tja, das war's dann.“ Nicht anders erging es vielen, als 1980 klar wurde, dass der erste Kinofilm (scheinbar) nicht der erhoffte Erfolg geworden war und man davon ausgehen musste, den ersten und zugleich einzigen Ausflug auf die große Leinwand miterlebt zu haben. Und trotzdem kehrte _Star Trek_ jedes Mal aufs Neue zurück, immer in einem leicht veränderten Gewand, aber eindeutig als _Star Trek_.

Und auch 2005 schien mit der letzten (und mittlerweile wegen ihrer dümmlichen Handlung von so gut wie jedem verhassten) Episode von *Star Trek: Enterprise* definitiv das Ende gekommen zu sein. Anders als 1969, als man nach rund achtzig Episoden mehr davon haben wollte, blickte man im Jahr 2005 auf mehr als 700 Episoden quer durch alle Serien zurück. Es schien so, als hätte der durchschnittliche Zuschauer endgültig genug *Star Trek* in seinem Leben gesehen. Die Kuh, die man ab 1987 kontinuierlich gemolken hatte, gab keine Milch mehr, und alles sah danach aus, dass sie das auch in Zukunft nicht wieder machen würde.

Das sollte sich 2009 – also gerade einmal vier Jahre später – ändern, als ein Team um den Produzenten und Drehbuchautor J. J. Abrams sich das Franchise vornahm und es wiederbelebte. Letztlich war damit auch der Beweis dafür erbracht, dass Rick Berman vor dem Start von *Star Trek: Enterprise* die Lage anders als das Studio absolut richtig eingeschätzt hatte, als er eine *Trek*-Pause von ein paar Jahren forderte, damit die Zuschauer eine Weile ohne neue Serien und Filme auskommen mussten und das Interesse an weiteren Geschichten wiedererwachen konnte.

Bedauerlicherweise hatte man aber nicht auf Berman hören

wollen, sondern ihn wegen des Misserfolgs von *Star Trek: Nemesis* und *Star Trek: Enterprise* aufs Abstellgleis geschoben. So kam es dazu, dass das Franchise Leuten anvertraut wurde, die kein Interesse an einer Kontinuität zwischen den vorhandenen und den neuen Produktionen hatten, sondern stattdessen *Star Trek* einem Reboot unterzogen und einfach alles neu machten, bis auf die Namen. Die Figuren bekamen neue Darsteller, sämtliche Designs vom Uniformoberteil bis hin zur Enterprise wurden überarbeitet, sodass sie zwar noch immer irgendwie ans Original erinnerten, aber halt doch etwas anderes waren.

2009 kam der erste Reboot-Film in die Kinos, zwei weitere sollten ihm folgen. Und es sollte noch etwas anderes geschehen: *Star Trek* sollte ins Fernsehen zurückkehren, allerdings ins Streaming, also nicht ins konventionelle Programm. 2017 begann die Erstausstrahlung von *Star Trek: Discovery*, einer Serie, an der sich ebenso wie an den Filmen die Geister scheiden. Entscheidend für die Frage, ob man diese *Star Trek*-Serie als Teil der *Trek*-Historie seit 1967 ansieht oder nicht, ist das visuelle Element, denn *Discovery* spielt zehn Jahre vor dem ersten Pilotfilm, ist aber nicht optisch, sondern auch mit seiner fiktiven Technologie dieser Ära um Lichtjahre voraus. Man kann über diesen Widerspruch hinweggehen und argumentieren, es müsse halt alles moderner aussehen, weil es eine moderne Serie für ein modernes Publikum ist. Oder man hält dem entgegen, dass der alte Pilotfilm quasi *Trek*-Geschichte zeigt, die man so wenig modernisieren kann, wie man in einem Film über die Goldenen Zwanziger

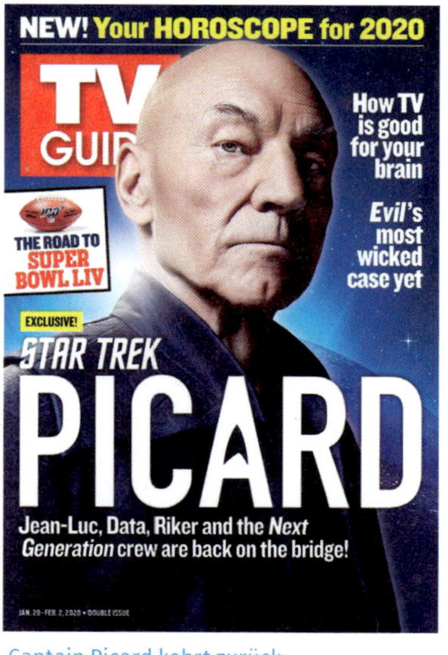

Captain Picard kehrt zurück ...

Jahre den handelnden Personen Smartphones in die Hand drücken kann, nur weil es sonst so altmodisch aussieht.

Abrams und Co. haben es geschafft, *Star Trek* wiederzubeleben, doch mit ihrem Ansatz ist ihnen auch das einzigartige Kunststück gelungen, die *Trek*-Fangemeinde zu spalten: auf der einen Seite die Fans, die alles akzeptieren, solange es den Titel *Star Trek* trägt, auf der anderen die, die diese Runderneuerung rigoros ablehnen. Die Zeit wird zeigen, ob man sich in fünfzig Jahren an *Discovery* oder an eine der vielen anderen Serien so erinnern wird, wie man sich heute an die deutsche Erstausstrahlung 1972 im ZDF erinnert. Aber das ist ein anderes Kapitel für ein anderes Buch.

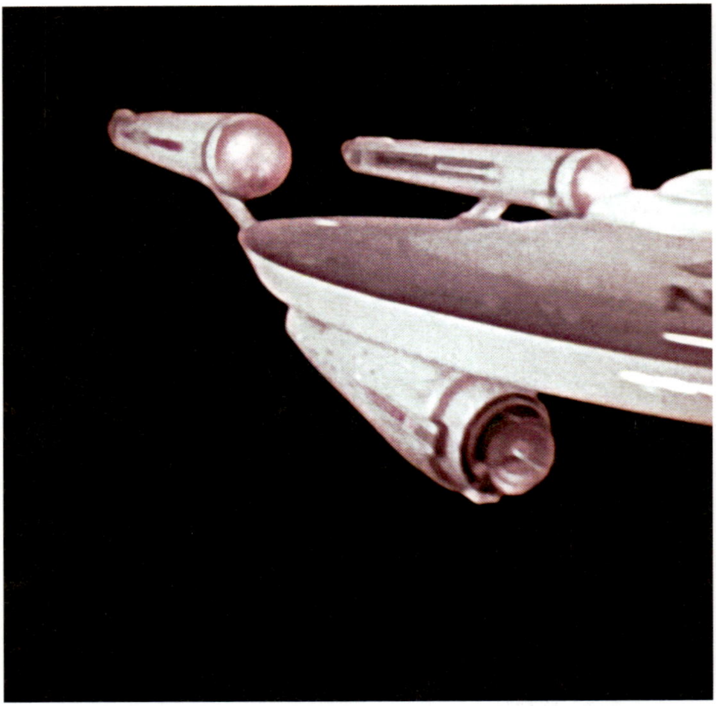

... und die alte Enterprise tritt ab

AHA!

Ach ja, eine Sache wäre da noch ...

Seit über 50 Jahren betreibt *Star Trek* Etikettenschwindel, der nicht nur bis heute ungeahndet geblieben ist, sondern mit der Ankunft von *The Next Generation* auf ein ganz neues Niveau gehoben wurde.

Im Titelvorspann heißt es bekanntlich im Original: „Space: the final frontier. These are the voyages of the starship Enterprise. Its five-year mission: to explore strange new worlds, to seek out new life and new civilizations, to boldly go where no man has gone before."

Für die deutschen Zuschauer wurde daraus: „Der Weltraum, unendliche Weiten. Wir schreiben das Jahr 2200. Dies sind die Abenteuer des Raumschiffs Enterprise, das mit seiner 400 Mann starken Besatzung fünf Jahre lang unterwegs ist, um neue Welten zu erforschen, neues Leben und neue Zivilisationen. Viele Lichtjahre von der Erde entfernt, dringt die Enterprise in Galaxien vor, die nie ein Mensch zuvor gesehen hat."

Aber stimmt das? Nein, es stimmt nicht, denn in gut der Hälfte aller Originalepisoden befinden oder befanden sich Menschen bereits dort, wo die Enterprise gerade hinfliegt. Mal geht es um eine Siedlung oder eine Forschungsstation, die von Menschen errichtet wurde, oder die Bevölkerung war früher einmal mit Menschen in Kontakt gekommen.

Bei *The Next Generation* hieß es im Original dann nur noch „where no one has gone before", um den Text in einer von vielen Spezies bevölkerten Serie nicht auf die Menschheit zu beschränken. Das macht es aber nur umso unmöglicher, dieses Versprechen einzulösen. Es war schon schwierig genug, dahin zu reisen, wo noch kein Mensch gewesen ist. Aber wo noch niemand zuvor gewesen ist?

Gibt es eine solche Episode? Na, das wäre doch ein guter Anlass, sich mal wieder die komplette Serie (und alle anderen gleich mit) anzusehen, denn egal, ob man fündig wird oder nicht – es lohnt sich in jedem Fall.

Das Quiz für echte *Star Trek*-Experten

1. Wie heißt die Raumstation, die die Enterprise in *Star Trek II: Der Zorn des Khan* anfliegt?

a) Alpha Eins
b) Regula Eins
c) Metaluna Vier

2. Wer schreit das legendäre „Khaaaaaaan! Khaaaaan!“ hinaus ins All?

a) Khans Ehefrau Marla
b) James T. Kirk
c) Harry Mudd

3. Wie heißen die pelzigen Tierchen, die die Enterprise überschwemmen?

a) Scrabbles
b) Buggles
c) Tribbles

4. Wie lautet die Registriernummer von Kirks Enterprise: NCC ...?

a) 1071
b) 1701
c) 1418

5. Welcher *Cheers*-Darsteller hat nicht bei *Star Trek* mitgespielt?

a) Kelsey Grammer
b) Ted Danson
c) Kirstie Alley

6. Wen sucht die Enterprise-Crew im dritten Kinofilm?

a) Saavik
b) Sarek
c) Spock

7. Welche Spezies muss in *Star Trek IV: Zurück in die Gegenwart* ins 23. Jahrhundert gebracht werden?

a) Hammerhaie
b) Buckelwale
c) Delfine

8. Wie lautet Captain Picards Vorname?

a) Jean-Louis
b) Jean-Jacques
c) Jean-Luc

9. Welcher *Star Trek*-Schauspieler hat eine Coverversion des Queen-Songs Bohemian Rhapsody aufgenommen?

a) Patrick Stewart
b) William Shatner
c) Leonard Nimoy

10. In welchem Teil der *Star Trek*-Filmreihe begegnen sich Kirk und Picard?

a) im fünften
b) im siebten
c) im neunten

11. Welche Rolle hat Brent Spiner nicht gespielt?

a) Data
b) Datas Bruder Lore
c) Datas Schwester Lara

12. Wie heißt die Bar an Bord der Enterprise?

a) Zehn-vorne
b) Quark's Bar
c) O'Brien's Bar

13. Welche Bezeichnung hat die Borg, die von der Voyager aufgenommen wird?

a) 7 of 9
b) 10 of 10
c) 7 of 42

14. Um sich von A nach B beamen zu lassen, benutzt man den ...

a) Phaser
b) Transporter
c) Tricorder

15. Wer ist der Besuch von der alten *Enterprise* in *Next Generation*?

a) Chekov
b) Uhura
c) Scotty

16. Welcher Musiker hat nie bei *Star Trek* mitgespielt?

a) Iggy Pop
b) David Bowie
c) Mick Fleetwood

17. Wie heißt das kleine Kampfschiff, das in *Deep Space Nine* die Raumstation unterstützt?

a) Excalibur
b) Intrepid
c) Defiant

18. Wer schrieb den Roman zum ersten *Star Trek*-Kinofilm?

a) Gene Roddenberry
b) Tom Clancy
c) Ray Bradbury

19. Die erste in Deutschland gezeigte *Star Trek*-Episode hieß ...?

a) Ein Märchen von Übermorgen
b) Morgen ist gestern
c) Zurück nach gestern

20. Welcher Darsteller aus *Das A-Team* wirkte bei *Star Trek* mit?

a) Dirk Benedict
b) Dwight Schulz
c) George Peppard

21. Was ist bei Mr. Spock aus dem Spiegeluniversum besonders auffallend?

a) Gesichtstätowierung
b) Kinnbart
c) runde Ohren

22. Wie heißt der Beagle, den Captain Archer auf die Enterprise mitgenommen hat?

a) Porthos
b) Snoopy
c) Hund

23. Was ist das Besondere an Lt. Commander Worf?

a) Er hat zwei Köpfe
b) Er ist der erste Klingone in der Sternenflotte.
c) Er ist ein Hologramm

24. Wer spielt die Frau, die Kirk in *Griff in die Geschichte* sterben lassen muss, um den Lauf der Geschichte nicht zu verändern?

a) Grace Kelly
b) Angela Lansbury
c) Joan Collins

25. In welches Jahr reist die Enterprise-Crew im vierten Kinofilm?

a) 1924
b) 1986
c) 2112

26. In *Star Trek V: Am Rande des Universums* taucht Spocks Halbbruder auf. Wie heißt er?

a) Stonn
b) Sybok
c) Sonak

27. Auf wen trifft Picard in *Star Trek: Treffen der Generationen* im Nexus?

a) seinen Vater
b) seinen Enkel
c) James T. Kirk

28. Wie lautet Spocks Vorname?

a) Er hat keinen Vornamen.
b) Jim
c) Man kann ihn nicht aussprechen.

29. Welchen Schriftsteller sollte man vorzugsweise im klingonischen Original lesen?

a) Johann Wolfgang von Goethe
b) William Shakespeare
c) Victor Hugo

30. Spocks Mutter stammt ...

a) vom Mars
b) von der Venus
c) von der Erde

31. Wie heißt das allmächtige Wesen, das Captain Picard immer wieder das Leben schwermacht?

a) M
b) Q
c) R

32. Wie heißen die raffgierigsten Aliens, die es in *Star Trek* je gegeben hat?

a) Klingonen
b) Borg
c) Ferengi

Quiz-Lösungen

1. b	10. b	19. b	28. c
2. b	11. c	20. b	29. b
3. c	12. a	21. b	30. c
4. b	13. a	22. a	31. b
5. b	14. b	23. b	32. c
6. c	15. c	24. c	
7. b	16. b	25. b	
8. c	17. c	26. b	
9. b	18. a	27. c	

Zitate

„Rache ist ein Gericht, das am besten kalt serviert wird."
Khan zu Kirk in *Star Trek II: Der Zorn des Khan*

„Wofür braucht Gott ein Raumschiff?"
Kirks zentrale Frage in *Star Trek V: Am Rande des Universums*

„Dienstag."
Captain Harrimans Standardantwort in *Star Trek: Treffen der Generation* in einer Gefahrensituation auf die Frage, wann denn etliche wichtige Komponenten der Enterprise-B installiert werden

„Sie sind gar nicht tot?"
Kirk zu Spock zu Beginn von *Star Trek II: Der Zorn des Khan*, dem Film, in dem Spock stirbt

„Verdammt, ich bin Arzt, kein …"
McCoys bevorzugter Spruch, wenn Unmögliches von ihm verlangt wird. Der Satz kann von „Maurer" bis „Computer" beliebig ergänzt werden.

„Energie!"
Wahlweise Picard, wenn er den Abflugbefehl gibt, oder jedes beliebige Crewmitglied, das auf ein Raumschiff gebeamt werden will

„Ich bin kein fröhlicher Gesell."
Der Klingone Worf, nachdem die Enterprise-Crew vom allmächtigen Wesen Q in die Zeit von Robin Hood versetzt wurde

„Heute ist ein guter Tag zum Sterben."
Klingonische Weisheit, die gern und oft zitiert wird

Andreas Lesti

ZAUBERBERGE

Als es die Dichter und Denker auf die Schweizer Gipfel zog

BERG WELTEN

FSC
www.fsc.org
MIX
Papier aus verantwortungsvollen Quellen
FSC® C014138

1. Auflage

Der vorliegende Text enthält außerdem Zitate aus:
Theodor Adorno: *Minima Moralia* und *Ästhetische Theorie*, Erich Kästner: *Der Zauberlehrling*, Katia Mann: *Meine ungeschriebenen Memoiren*, Thomas Mann: *Der Zauberberg* und *Tristan*, Susan Sontag: *Krankheit als Metapher*.

Gesetzt aus der Palatino, Mrs. Eaves und Madera

Medieninhaber, Verleger und Herausgeber:
Red Bull Media House GmbH
Oberst-Lepperdinger-Straße 11–15
5071 Wals bei Salzburg, Österreich

Lektorat: Dr. Arnold Klaffenböck
Umschlaggestaltung & Satz: b3K design, Andrea Schneider, diceindustries
Coverabbildung: Postkarte/privat
Fotos Innenteil: S. 8/9: Prisma by Dukas Presseagentur GmbH/Alamy Stock Foto, S. 22/23: Quagga Media/Alamy Stock Foto, S. 78/79: akg-images/picturedesk.com, S. 136/137: North Wind Picture Archives/Alamy Stock Foto, S. 176/177: Historic Collection/Alamy Stock Foto

Printed in the Czech Republic by Finidr
ISBN 978-3-7112-0029-7

»So weit im Leben, ist zu nah am Tod!«

FRIEDRICH HEBBEL
(AUS *SOMMERBILD*)

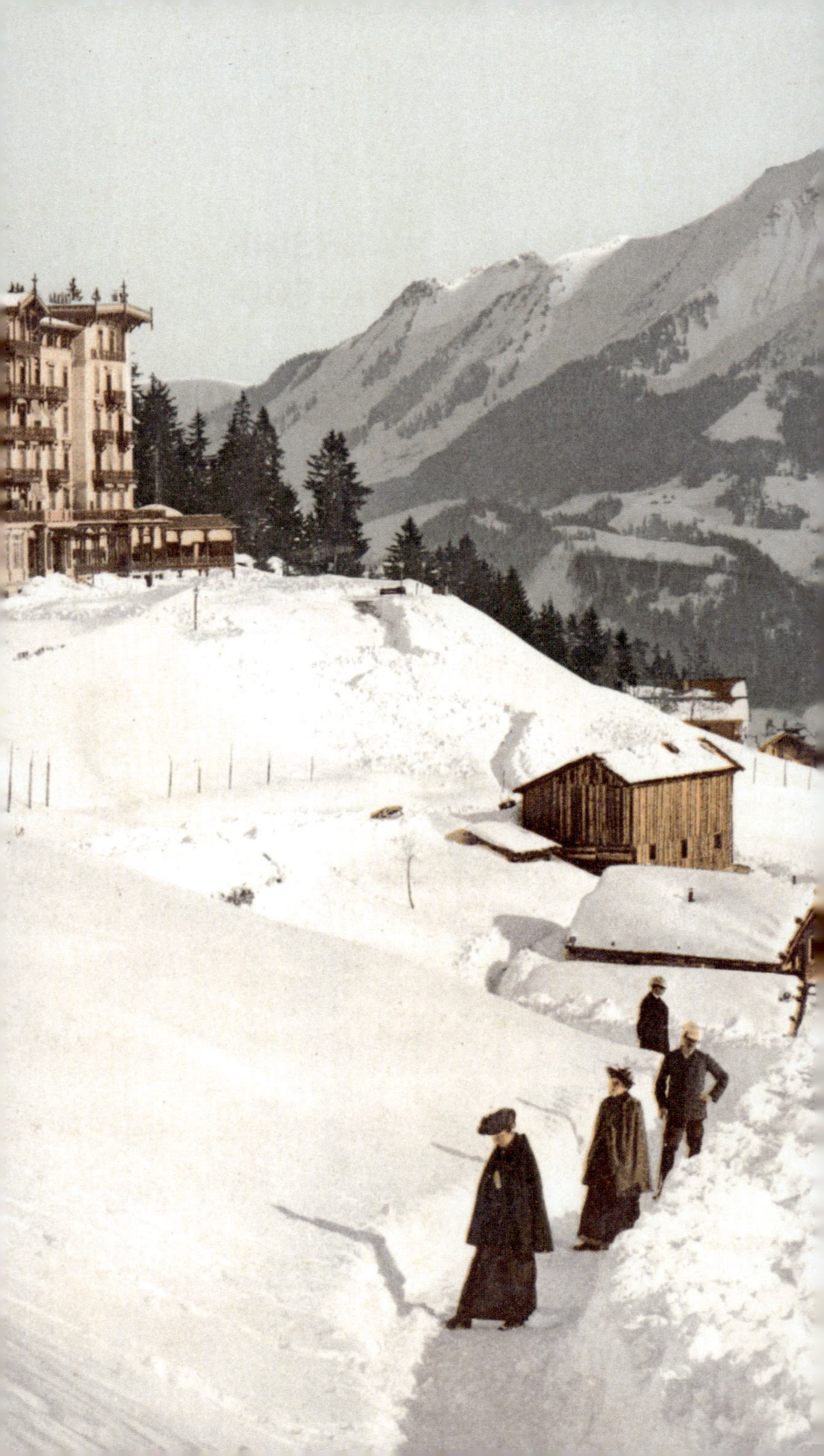

KRANKHEIT, WAHNSINN, SCHÖNHEIT UND TOD

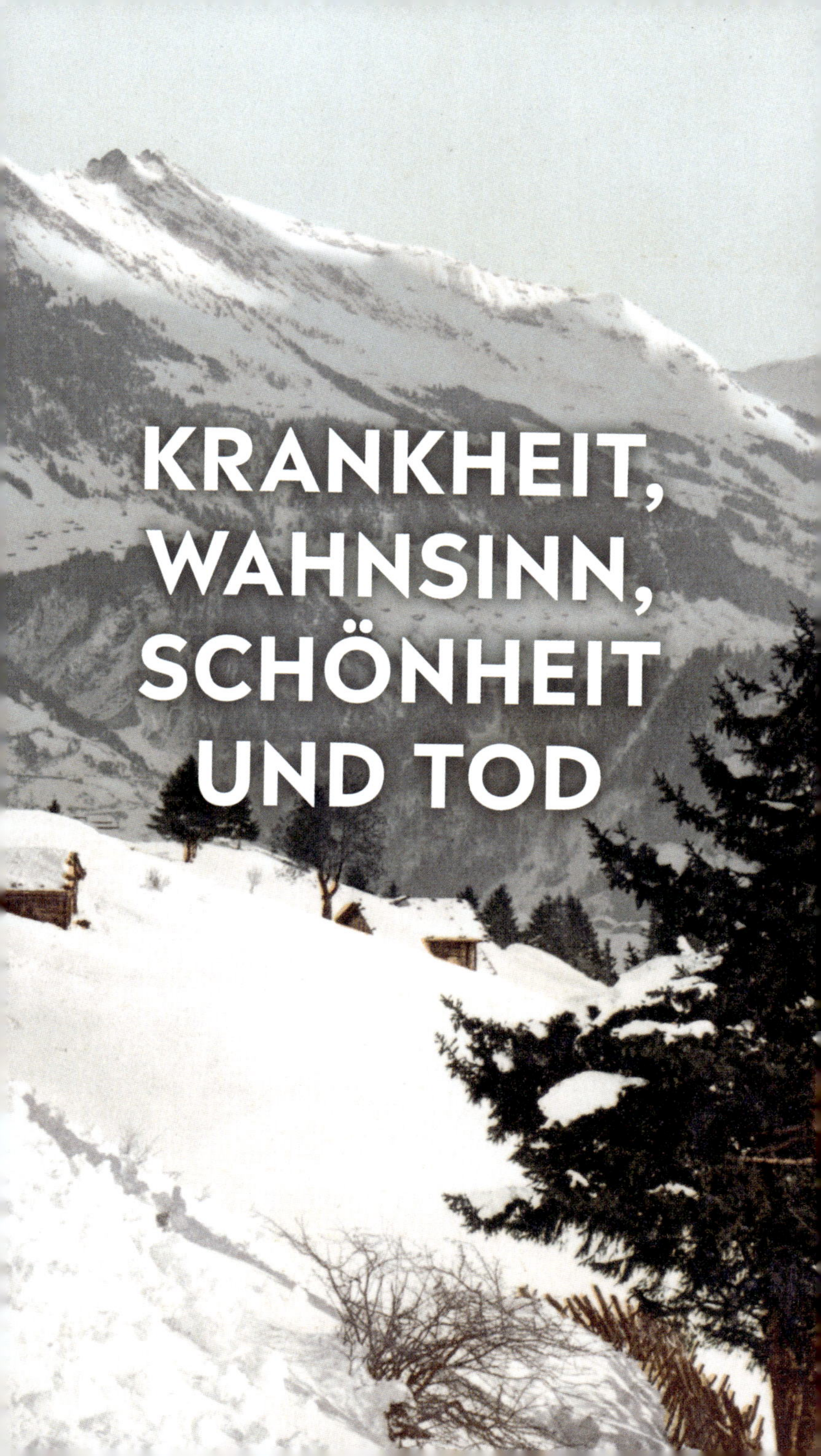

PROLOG

KRANKHEIT, WAHNSINN, SCHÖNHEIT UND TOD

Alles begann an einem Freitag, dem 13., als ich mich auf den Weg in die Schweiz machte. Es war März und es passierten Dinge, deren Ausmaß noch keiner absehen konnte. Es war, als würde man der Geschichte in Zeitlupe zusehen und nicht fassen können, was gerade passiert. Es war eine Reise mit umgekehrten Vorzeichen, eine Platte, die rückwärtslief. Im fast leeren Zug von Berlin nach München folgte eine Absage-Meldung auf die nächste: Massenveranstaltungen finden nicht statt, Bundesländer machen die Schulen und Kitas zu, Flüge und Züge werden gestrichen, Grenzen dichtgemacht. Präsidenten und Prominente sind in Quarantäne, Firmen ordnen Heimarbeit an, die Fußball-Bundesliga setzt aus, Kinder sollen nicht zu ihren Großeltern. Von einer »schleichenden Naturkatastrophe« war die Rede, wie sie sich keiner vorstellen konnte. Draußen zog die Landschaft vorbei, die Sonne schien auf die Dörfer und Wälder und spiegelte sich auf überschwemmten Feldern. Menschen waren kaum zu sehen. In München stieg ich um, und auf dem Weg nach Innsbruck erfuhr ich, dass Ischgl und St. Anton unter Quarantäne stehen und viele Skigebiete sofort schließen. In Innsbruck stieg ich wieder um, und auf dem Weg nach Landeck sagten sie durch, dass der geplante Stopp in St. Anton ausfallen würde. Das Risiko sei zu hoch.

Ganz langsam wurde mir klar, dass gerade etwas geschah, was vor ein paar Tagen noch keiner für möglich gehalten hätte: dass sich Deutschland, Österreich, die Schweiz, ganz Mitteleuropa im Krisenmodus befindet. Von Landeck aus wollte ich mit dem Bus weiter ins Unterengadin, dort eine Nacht verbringen und dann weiter nach Davos, Sils Maria und Zermatt, um hier etwas über Thomas Mann, Friedrich Nietzsche, Theodor W. Adorno, über Krankheit, Wahnsinn, Schönheit und Tod herauszufinden. Meinen Freunden in Scuol, wo ich übernachten wollte, schrieb ich, dass ich in Landeck bin, und sie schrieben zurück: »Der rasende Reporter berichtet live aus dem Kriegsgebiet.« Wie weit, fragte ich mich, würde ich noch kommen? Mir kam plötzlich der Surf-Film *Pororoca* in den Sinn: Da fahren Wellenreiter auf einem kleinen Boot im Amazonas einer gefährlichen und tosenden Flusswelle entgegen, und in jedem einzelnen Gesicht der Akteure steht geschrieben: Verdammt, wir fahren gerade in die falsche Richtung. Und obwohl ich nun in Landeck ganz einfach aus einem Eurocity stieg und es wenig unspektakulärere Dinge auf dieser Welt gibt als das, war da so ein vages Gefühl, dass das Schicksal an diesem Freitag, dem 13., merkwürdige Überraschungen parat halten könnte. Würde ich vielleicht aus irgendwelchen mysteriösen Gründen für sieben Jahre in Landeck bleiben? Ich schloss die Augen. Was für ein Albtraum.

Ich hatte geplant, nach einer Nacht in Scuol am nächsten Vormittag weiter nach Davos zu fahren. Also rief ich beim Tourismusverband von Davos an: »Wir rufen morgen den Notstand aus«, sagt mir ein Mann mit nüchterner Stimme.

»Oh.«

»Ja, wir müssen alles schließen.«

So. Game over. Und das muss man sich jetzt mal vorstellen: Thomas Manns *Zauberberg* lockte mich nach Davos, ein Roman, dessen Hauptfigur vor 100 Jahren sieben Jahre lang nicht mehr wegkam aus den Schweizer Bergen. Nun lässt mich Davos gar nicht erst hin. Der Grund dafür war damals wie heute der gleiche: eine Atemwegserkrankung. Damals hieß sie Tuberkulose, heute Covid-19.

Auf dem Bahnhof ging es hektisch bis hysterisch zu, und ich kurvte durch das Chaos. Alle hatten Reisekoffer und Skisäcke dabei, und nach einer Weile bemerkte ich, dass es zwei Gruppen mit unterschiedlichen Interessen gab. Die einen kamen aus Ischgl oder St. Anton, hatten vermutlich gestern Abend noch im *Kitzloch* oder *MooserWirt* gefeiert, und wollten nach Hause, nach Essen, Dortmund oder Hamburg, nach Amsterdam, Oslo oder Reykjavík. Aber sie hatten offenbar kein Zugticket, zumindest kein für heute gültiges, weil sie geplant hatten, länger zu bleiben. Die anderen kamen aus Hamburg, Oslo oder Reykjavík und wollten nach St. Anton oder Ischgl, sie hatten ein Ticket, aber man ließ sie nicht weiterreisen, weil dort ein Virus wütete, dessen Gefährlichkeit keiner einschätzen konnte. Bei den Rekonstruktionen und Klagen, die später die Geschehnisse des Super-Spreader-Ortes Ischgl aufzuarbeiten versuchten, spielte der Bahnhof Landeck keine Rolle. Dabei hat das, was sich an jenem Freitag hier abspielte, sicher auch seinen Teil dazu beigetragen. Alle, die mit dem Zug von Ischgl oder St. Anton zurück in ihre Heimat wollten, mussten irgendwann in Landeck gewesen sein. Viele der Menschen, die aus den Skigebieten kamen, waren vermutlich schon infiziert und steckten jene an, die gerade ankamen. Mich zum Beispiel, dachte ich mir und zog den Jackenkragen hoch. Maske trug damals noch keiner, und so flog das Virus munter umher und verbreitete sich in ganz Europa, bis nach Island. Ich stand in der Reihe am Schalter, weil ich ein Busticket ins Engadin brauchte. Vor mir verzweifelte ein norddeutscher Familienvater am unerschütterlichen Tiroler Charme des Bahnmitarbeiters.

»Nein, ich kann das Datum auf den Tickets *nicht* ändern«, sagte er im krachenden Dialekt des Tiroler Oberlandes, der an den Klang eines Altmetallschredders erinnert. »Des choscht 685 Euro«, bellte er, woraufhin der freundliche Norddeutsche erwiderte, das habe er ja schon für die Tickets, die morgen gelten, bezahlt.

»Für 685 Euro solltet ihr auch eine Nacht in einem Hotel in Landeck bleiben können«, sagte ich und lächelte dem Mann zu.

Der lachte fatalistisch, sagte: »Ja, das glaube ich auch«, und ging davon.

Es war noch ein Mann vor mir, ein Norweger, der nach St. Anton wollte und die Dreistigkeit besaß, den Bahnangestellten auf Englisch anzusprechen.

»Also na Leit, jetzt soll i a no Englisch ren«, dröhnte es, und es klang paradoxerweise so, als spräche er einen sehr seltenen, über die Jahrhunderte in Vergessenheit geratenen, angelsächsischen Dialekt. Der Norweger zögerte.

»I am no english reign?«, wiederholte er das oberländische »soll i a no Englisch ren« verunsichert und sagte: »But I just wanna go to St. Anton.«

»Er will nach St. Anton«, sagte ich von hinten.

»Des isch *nicht* möglich!«, polterte der Bahnangestellte, und das »nicht« klang nun wie das Aufjaulen eines Schwingschleifers. Der Norweger sah mich entsetzt an, auf das Schlimmste gefasst.

»It's not possible«, sagte ich so ruhig wie möglich und erklärte ihm, dass der ganze Ort unter Quarantäne stünde und niemand mehr einreisen dürfe. Ich glaube, er hat sich dann auch ein Hotel in Landeck gesucht und sich am nächsten Tag irgendwie Richtung Norwegen durchgeschlagen. Nun war ich an der Reihe, und mit gebotener Vorsicht sagte ich:

»Ich will ins Engadin und brauche ein Busticket.« Er musterte mich einen Tick zu lange, ein Moment, in dem ich angespannt seinen Faustschlag erwartete. Dann sprach er: »Des chaufsch im Bus. Im 210er.«

Auf Abstand bedacht ging ich zwischen den Menschen im Bahnhof wieder nach draußen auf den Vorplatz. Dort standen drei Busse, einer davon war der 210er. Der Busfahrer stand vor dem Fahrzeug und rauchte. Außer uns beiden war hier niemand. Er grüßte mich widerwillig und sagte, dass er erst in zehn Minuten losfahre, die Türe öffnete er aber nicht. Es dämmerte mittlerweile, die Sonne strahlte nur noch die höchsten Gipfel an, und pünktlich um 16.48 Uhr verließ ich diesen unheilvollen Ort, von dem aus sich an diesem Freitag die Corona-Viren auf in die Welt machten. Der 210er fuhr hinauf Richtung Nauders und bog dann ab nach Martina, an der Schweizer Grenze. Er folgte dem Inn in eine so dunkle und bedrohliche Bergwelt, dass mir Landeck nun wie eine leuchtende Hochburg der Zivilisation vorkam. Die Berge schienen mich mit ihren schwarzen Wäldern aufsaugen zu wollen, eine unheimliche bleierne Schwere lag über dem Land. Der Busfahrer hatte ein Absperrband zwischen sich und seine Gäste, also mir, gespannt. Er wollte mir kein Ticket verkaufen. »Das darf ich nicht«, meinte er, als würde ihn eine böse Macht kontrollieren. In Martina, einem finsteren und tristen Grenzort, stieg ich aus und in den nächsten Bus ein, der mich weiter nach Scuol im Unterengadin bringen sollte. Die Busfahrer unterhielten sich noch eine Weile in einem hybriden Engadin-Tirolerisch, das ich nur bruchstückhaft verstand. Wie weit, fragte ich mich, würde ich noch kommen?

Es war stockdunkel, als ich in Scuol ankam, wo gerade vier alte Freunde von mir Skiurlaub machten. Sie erwarteten mich in einer Bar im Zentrum dieses kleinen Ortes, dessen Kirche prominent auf einem Felsen über dem Fluss thront. Die rätoromanischen Gemeinden rundherum klangen wie ein Tourettesyndrom: Ardez, Tarasp, Sent und Ftan. Meine Freunde saßen in der stilsicher eingerichteten Bar am Tresen und tranken Rotwein – die Schweizer Antwort auf den Tiroler Après-Ski-Wahnsinn, der an diesem Freitag, dem 13., seine Quittung bekommen hatte. Sie waren schon am Vortag mit dem Auto aus Bayern angereist – da war noch alles in Ordnung gewesen. Die Nachricht über das Virus hatte sich aber auch in Scuol bereits verbreitet. Der Wirt, ein ebenso kerniger wie stylisher Einheimischer, erklärte uns, dass er bald schließen müsse und morgen auch nicht mehr aufmachen dürfe. Nein, wie genau das weitergeht, wisse er auch nicht, sagte er, als er uns die »last order«, eine weitere Flasche Bündner Rotwein ausschenkte. Kopfschüttelnd erzählte ich von den Ereignissen meines Tages. Während des Erzählens merkte ich, was für ein Abenteuer diese Anreise war und dass diese Ungewissheit und allein die Möglichkeit, ein Ziel tatsächlich *nicht* zu erreichen, zu etwas Besonderem geworden ist. Unsere Leben sind so geplant und durchgetaktet, dass schon eine geringe Abweichung des Erwartbaren zu einer Expedition wird. »Hänge in Landeck fest – Stopp – aussichtslose Lage – Stopp – werde mich irgendwie Richtung Grenze durchschlagen – Stopp.« Vielleicht, dachte ich mir und prostete den anderen zu, ist es ja ganz gut, wenn uns einfach mal der Stecker gezogen wird.

Um 20 Uhr schloss die Bar auf unbestimmte Zeit und wir fuhren hoch in die Ferienwohnung nach Ftan. Vielleicht können wir ja morgen noch Ski fahren. Vielleicht haben ja die Bergbahnen in der

Schweiz weiterhin offen. Vielleicht würde sich alles nur als großes Missverständnis erweisen. Oder als ein schlechter Traum. Vielleicht, vielleicht, vielleicht. Aber nein. Um 1.01 Uhr nachts blinkte auf dem Mobiltelefon die schlichte und unmissverständliche Wirklichkeit auf: »Das Skigebiet Scuol ist ab sofort geschlossen.« Bis jetzt hatte ich noch einen Restfunken Hoffnung, nach Davos und Sils Maria weiterreisen zu können. Einfach mit der Rhätischen Bahn in präzisen 73 Minuten nach Davos-Platz zu fahren. Irgendwie würde es schon gehen. Irgendwer würde mich schon empfangen. Doch dann kam am nächsten Morgen eine E-Mail aus Sils Maria: »Wo schwach du dich zeigen darfst, ohne Stärke zu provozieren (Adorno)«, lautete die Betreffzeile. Das ganze Zitat aus der *Minima Moralia* lautet: »Geliebt wirst du einzig, wo du schwach dich zeigen darfst, ohne Stärke zu provozieren.« Es kommt nicht so oft vor, dass ein Hotel sich mit einem Adorno-Zitat an seine Kunden wendet. Aber an Premieren, das wurde mir so langsam klar, würde man sich gewöhnen müssen. Der Inhalt der E-Mail war aber vergleichsweise unphilosophisch: Die Saison, stand da, würde vorzeitig beendet, das Hotel *Waldhaus*, in dem Adorno so oft war, geschlossen. Ich saß in einer Ferienwohnung in Scuol, die Bergsilhouetten schälten sich in Zeitlupe aus den Wolken. Ich blickte auf einen geschlossenen Sessellift, und die Nachrichten bestätigten, dass die Schweiz den Notstand ausgerufen hatte. Dieses unsichtbare und undurchschaubare Virus hatte meine Reisepläne nun endgültig vernichtet.

Eine Ausgangssperre gab es nicht, und da wir alle Tourenski und Felle dabeihatten, beschlossen wir, zumindest eine Skitour zu machen. Gegen zehn Uhr stiegen wir unter den großen Arven durch den Schnee. Durch die Reibung gaben die Felle meditative Geräusche von sich, als würde jemand unaufhörlich einen Reißverschluss auf- und wieder zumachen. Tsch. Tsch. Auf und wieder zu. Tsch. Tsch. Auf und wieder zu. Die Sonne schimmerte irgendwo hinter den Wolken, als wir am Ortsrand das »Hochalpine Institut« passierten, ein Internat mit prachtvoller *Zauberberg*-Fassade. Die Schweiz, dachte ich mir, ist schon ein eigentümliches Land: In jedem noch so verlassenen Winkel, in jedem noch so entlegenen Tal, immer dann, wenn man nur noch die wilde Bergwelt erwartet, überraschen Reichtum und Exklusivität. Der Jugendstilbau war zumindest ein gewisser Trost für das unerreichbare Davos, die unerreichbare Schatzalp und den unerreichbaren *Berghof*, wie das Sanatorium im *Zauberberg* heißt, die von hier aus nur 35 Kilometer Luftlinie weiter im Westen liegen – und doch unendlich weit weg.

Wir waren allein, und wie in vergangenen Zeiten schob sich unsere kleine Expedition langsam hinauf in die alpine Landschaft. Ein unscheinbarer Weg führte uns nach Prui, schon über 2000 Meter gelegen. Nun ging es auf der verwaisten Piste jenseits der Baumgrenze weiter Richtung Schlivera, Clünas und Mot da Ri. Moria, Erebus und Gondor können nicht weit weg sein. Nach zwei Stunden erreichten wir eine Hütte mit dem Namen *La Palma Bar*. Eine

Plastikpalme ragte einsam aus dem Schnee und ein junger Schweizer mottete gerade die Terrasse ein. Er prostete uns mit einem Weißbier zu und sagte kichernd: »Das ist mein fünftes«, und erst da bemerkten wir, dass er ganz schön einen in der Krone hatte. »Ein bisschen Saisonabschluss muss schon sein«, säuselte er, wankte leicht und erzählte, dass er noch gestern mit vier weiteren brummenden Geschäftswochen geplant hatte. Und nun: alles vorbei. Wir blickten hinüber zum Piz Tasna, einem der Dreitausender dieser Gegend, zogen die Felle von den Skiern, klickten in die Bindungen und fuhren hinunter ins Tal. Es ist so: Wenn man weiß, dass man nur eine Abfahrt am Tag hat, dann genießt man sie besonders. Die Beschleunigung, die Kurven-Geschwindigkeit, die kurzen Momente der Schwerelosigkeit, wenn man über eine Kuppe springt, das Schneeaufstauben im Augenwinkel, die Kälte im Gesicht, das Rauschen im Ohr. Es war für lange Zeit der letzte Tag in einem Skigebiet.

Von Scuol fuhr ich mit meinen Freunden in nur drei Stunden zurück nach Bayern, von dort mit dem Zug in fünf Stunden weiter nach Berlin, wo ich abends um halb zwölf ankam. Alles ging viel zu schnell für meine Wahrnehmung, die sich darauf eingerichtet hatte, in der Schweiz die Langsamkeit zu zelebrieren. Im Zug fragte ich mich, was Thomas Mann zu diesem Irrsinn gesagt hätte? Und was Friedrich Nietzsche und Theodor W. Adorno? Genau 40 Stunden nachdem ich gestern Morgen von der Hauptstadt aufgebrochen war, stolperte ich nun, im Skianzug und mit Skiern auf der Schulter, müde durch die Berliner Nacht. Und kam mir vor wie der Gast einer Faschingsparty, der das Motto missverstanden hat. Ich winkte ein Taxi heran und der angemessen irritierte Fahrer fragte mit Blick auf die Skier:

»Wattn ditte?«

»Das ist meine Waffe im Kampf gegen Helvetien«, sagte ich voller Pathos.

»Haste Fieber oder watt?«, fragte der Taxifahrer.

»Diesmal hat Helvetien mich besiegt, aber ich komme bald wieder und werde auf Feuerrädern in die Vergangenheit fahren!«, erwiderte ich unbeirrt.

Der Taxifahrer, offenbar an den Wahnsinn seiner Fahrgäste gewöhnt, schüttelte den Kopf und fuhr los.

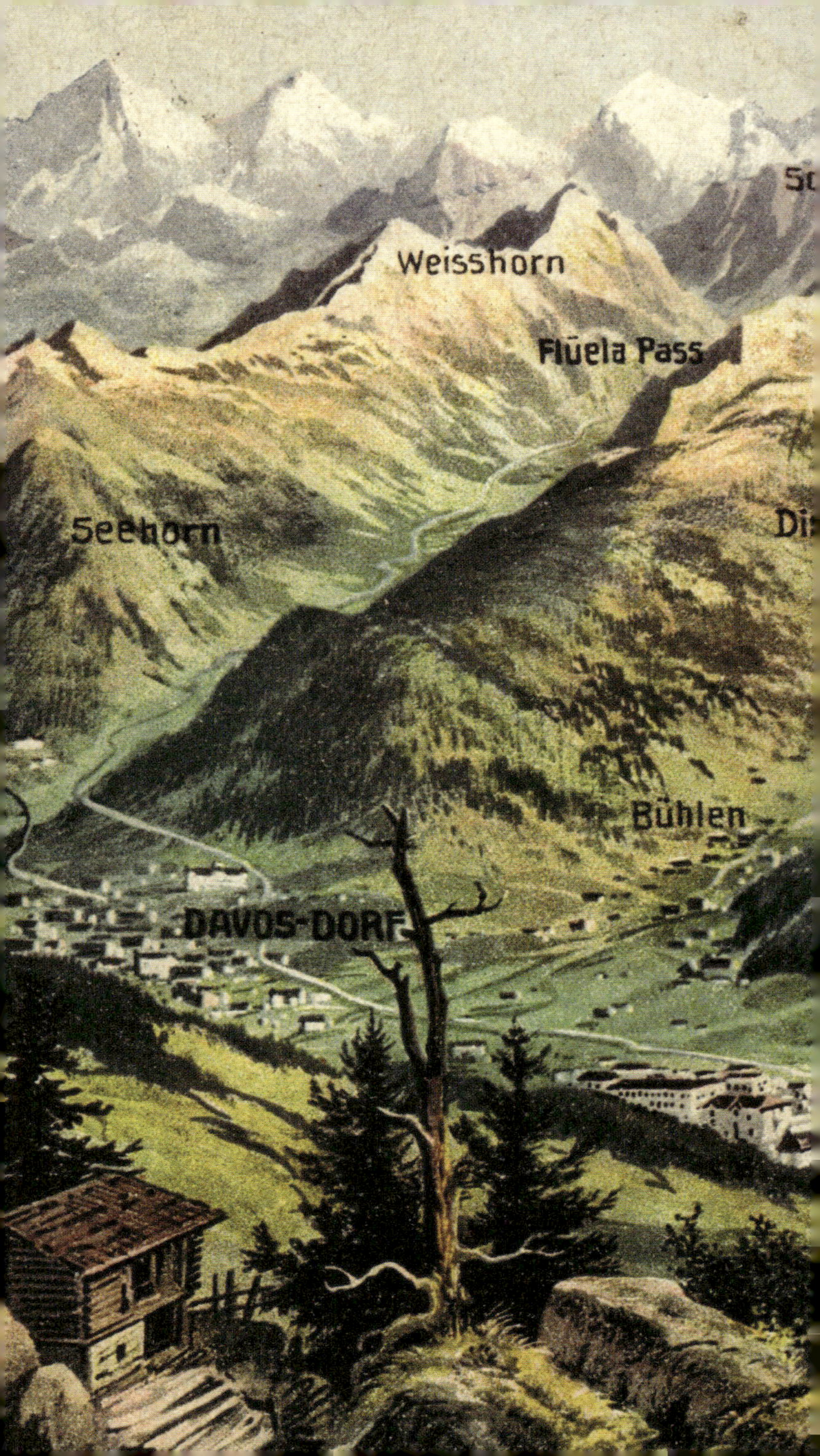

Weisshorn
Flüela Pass
Seehorn
Bühlen
DAVOS-DORF

DAVOS

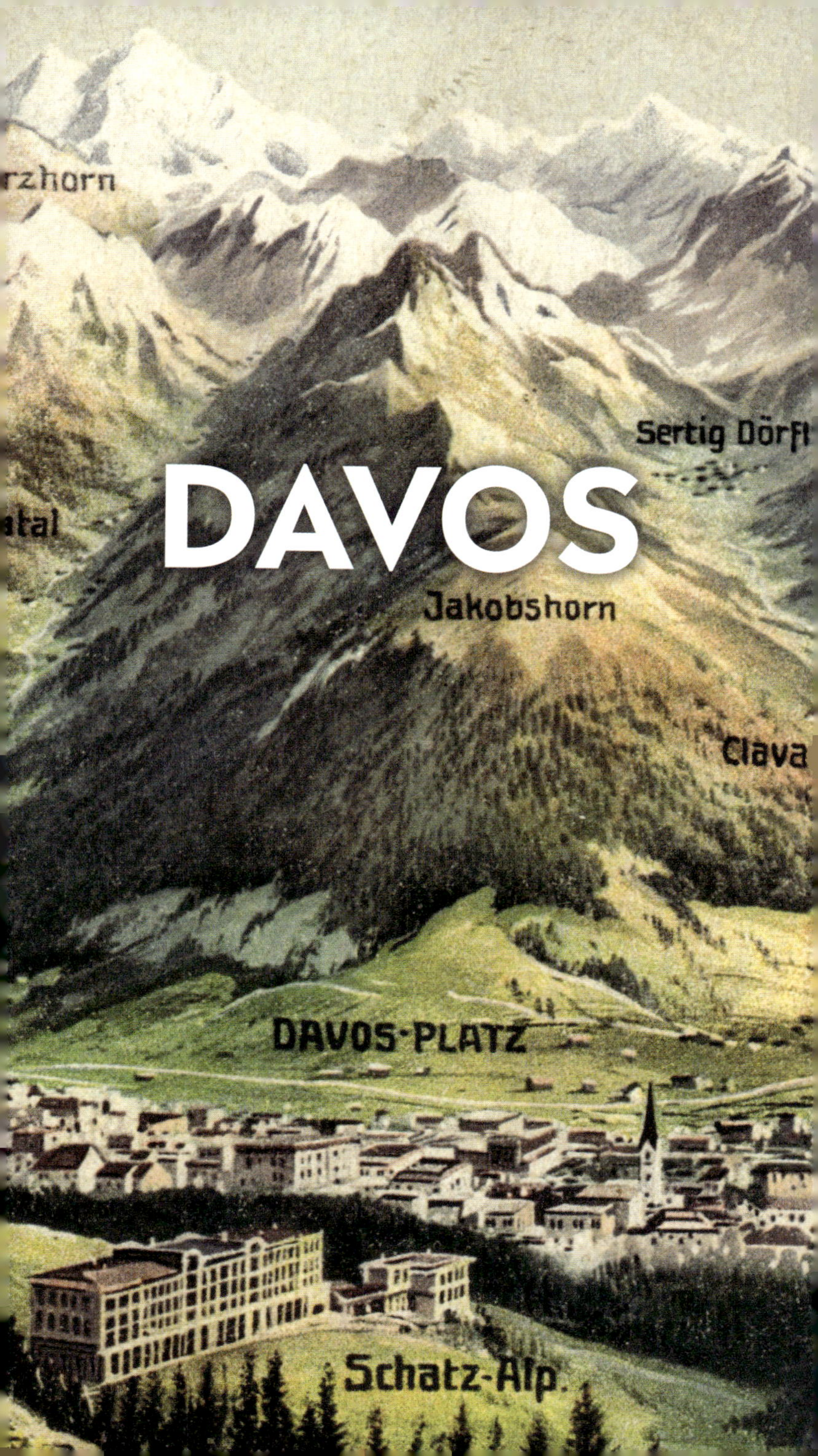

KAPITEL EINS

DAVOS

Eineinhalb Jahre waren vergangen, ehe ich mich wieder auf den Weg machte. Ein Zeitraum, in dem sich die Welt verändert hatte. Jener Freitag, der 13., war nur der Anfang, und das Virus kursierte noch immer, mittlerweile mehrfach mutiert. Es gab einen Impfstoff, aber es würde noch lange dauern, bis sich alle Menschen impfen lassen. Selbst die Sprache hatte das Virus befallen. Woche für Woche tauchten neue Begriffe auf: Wellen und Lockdowns, Homeoffice und FFP2-Masken, R-Werte und Inzidenzen, Vakzine und Mutanten, Priorisierungen und Virusvariantengebiete. Und in dieser neuen, von Krankheit bestimmten Welt, wagte ich an einem strahlenden Sommertag einen zweiten Versuch, in die Schweiz zu kommen, nach Davos. »Davos ist ein weißer Vogel, schwebend in der Luft«, schrieb einstmals die russische Autorin Wiktorowa, »ein Tal begossen mit Menschenblut und Tränen, ein ruhiger Friedhof gewesener Freuden und die Wiege neuer Hoffnungen.«

Diesmal vermied ich Landeck, in der Hoffnung, mehr Erfolg zu haben. Ich fuhr wieder mit dem Zug, aber nun genauso, wie es Hans Castorp in Thomas Manns Roman *Der Zauberberg* gemacht hatte. Dieses überforderte Einzelkind mit Krokodillederhandtasche, dessen Eltern verstorben waren und das in die

Schweiz reiste, um seinen Vetter in den Bergen zu besuchen, stimmte sich gerade auf seine Ingenieurslaufbahn ein. Castorp las das broschierte Buch *Ocean steamships,* während er von Hamburg aus »durch mehrere Herren Länder, bergauf, bergab, von der süddeutschen Hochebene, hinunter zum Gestade des Schwäbischen Meeres« fuhr. Am Bodensee setzte er mit dem Schiff über. Von Rorschach aus fuhr er wieder mit dem Zug und kam bald nach Landquart, wo er in eine Schmalspurbahn wechselte. Das dauerte alles seine Zeit, aber beklagen konnte er sich nicht. Denn als Thomas Mann seine Romanfigur 1907 in die Schweiz kommen ließ, hatte das Land eine regelrechte Modernisierungsexplosion hinter sich. Allerorten wurden Straßen, Tunnels, Brücken, Bergbahnen und Hotels gebaut. Hätte er seinen Protagonisten 40 Jahre früher reisen lassen, dann hätte er in Landquart in eine Pferdekutsche steigen müssen und noch mal sechs Stunden nach Davos gebraucht.

Noch heute ist die Zugreise von Norddeutschland nach Davos eine elfstündige Reise, quer durch Deutschland und die Schweiz. Die Züge waren meist nur halb voll, und diesmal erreichten mich während der Fahrt keine neuen Hiobsbotschaften. In Augsburg stieg ich um und folgte nun der Castorp-Route weiter nach Friedrichshafen und von dort mit der Fähre einmal quer über den Bodensee. Das Schiff hatte auch Thomas Mann genommen, als er 1912 in die Schweiz reiste, und wandelte damals selbst schon auf den Spuren eines prominenten Vorreisenden: Richard Wagner, der die Schifffahrt bereits ein halbes

Jahrhundert zuvor unternommen hatte, um in die Schweiz zu kommen. Ein grauer Zeppelin schwebte durch die Luft, rote Tretboote schaukelten in den Wellen und zwei symbolträchtige Schwäne schwammen durch den Hafen. Eine Stunde lang pflügte die Fähre über den See, und während auf der rechten Seite das Land flach auslief, reckten sich links die ersten Schneeberge im Dunst auf. Der Säntis mit seiner großen Antenne auf dem Gipfel war deutlich zu erkennen. In Romanshorn legte die Fähre an und ich betrat die Schweiz. Ganz unbehelligt, keiner wollte einen Ausweis, eine Test- oder Impfbescheinigung sehen. Nun brachten mich rote Züge weiter durch Apfelbaumplantagen und durch herausgeputzte kleine Ortschaften nach Rorschach, wo auch Hans Castorp umgestiegen war. Eine Schulklasse stieg ein und wieder aus, zwei Bauarbeiter tranken Bier und unterhielten sich über Gelegenheitsjobs. Wenig später erhoben sich im Rheintal links und rechts von den Gleisen die ersten Berge, einer hatte die Form eines Flaschenöffners, ein anderer die einer Urzeitechse. Dann kündigte der nervtötende Dreiklang der Schweizer Bahn Landquart an.

Ich saß also im Zug und las den *Zauberberg* und las, wie Hans Castorp im *Zauberberg* im Zug saß und *Ocean steamships* las. Vielleicht hatte Thomas Mann davor in diesem Zug gesessen und Wagner gelesen, der seinerseits zuvor hier reiste und vielleicht Nietzsche gelesen hatte. Wird irgendwann, schoss es mir durch den Kopf, jemand mit dem Buch *Zauberberge* in diesem Zug sitzen und darin lesen, wie ich im Zug sitze und im *Zauberberg* lese, wie Hans Castorp *Ocean steamships* liest? Ein literarischer Versailles-Spiegel. Ich hatte einen ganzen Stapel an Büchern dabei, der als ziemlich schwere Kost in meiner Reisetasche lag: neben dem *Zauberberg* Thomas Manns *Doktor Faustus*, Kästners *Zauberlehrling*, Adornos *Minima Moralia* und Nietzsches *Also sprach Zarathustra*. Von Landquart aus quälte sich der rote Zug, der mit Skifahrern und Radfahrern bemalt war, hinauf. Auf zauberhafte Weise verschmolz der Roman mit der Wirklichkeit – oder bildete ich mir das nur ein und es bestand Grund zur Sorge um meinen Geisteszustand? Auch im *Zauberberg* beginnt nun »der eigentlich abenteuerliche Teil der Fahrt«, es geht »auf wilder, drangvoller Felsenstraße allen Ernstes ins Hochgebirge.« Ich las abwechselnd im Präteritum des Romans und blickte durchs Fenster ins Präsens der Wirklichkeit. Es ging durch Kurven und Bögen und durch Orte, die klangen, als wären sie Figuren in einem Thomas-Mann-Roman: Serneus, Cavadürli und Selfranga. Kurz vor dem Davosersee hatte der Zug endlich das Hochtal erreicht und passierte die *Hochgebirgsklinik*, nüchterne weiße und graue Zweckbauten zwischen hohen Arven. Hinter diesem Namen verbirgt sich die größte Rehaklinik Graubündens. Es war ein trister Anblick, weil er so gar nichts mit den prunkvollen Jugendstilpalästen zu tun hatte, die Davos zur Jahrhundertwende schmückten. Etwa die Klinik mit dem klangvollen Namen Valbella, deren Fassade es sogar auf das Cover einer *Zauberberg*-Ausgabe schaffte. Und wenn man liest, wie Thomas Mann den Berghof, das

Sanatorium im Roman, beschrieben hat, dann weiß man auch warum: »ein langgestrecktes Gebäude mit Kuppelturm, das vor lauter Balkonlogen von Weitem löcherig und porös wirkte wie ein Schwamm«. Er setzte den »Berghof« allerdings aus verschiedenen Kliniken zusammen: Die Fassade stammte vom *Valbella,* die Atmosphäre aus dem *Waldsanatorium,* in dem seine Frau Katia behandelt wurde, das Interieur aus der *Schatzalp.*

Die klinischen Funktionsbauten der Hochgebirgsklinik verschwanden langsam wieder aus meinem Sichtfeld – doch es blieb der Vorgeschmack auf das Davos des 21. Jahrhunderts. Wir fuhren nun auf ebener Strecke, vorbei am türkisfarbenen Davosersee, wo Wakeboarder surften und am Ufer Beachvolleyball gespielt wurde. Es ging keineswegs »allen Ernstes ins Hochgebirge«, wie es beim Flachländer Thomas Mann heißt. Was für ein Unfug, denn auch wenn Davos auf knapp 1600 Meter Höhe liegt, befindet sich die Stadt immer noch in einem breiten Tal. »5000 Fuss ü. M.« ist auf manchen alten Postkarten zu lesen, vermutlich, weil das einfach viel besser klingt. Aber wenn überhaupt, dann fährt man von hier aus mit einer der vielen Bergbahnen »allen Ernstes ins Hochgebirge«. Als Strafe für diesen blasphemischen Gedanken holte mich, als ich am späten Nachmittag am Bahnhof Davos-Platz ankam, kein »Mann in Livree, mit Tressenmütze« ab.

Ich stieg aus dem Zug aus und sofort beschlich mich ein beklemmendes Gefühl. Ich kannte den Ort, war in den vergangenen Jahren schon ein paarmal hier, und schon damals hatte ich dieses Gefühl, als würde ich in einen Strudel geraten, in ein Bermudadreieck der Alpen, das seine Gäste schwindsüchtig macht und sieben Jahre lang festhält. Als könnte ich hier Hans-Castorpisiert werden. Ich ging an einem brutalistisch betonierten Einkaufszentrum vorbei und über eine schmale steile Gasse zur Kirche und Richtung Schatzalpbahn. Da zischten aus den Straßenwinkeln fistelnde Stimmen:

»Du wirst nie wieder zurück nach unten kommen!«

»Du wirst hier oben sieben Jahre lang festsitzen!«

»Du wirst am Abend vergessen haben, was du tagsüber gedacht hast!«

Ich hörte ein überschnappendes Lachen hinter mir, drehte mich schnell um – doch da war niemand.

Überhaupt: Es war nicht viel los. Mir kam nur ein Mountainbiker mit einem Paar Ski auf der Schulter entgegen, dann ein Mann mit Zigarre im Mund und ein Furcht einflößender Geselle im Camouflage-Outfit und einem Pitbull. Kurz vor der Talstation der Schatzalpbahn wechselten drei orthodoxe Juden mit dunklen Sonnenbrillen und Wanderstöcken grüßend die Straßenseite. Davos präsentierte sich als eine Mischung aus Baustellen und Luxus-Boutiquen, Kirchen und Banken, Outlets und Après-Ski-Bars, Shoppingmalls und Hotels in unterschiedlichen Verfallsstadien. Die *Tijuana Bar* und der *Platzhirsch Club* waren zu, nur in der *Ex Bar*, in der sich im Winter Engländer nach Pistenschluss besinnungslos trinken, saßen ein paar Einheimische.

Davos schmückt sich mit dem Superlativ »höchste Stadt Europas«. Nun kann man sich fragen, warum ausgerechnet Davos sich als Stadt bezeichnen darf. Das liegt an seiner schieren Größe. Knapp 13 000 Menschen leben hier, und deswegen hat man mehr zu bieten als andere Orte auf dieser Höhe, die sich für gewöhnlich aus austauschbaren Hotels, Restaurants, Bars und Bergbahnen zusammensetzen. In Davos gibt es Galerien und Museen, Rolltreppen und Tankstellen, ein Kongresszentrum, in dem jedes Jahr der Weltwirtschaftsgipfel stattfindet, ein Institut für Schnee- und Lawinenforschung, ein Observatorium und ein Eishockey-Stadion. Die meisten davon sind Flachdachbauten, weil es seit 1964 eine Verordnung gibt, die das Bauen von Schrägdächern untersagt: im Winter zu gefährlich wegen der Dachlawinen. Auch das prägt heute die Optik des Ortes und man braucht eine Weile, um zu verstehen, was hier anders ist. Es gibt in Davos einen Golfplatz, ungezählte Wanderwege und 59 Bergbahnen, die die Skigebiete Parsenn, Schatzalp, Jakobshorn, Rinerhorn und Pischa erschließen. Reinhold Messner würde sagen, die Landschaft wurde »konsumiert und verbraucht«.

Die Standseilbahn der Schatzalpbahn brachte Besucher schon vor über 100 Jahren von Davos-Platz aus noch mal 300 Höhenmeter schnurstracks hinauf zum Hotel. In *Meyers Reiseführer Schweiz* von 1902 steht: »Elektrische Drahtseilbahn (Bahnhof hinter dem Kurhaus), ca. 700 m lang, führt mit Steigung bis 50 Proz. in 12 Min. (1 Fr., hinab 70 c., 1,50 Fr. hin und zurück) hinauf zur Schatzalp.« Ich war also immer noch auf der Castorp-Route, als ich allein in die Bahn stieg und auf einem der Sitze Platz nahm, den Blick ins Tal gerichtet. Als Hans Castorp ankam, eröffnen sich ihm »großartige Fernblicke in die heilig-phantasmagorisch sich türmende Gipfelwelt des Hochgebirges.« Ganz so überschwänglich würde ich das Panorama jetzt nicht beschreiben. Ich wartete. Ein durchdringendes Klingeln ließ mich zusammenzucken. Und dann, plötzlich und wie von Zauberhand fuhr sie mit einem Ruck los. Wie kam es dazu, fragte ich mich, als ich an Höhe gewann und die Stadt sich unter mir im Dämmerlicht ausbreitete, wie kam es dazu, dass in den entlegenen Schweizer Bergen diese Stadt entstanden ist? Wie wurde aus einem verarmten Bergbauerndorf erst ein glamouröser Jetset-Ort für kranke Großstädter und dann aus diesem glamourösen Jetset-Ort für kranke Großstädter ein bausündiger Stadtabklatsch für ambitionierte Wanderer und angetrunkene Skifahrer?

Um diese Verwandlungen zu erklären, muss man etwas ausholen, bis ins Jahr 1853, um genau zu sein. Und, um es gleich vorwegzunehmen: Schuld daran war mal wieder ein Deutscher, nämlich der Mannheimer Jurastudent Alexander Spengler. Er hatte an der Märzrevolution von 1848 teilgenommen, und da die für die Revolutionäre bekanntermaßen schlecht ausging, mussten Freiheitskämpfer fliehen. Spengler wurde in Abwesenheit zum Tode verurteilt, floh, wie viele andere auch, als politischer Flüchtling nach Zürich und studierte dort Medizin. 1854, Spengler war gerade mal 27 Jahre alt, bekam er eine Stelle als

»Landschaftsarzt« in Davos angeboten. Der Landschaftsarzt. Das klingt wie ein ZDF-Zweiteiler, war damals in der Schweiz aber ein offizieller Titel. Als Arzt nach Davos berufen zu werden mag heute attraktiv klingen, doch damals musste Spengler es wie eine Verbannung empfunden haben. In dieses weltabgeschiedene Tal? In ein unbedeutendes Bergdorf? Weit weg von allem? Genau das war Davos damals: ein kleines, unbedeutendes und abgeschiedenes Dorf in Graubünden. Aber Spengler hatte keine Wahl und keine Ahnung, was das Schicksal in den nächsten Jahren für ihn parat halten sollte. Er lernte eine Davoserin kennen, mit der er später fünf Kinder hatte, und seine Arbeit machte ihm Spaß, denn nun studierte er nicht mehr Medizinbücher, sondern die Einheimischen und bewunderte ihre Konstitution. So hatte zum Beispiel keiner seiner Patienten Tuberkulose, die Krankheit, die in ganz Europa grassierte – es sei denn, er oder sie hatte das Hochtal für eine Weile verlassen. Spengler wurde aufmerksam, schaute etwas genauer hin und beobachtete, dass sich Tuberkulosesymptome bei Menschen, die nach Davos zurückkehrten, besserten. In seinem Text »Die Landschaft Davos als Kurort gegen Lungenschwindsucht« stellte er einen »herrlichen ebenmässigen Körperbau, gewölbten Thorax, kräftige Herzmuskulatur« fest und notierte, dass die Bewohner steile Wege »ohne Transpiration, ohne kurzathmig zu werden« bewältigten. Und dass kein einziger seiner Patienten Tuberkulose hatte. Davos sei ein »immuner Ort«, schlussfolgerte Spengler und führte das auf die

»wohltuend und gesundheitsfördernde Wirkung des Hochgebirgsklimas« zurück. Ohne es zu wissen, war das eine Art Tourismus-Slogan, der ihn zum ersten Werbebotschafter von Davos machte.

Es quietschte und rumpelte, als die Standseilbahn nach vier Minuten in der Bergstation zum Stehen kam, und das riss mich aus meinen Gedanken. Ich stieg aus und ging das kurze Stück hinüber zum Hotel, vorbei an einer Bronzetafel, auf der *Zauberberg*-Textstellen Schönheit und Tod beschwören. Auf der kaisergelben Fassade des Hotels las ich: »Berghotel Schatzalp – Restaurant Bar Dancing Hallenbad«, und auf einem Gewächshaus für fleischfressende Pflanzen stand: »Nicht füttern!« Ursprünglich wurde das Jugendstilgebäude im Jahr 1900 als Lungensanatorium gebaut und in den 1950er-Jahren in ein Hotel umgewandelt. Dancing, tanzte es mir durch den Kopf. Ich stellte mir einen jungen Davoser Hotelier in Schlaghosen vor und wie er sich damals dafür stark gemacht hat, dass »Dancing« an dieser Fassade zu stehen hat. Das Hotel ist in die Jahre gekommen, die Fassade bröckelt, der Putz blättert, aber weder an Charme noch an Exzentrik hat es seit über 100 Jahren etwas eingebüßt. Ich ging durch eine weiße Schwingtüre hinein, und die Dame an der Rezeption sagte in einem mir unbehaglichen Tonfall: »Wir haben Sie schon vor einer Stunde erwartet.« Dann überreichte sie mir einen riesigen Zimmerschlüssel mit der Nummer 21. Castorp war in Zimmer 34 gewesen. Vor ihr lag eine schwarze Katze auf dem Rezeptionstresen reglos in einem Korb und ich erschrak, als sie sich plötzlich bewegte. 21? Ich überlegte, ob irgendeine Symbolik in dieser Zahl lag, kam aber weder über die Grundrechenarten noch über die Quersumme auf irgendeinen Hinweis.

Im ganzen Hotel muss im frühen 20. Jahrhundert die Zeit einfach stehen geblieben sein, hier oben, über dem Ort, über den Dingen. Fast wie in *Meyers Reiseführer* von 1902: »Sanatorium Schatzalp, nach allen Anforderungen der Hygiene eingerichtet, für 120 Personen (...) mit ärztl. Behandlung durch die Leiter: DDr. *Spengler u. Neumann*. Post- und Telegraphenbureau. Elegantes *Restaurant* mit Rundsicht auf Davos und das Gebirge.« Die Katze sprang vom Tresen und schlich durch die offen stehende Türe nach draußen. »Sie heißt Bella«, sagte die Rezeptionistin noch, als ich »Bella« hinterherging, wieder hinaus, dann nach rechts auf die überdachte Terrasse unter der 150 Meter breiten Front. Dort lagen in langen Chaisen zwei in Lammhaardecken eingehüllte Männer. Erst später sollte sich herausstellen, dass es keine Tuberkulosekranken auf Liegekur waren, sondern Mitglieder der ungarischen Nationalmannschaft für modernen Fünfkampf, die sich auf Olympia vorbereiteten. Ich grüßte irritiert, und dann war Bella verschwunden. Ich ging wieder hinein, durch einen anderen Eingang, und stand nun in der *Röntgen-Bar,* eine Reminiszenz an den Röntgen-Raum zu Sanatoriumszeiten. In einer Nische neben dem Kamin standen hinter Glasvitrinen Hunderte rot eingebundene Bücher: Klassiker der deutschen, britischen, amerikanischen und französischen Literatur. »Die eigentliche Bibliothek befindet sich im dritten Stock«, sagte der Barmann, der beobachtete, wie mein Blick über die Buchrücken glitt. Ich fuhr mit dem Aufzug nach oben. In einem langen Flur mit rotem Teppich stand unter einer riesigen alten Uhr eine 15 Meter lange Holzvitrine. Darin waren Tausende von Büchern in sämtlichen Sprachen. Doch es sah nicht so aus, als hätte sich in den vergangenen 20 Jahren auch nur ein Gast eines davon ausgeliehen. Ich ging über die Treppen wieder nach unten, in den großen weißen Speisesaal. Die Gäste saßen bereits beim Abendessen und blickten auf, als ich eintrat. Zwei Italienerinnen, offensichtlich Mutter und Tochter, trugen spinnennetzartige Brillen und riefen sich aus mir unerfindlichen Gründen immer wieder zu: »Aspetta! Aspetta! Aspetta!« Ein dicker Mann bestellte »ein Bier und die Nachspeise«, und die Kellner huschten durch eine automatische Schiebetüre in die Küche.

Nach dem Essen ging ich auf mein Zimmer. Es befand sich im ersten Stock, wo die Optik in einem Grünton gehalten war, der irgendwo zwischen Moos und Gras anzusiedeln ist. Die Läufer waren abgewetzt und im Flur hing die Kopie eines Kirchner-Gemäldes von Davos. Mein Zimmer sah aus, als wäre ich ein Tuberkulose-Patient: alte Möbel und ein Balkon, der genauso aussah wie im *Zauberberg* beschrieben. Nur die Balkonabgrenzungen, von denen Thomas Mann erwähnte, dass sie es ohne Weiteres zuließen, ins Nachbarzimmer zu steigen, waren bis an die Balustrade verlängert worden. Es standen zwei gelbe

»Davoser Liegen« auf dem Balkon, in denen sich die Patienten damals stundenlang langweilten. Es war bereits dunkel geworden und die beiden Jugendstillaternen vor dem Hotel tauchten die Säulen und die Fassade in ein milchiges Licht. Der Rittersporn warf zarte Schatten auf die Wiese, unten im Tal glitzerten ein paar Lichter und am Hang gegenüber, auf Augenhöhe, funkelte die Mittelstation der Jakobshornbahn wie ein rotes Auge im Zwielicht. Ich legte mich auf eine der Liegen und atmete tief ein. »Und Hans Castorp nahm neugierig einen tiefen, probenden Atemzug von der fremden Luft«, heißt es im *Zauberberg.* »Sie war frisch – und nichts weiter. Sie entbehrte des Duftes, des Inhaltes, der Feuchtigkeit, sie ging leicht ein und sagte der Seele nichts.« … die Luft entbehrte des Duftes und des Inhalts … eine Luft ohne Eigenschaften. Ich atmete noch mal tief ein und dachte über diesen Satz lange und ergebnislos nach. Dann riss mich ein lautes Ploppen aus meinen Gedanken. Es kam aus dem Bad und war die Kugel des Deo-Rollers, die der veränderte Luftdruck auf fast 2000 Meter herausdrückte und über den Badezimmerboden springen ließ. Ploppte hier oben auch ein kranker und eingefallener Lungenflügel heraus? War meine Lunge gesund? War da eine feuchte Stelle? Würde mir morgen irgendein Professor eine Diagnose ausstellen, die mich zwingen würde, hierzubleiben? Mit derlei Fragen im Kopf legte ich mich ins Bett und schlief ein. Ich träumte von einer schwarzen Katze, die eine spinnennetzartige Brille trug und »Aspetta!« miaute.

Es war kein Professor, sondern der Allgemeinarzt Dr. Peter Flury, aus dessen Mund ich am nächsten Vormittag eine niederschmetternde Diagnose erwartete. Wir trafen uns im Medizinischen Museum in Davos, das gleich neben dem Wintersport-Museum liegt – es sagt schon eine Menge aus, welche Themen man hier museal pflegt. Beide Museen befinden sich an einer lieblosen Ecke in einer Seitenstraße der Promenade.

»Grüezi«, sagte Dr. Flury und holte unter der Fußmatte den Schlüssel fürs Museum hervor. »Die Sanatoriumsgeschichte von Davos ist einzigartig«, fuhr er fort und wirkte glücklicherweise nicht so, als wollte er mich gleich wegen eines Lungenleidens in ein Sanatorium einweisen. »Es gab schon auch in anderen Schweizer Orten einzelne Sanatorien, in Montana, Leysin oder Arosa zum Beispiel. Aber hier gab es über 30!« Flury praktizierte lange Zeit als Arzt in Davos, und nun betreute er das Museum, das nur aus einem einzigen Raum besteht, in dem Gegenstände aus der Tuberkulosezeit ausgestellt werden: Liegestühle, Apparaturen, um einen Pneumothorax zu setzen, Furcht einflößende Zangen und noch ein paar weitere Folterinstrumente, von denen ich gar nicht wissen wollte, wofür sie benutzt wurden. Außerdem verschiedene Exemplare des »Blauen Heinrichs«, wie die Spucknäpfe aus kobaltblauem Glas damals genannt wurden.

»Als vor 30 Jahren in Davos die letzten Sanatorien abgerissen wurden, haben wir diese Gegenstände gesammelt«, erzählte Flury. An der Wand hing ein großes Porträt von Alexander Spengler, ohne den es weder dieses Museum noch Davos in seiner heutigen Form gäbe.

»Hatte Spengler denn eine wissenschaftliche Antwort auf die Frage, warum die Menschen zur Kur nach Davos kommen sollen?«, fragte ich Peter Flury.

»Nein«, sagte er in einer Deutlichkeit, die mich überraschte. »Er hatte keine Ahnung. Aber er hat darüber geschrieben, und das wurde in ganz Europa gelesen.« Das ist schon interessant: Der ganze Hype, aus dem heraus Davos erst entstanden war, basierte auf der ahnungslosen Einschätzung eines deutschen Arztes.

Aber immerhin war Spengler nicht der einzige Ahnungslose. Heute weiß man, dass die Welt der Krankheit Tuberkulose im 19. Jahrhundert machtlos ausgeliefert war und man allenfalls die Symptome behandeln konnte. Damals vermutete man ein krebsähnliches Geschwür als Auslöser. Im schlesischen Görbersdorf, einem Ort im heutigen Polen, wirkte ein Arzt namens Hermann Brehmer – er war der Erste, der in seiner Dissertation behauptete, Tuberkulose sei heilbar und daraufhin dubiose Therapien propagierte: Er erfand die Freiluft-Liegekur und verschrieb ausgiebigen Konsum von Cognac und Veltliner. Das war alles grober Unfug, der aber dazu führte, dass auch Görbersdorf ein bedeutender Kurort wurde – und eine Blaupause für Davos. Alexander Spengler schwebten nach seinen Beobachtungen Kuren im Hochgebirge zur Heilung vor, am besten im kalten Winter und mit längeren Aufenthalten in Kuhställen, deren ammoniakgeschwängerte Luft Lungenkranke heilen könnte. Spengler plädierte für Spaziergänge in der Höhenluft, exzessiven Milchkonsum und schwor auf Murmeltierfett sowie eiskalte Duschen. Danach, so schrieb er, atme man »leichter und tiefer, die Pulswelle ist voller und kräftiger, Appetit stellt sich ein«. Viele seiner Kollegen schüttelten nur die Köpfe. Doch dann kamen am 8. Februar 1865 zwei schwer kranke Deutsche, der Arzt Friedrich Unger und der Buchhändler Hugo Richter, mit der Kutsche aus Görbersdorf nach Davos, checkten in der *Pension Strela* ein und wurden bei Spengler vorstellig. Ihr Zustand besserte sich über den Winter. Und siehe da, ab 1865 – eine Jahreszahl, die mir noch oft begegnen würde – kamen Spenglers Ideen plötzlich erstaunlich gut an und die Erfolgsgeschichte von Davos begann: Nach Spenglers guruhafter Expertise strömten sie aus ganz Europa herbei, vor allem aber aus Deutschland, Russland und England, in der Hoffnung, in Davos geheilt zu werden. Zudem tauchten immer mehr »Winterkuranten« auf, weil ihnen die Chance auf Heilung in der Kälte höher erschien. Das alles wäre in etwa so, als würde heute ein bis dato unbekannter Virologe behaupten, man könne Covid-19 nur in einem kleinen Bergdorf in einem entlegenen Winkel der Alpen heilen. Was wäre dort wohl los? Und welche Menschen würden hinpilgern? So ähnlich erging es damals dem armen graubündischen Bergdorf Davos, das gar nicht wusste, wie ihm geschah, als es plötzlich zum heilklimatischen Zentrum Europas wurde.

Der wissenschaftliche Beweis, dass das Höhenklima eine Heilwirkung bei Lungentuberkulose hat, konnte übrigens bis heute nicht erbracht werden. Es gab und gibt viele Theorien und Vermutungen, oft geprägt vom bloßen Wunsch nach Heilung. Viele Patienten kamen nur wegen einer übereilten Diagnose nach Davos und waren gar nicht krank. Daher konnten sie auch schnell wieder geheilt werden. Selbst als Robert Koch – der den Menschen in Corona-Zeiten vor allem durch das nach ihm benannte Institut bekannt ist – 1882 entdeckte, dass Bakterien Tuberkulose verursachen, hielten viele Patienten an der Höhenkur fest und gingen davon aus, dass Davos der einzige Ort auf der Welt sei, an dem sie geheilt werden konnten. Koch verstärkte den Effekt sogar: Nachdem sich sein zeitweise als »Wundermittel« gefeiertes Tuberkulin 1890 als wirkungslos erwies, hatten die Davoser Sanatorien noch mehr Zulauf als zuvor. Aber von nun an setzte sich auch die Erkenntnis durch, dass man es mit einer bakteriellen und ansteckenden Infektionskrankheit zu tun hat. Die bislang rätselhafte Ursache der Krankheit war klar geworden, und damit wuchs ein gewisses Misstrauen in der Bevölkerung. Jeder konnte krank sein und jeder konnte jeden anstecken. Die Menschen gingen sich aus dem Weg, auch das kommt einem in Corona-Zeiten bekannt vor. Ein paar Jahre später bewies Kochs Kollege Georg Cornet, dass über den Auswurf der Kranken die größte Ansteckungsgefahr ausgeht. Cornet wiederum war einer der Ersten, die das Konzept der Heilstätten infrage stellten. »Der

Kampf gegen die Tuberkulose durch die Heilstätten«, sagte er, »ist nicht mehr wert, als wenn man einer Hungersnot mit Kaviar und Austern statt mit Brot und Speck abhelfen wollte.« Aber das wollte damals noch keiner hören.

TB oder TBC, Schwindsucht oder Schmutzkrankheit, Aufzehrung oder Auszehrung, Morbus Koch oder Phthise, Weiße Pest oder Weißer Tod – es gibt viele Namen für Tuberkulose. Sie war im 19. und bis in die Mitte des 20. Jahrhunderts hinein die häufigste krankheitsbedingte Todesursache in Europa. Jeder Zweite war infiziert, jeder Siebte starb. Erst 1943 wurde mit Streptomycin ein wirksames Antibiotikum gefunden. Bis zu den ersten Behandlungserfolgen sollten jedoch noch Jahre vergehen. Noch heute erkranken rund zehn Millionen Menschen an TBC, und laut Weltgesundheitsorganisation sterben jedes Jahr rund 1,5 Millionen Menschen daran. Da auch Rinder Tuberkulose bekommen können, war und ist in Teilen der Welt Rohmilch noch immer eine Infektionsquelle. Bis 2019 war Tuberkulose damit die tödlichste Seuche der Welt. Dann kam Covid-19 und hatte 2020 mit 1,8 Millionen Toten noch dramatischere Ausmaße. Ähnlich wie SARS-CoV-2 wird Tuberkulose per Tröpfcheninfektion von Mensch zu Mensch übertragen. Selbst die Symptome sind ähnlich: Husten, Nachtschweiß, Fieber und Gewichtsverlust. Durch die Corona-Maßnahmen sanken während der Pandemie auch die Tuberkulosefälle, zugleich konnten aber durch die Auslastung der Krankenhäuser weniger TBC-Patienten behandelt werden. Und doch kann man die beiden Krankheiten aus medizinischer Sicht nur schwer vergleichen: TBC ist ein Bakterium, Corona ein Virus. Bakterien sind mikroskopisch kleine Lebewesen, mit Zelle und Stoffwechsel. Sie ernähren und vermehren sich durch Zellteilung. Viren dagegen sind keine Lebewesen, haben keinen Stoffwechsel und können nicht ohne eine Wirtszelle leben. Während bei Bakterien Antibiotika helfen, sind sie bei Viruserkrankungen wirkungslos. Außerdem geschieht die Ansteckung mit Tuberkulose längst nicht so schnell wie mit SARS-CoV-2. Dafür muss man schon langen und engen Kontakt mit einem infektiösen Patienten haben. 90 Prozent der Kontakte mit Infizierten bleiben folgenlos.

In Davos wurden die Gesunden von den Kranken vollständig abgesondert, und das Sputum, der Auswurf der Kranken, musste in den Spucknapf. »Das, was heute der Mundschutz ist, war damals der Spucknapf«, sagte Dr. Flury und zeigte eines der silberglänzenden Gefäße, das mich an einen Flachmann erinnerte. Ganze Kataloge gab es seinerzeit, die verschiedene Modelle anpriesen, und in einer der Vitrinen war das »Desinfektionsgesetz der Landschaft Davos vom 1. Juni 1900« ausgestellt. Im Paragrafen vier hieß es: »Jeder Lungenkranke ist gehalten, einen Taschenspucknapf bei sich zu tragen. Auch ist Lungenkranken das Ausspeien in den Häusern auf den Fussboden verboten. Wo sich stehende Spucknäpfe befinden, müssen dieselben aus Porzellan, Steingut, Glas oder emaillierten Metallen bestehen; sie sind täglich zu reinigen und dürfen nur Wasser oder wässrige Lösungen enthalten.« Im Paragrafen fünf folgte: »Ebenso ist Lungenkranken das Ausspucken im Freien auf Strassen, Trottoirs und Fusswegen, sowie auf den Schnee verboten.« Neben dem Fieberthermometer war der Blaue Heinrich damals das verpflichtende Merkmal der Kranken von Davos. Das ging auch an Thomas Mann nicht vorüber: »(Er) ließ seinen Vetter etwas sehen«, schreibt er zu Beginn im *Zauberberg*: »eine flache, geschweifte Flasche aus blauem Glase mit einem Metallverschluß. ›Das haben die meisten von uns hier oben. (…) Es hat auch einen Namen bei uns, so einen Spitznamen, ganz fidel (…)‹«. Warum er gerade Heinrich heißt, ist leider nicht überliefert. Es war auf jeden Fall ein sehr deutscher Spitzname. Die Engländer sagten »Blue Peter« oder »Blue Henri« dazu. Es gab 1886 in der Schweiz sogar ein Bundesgesetz, das die Desinfektion der von Kranken benutzten Räume vorschrieb. »Frische Luft, Hygienemaßnahmen, AHA-Regeln und vor allem die Sonne reduzierten damals das Ansteckungsrisiko«, sagte Flury, »das war alles genau wie heute.« Wir verließen das kleine Museum, Flury legte den Schlüssel nicht wieder unter die Fußmatte. Die Sonne, die in Davos wirklich oft scheint, so wie heute auch, trug ihren Teil zur Heilung der Patienten bei. »Man darf nicht vergessen«, ergänzte der Davoser Arzt, »dass die Menschen damals einen miserablen Vitamin-D-Spiegel hatten. Sie kamen aus den industrialisierten Städten Europas, arbeiteten in Fabriken und lebten oft in kleinen dunklen Wohnungen.« Seine Schlussfolgerung: Der Zusammenhang für die ominösen

Heilungserfolge in Davos kann nur die Sonne gewesen sein. »Aber das weiß man erst seit 20 Jahren.«

In Künstlerkreisen hatte Tuberkulose noch eine ganz andere Seite. Es entstand ein Kult um die Tuberkulose. Die jugendlich schöne Frau, die »Femme fragile«, blass, abgemagert, hüstelnd, wurde zum neuen Schönheitsideal des 19. Jahrhunderts. Das zeigte sich etwa, als 1887 das Tagebuch der jungen russischen Malerin Marie Bashkirtseff erschien. Sie war schwer krank und schwach, kurz vor dem Aufgeben, und dann begriff sie ihre Kunst plötzlich »mit einer solchen Klarheit (...), mit einer Klarheit, die weit über das hinaus geht, was ich sonst leisten kann.« Zudem gefiel sie sich in ihrem müden Aussehen und ihrem »Todeskandidatentum«. Es war alles zutiefst romantisch, verbunden mit einer dekadenten Sensibilität, die das späte 19. Jahrhundert prägte. Der Philosoph Theodor W. Adorno, von dem ich zwei Bücher im Gepäck hatte, nannte Bashkirtseff später »die Schutzheilige des Fin de Siècle«. Unter jungen Künstlern und Künstlerinnen galt die Krankheit als Geist und Seele veredelnd, erkenntnisbringend, das Leben intensivierend. In den Opern *La Bohème* und *La traviata* wird schön an TBC gestorben. Viele gingen sogar davon aus, dass nur empfindsame Menschen Tuberkulose bekämen. Die amerikanische Schriftstellerin Susan Sontag schrieb in *Krankheit als Metapher*: »Um eine solche Traurigkeit zu empfinden oder auch, das ist darin impliziert, um sich Tuberkulose zu holen, bedarf es jedoch einer empfindsamen Person. (...) Der melancholische Charakter – oder der tuberkulöse –

war ein überlegener: empfindsam, schöpferisch, ein besonderes Wesen.«

Wir verabschiedeten uns, und ich erwartete, dass mir Doktor Flury doch noch eine »feuchte Stelle« in meiner Luge diagnostizierte – aber nein, er lächelte nur freundlich. »Ich habe noch etwas für Sie, ein kleines Geschenk«, sagte er und holte ein braun gemustertes Kästchen aus der Tasche und überreichte es mir. »Danke schön«, sagte ich erstaunt und öffnete es. Etwas Glänzendes lag darin, in braunes Papier eingepackt. »Ein Spucknapf«, erklärte Flury. »Als die Sanatorien in Davos abgerissen wurden, habe ich zusammen mit einem Kollegen das Inventar ausgeräumt und gesichert. Unter anderem fanden wir eine Kiste mit 50 unbenutzten Spucknäpfen.« Ich nahm das Gefäß heraus, das gut und gerne 100 Jahre alt sein mochte; es war nicht kobaltblau, sondern silbern, lag gut in der Hand und über einen Mechanismus schnappte oben eine Klappe mit der Aufschrift »Mignon« auf, während unten ein Schraubverschluss angebracht war. Ich hielt den Spucknapf gegen das Licht und sah, wie sich die Davoser Bergwelt in seiner schimmernden Oberfläche spiegelte. Ich hatte von Dr. Flury zwar keine Tuberkulosediagnose bekommen, aber dafür ging ich nun mit einem Spucknapf durch die Welt.

Ich spazierte einmal quer durch die Stadt, über die Promenade zum Eisstadion, durch den Kurpark zum Kongresszentrum und hinauf zum Kirchner Museum und zum Hotel *Belvedere*. Die Touristen vermischten sich mit den Einheimischen, während die einen mit Rucksäcken und Wanderstöcken auf dem Weg zur Bergbahn waren, gingen andere im Anzug ins Büro oder mit Kinderwagen zum Einkaufen. Ich wollte hinauf zur *Villa am Stein* und zum *Waldhotel*. In dem einen Haus hatte Thomas Mann gewohnt, im anderen wurde seine Frau Katia behandelt. Oder, um es literaturhistorisch auszudrücken: Dort nahm der *Zauberberg* seinen Anfang.

Es ist nicht verwunderlich, dass sich ein Schriftsteller wie Thomas Mann mit seinem ausgeprägten Gespür für Stimmungen und Schwingungen für Davos, diesen Ort der Widersprüche, interessierte. Der Zufall wollte es, dass er seine Frau Katia 1912 im *Waldsanatorium Prof. Jessen*, wie das *Waldhotel* damals hieß, besuchte. Er kam am 15. Mai und blieb bis zum 12. Juni. Es war die Hochphase des Schwindsucht-Tourismus, und die Eindrücke müssen überwältigend gewesen sein. Über 11 000 Menschen lebten mittlerweile in Davos. Die empfingen 26 000 Besucher, die in 34 Hotels, 51 Pensionen, 24 Privatunterkünften und 26 Sanatorien unterkamen. Thomas Mann blieb nur vier Wochen – aber das sollte reichen, um ihn für 1000 Seiten *Zauberberg* zu inspirieren. Das heißt, für jeden Tag, den er sich in Davos aufhielt, hat er später 35 Seiten geschrieben. Das ist schon eine beeindruckende Effizienz. Vor allem die prachtvolle *Schatzalp* inspirierte ihn. Neunmal erwähnt er sie im Roman, das einzige Sanatorium, das er unverschlüsselt benennt. Aber damit macht er auch klar, dass sie real existiert und somit nicht das fiktive Internationale Sanatorium *Berghof* sein kann. Ich nahm den steilen Weg hinauf bis zur Hohen Promenade, die über der Stadt durch den Bergwald führt. Von unten sah die *Villa am Stein* immer noch wie das hübsche Gebäude aus, das es vor 100 Jahren war. Mit seiner Intarsien-Fassade, deren Muster und Farbe mich an mein Spucknapf-Kästchen erinnerten, thronte es über der Stadt, nur das *Waldhotel* dahinter lag noch ein Stückchen höher. Doch je näher ich kam, desto mehr war der Verfall sichtbar, bis mir schließlich klar wurde, dass dieses geschichtsträchtige Gebäude leer stand und dem Untergang geweiht ist. Die Türe fehlte, das Interieur war komplett ausgeräumt und links neben dem Eingang zeugte eine Leerstelle von der Messingtafel, die einstmals dort prangte. Jetzt waren da nur noch ein rechteckiger dunkler Fleck und vier Bohrlöcher in der Wand. Zum Glück gab es noch ein Foto von der Tafel, über deren Verbleib, so sollte ich bald herausfinden, in Davos keiner etwas zu wissen schien. Darauf stand:

»In diesem Haus weilten die weltbekannten Dichter

ROBERT LOUIS STEVENSON
im Winter 1881–1882

Sir ARTHUR CONAN DOYLE
im Winter 1893–1894

THOMAS MANN
im Frühjahr 1912«

Das *Waldhotel* befindet sich gleich gegenüber, und in der Hoffnung, dort zu erfahren, was mit der *Villa am Stein* geschehen sollte, ging ich in die Rezeption. Nachdem die Zeit der Sanatorien vorbei war, wurde das *Waldsanatorium* 1957 zum Hotel umgebaut. Ähnlich wie die *Schatzalp*, nur dass hier der ganze Stuck und Schmuck der Belle Époque verschwand. Das spürt man noch immer, dachte ich mir, als mich die Hoteldirektorin Marietta Zürcher begrüßte. Sie erzählte, dass das Haus nach einer längeren Corona- und Umbaupause gerade erst wieder eröffnet hat, und lud mich auf einen Kaffee ein.

»Was passiert denn mit der Villa am Stein?«, fragte ich sie.

»Die Villa am Stein wird abgerissen.« Das war ein Satz mit Donnerhall. Abgerissen! Die Villa am Stein! Dort, wo alles begann, wo die Idee für den *Zauberberg* entstand, einem der großartigsten Romane der deutschsprachigen Literatur. Wo der schwer kranke Stevenson seinen ersten Roman *Die Schatzinsel* beendete, ein Südseeroman in den Schweizer Bergen, das muss man auch erst mal schaffen. Wo Sherlock-Holmes-Erfinder Doyle zu einer Skitour aufbrach und eine erstaunliche Reportage darüber schrieb.

»Wie bitte?«, fragte ich.

»Ja, das Gebäude ist leider nicht zu retten«, fuhr Zürcher fort, und die Stadt habe es weder als schützens- noch erhaltenswert eingestuft.

Ich sagte nichts.

»Dort wird schon bald ein Gebäude gebaut für unser Hotelpersonal und zur Vermietung«, sprach sie. Die einstige Pension habe früher schon zum Sanatorium gehört und später zum Hotel.

»Aber dort entstand doch die Idee für den *Zauberberg*«, gab ich zu verstehen.

Sie seufzte. »Ja, es ist ja so, dass Davos seit fünf Jahren noch mehr auf Sporttourismus setzt«, erzählte sie, es gäbe diesen neuen Claim, »Sports Unlimited«. Die morbide, schwermütige, depressive Vergangenheit passe nicht so recht ins Bild.

»Ich dachte, Davos sei ein Ort der Literatur«, sagte ich desillusioniert.

»Schön, dass Sie das so sehen«, entgegnete sie. »Aber wir Kulturmenschen müssen schauen, wo wir bleiben.«

Wenigstens gibt es im *Waldhotel* noch einige »Reminiszenzen an die Geschichte«, wie Zürcher sagte: einen historischen Aufzug, ein kleines Zimmer, das im Originalzustand belassen wurde, mit Waschbecken, Lampenschirm und schwarzem Wählscheibentelefon. Am Kleiderschrank hängt noch ein Arztkittel, wie ihn Professor Jessen getragen hat. Im Speisesaal hat man die Leuchter aus Sanatoriumszeiten nachgebaut, die nun an Ketten von der Decke baumeln, und im obersten Stockwerk gibt es die Thomas-Mann-Suite. Eigentlich müsste sie ja Katia-Mann-Suite heißen, schließlich hat ihr Mann sie hier nur besucht – aber so ist das nun mal im Tourismusmarketing. Da die Suite mit der Nummer 506, in der ich auch keine *Zauberberg*-Symbolik erkennen konnte, gerade nicht belegt war, gingen wir hinauf und blickten vom Balkon aus über zwei Davoser Liegen ins Tal.

»Dieses Zimmer hat definitiv keinen direkten Bezug zum Aufenthalt von Katia Mann«, sagte Zürcher,

»da das fünfte Stockwerk erst 2012 auf den bestehenden Bau gesetzt wurde.«

»Katia Mann soll damals im Zimmer 34 gewohnt haben«, sagte ich. Die 34, da ist die Quersumme die Sieben, die sich leitmotivisch durch den *Zauberberg* zieht – und natürlich war das auch Hans Castorps Zimmernummer im Berghof.

»Ja«, entgegnete die Hotelchefin, »ich könnte mir vorstellen, dass dies das heutige Zimmer 314 war.«

Direkt unter uns erhoben sich die dem Untergang geweihte *Villa am Stein* und links daneben die *Villa Waldfriede*, ein anmutiges Privathaus. Das erinnerte mich an das Sanatorium Einfried aus Thomas Manns früher Novelle *Tristan*. In dieser Geschichte aus dem Jahr 1901 steckt schon eine Art *Zauberberg*-Vorläufer, mit einem Sanatorium im nicht näher lokalisierten Hochgebirge, gestrengen Ärzten und lungenkranken Patienten, mit einem schrulligen Protagonisten und einer Wagneroper. Und obwohl Thomas Mann erst elf Jahre später in Davos war und seine Frau besuchte, könnte der erste Absatz der Novelle auch diesen Ort und seine Sanatorien beschreiben: »Hier ist ›Einfried‹, das Sanatorium! Weiß und geradlinig liegt es mit seinem langgestreckten Hauptgebäude und seinem Seitenflügel inmitten des weiten Gartens«, heißt es da, »und hinter seinen Schieferdächern ragen tannengrün, massig und weich zerklüftet die Berge himmelan.« Eigentlich, dachte ich mir, sollten alle, die sich nicht an die 1000 Seiten *Zauberberg* wagen, einfach die 40 Seiten der fantastischen Erzählung *Tristan* lesen.

Bei aller Desillusionierung musste ich den Davosern eines zugestehen: Der in seiner Schlichtheit schon wieder originelle Slogan »Sports Unlimited« und Davos' Fokussierung auf den Wintersport haben eine erstaunlich lange Tradition. Sport war von Anfang an ein Teil der Kranken und der Kultur. Zunächst war es kein anderer als der Landschaftsarzt Alexander Spengler, der einen sehr frühen Grundstein für den Wintersporttourismus legte: Spengler war sportbegeistert und auch jenseits der Sanatoriumsräume äußerst aktiv. Er besaß – und das ist ganz erstaunlich – schon in den 1870er-Jahren ein Paar Ski. Ein norwegischer Patient hat es ihm geschenkt, und es war das erste Paar Ski in Davos, das noch heute im Wintersportmuseum zu bewundern ist: zwei Holzlatten mit Lederriemen, auf denen auch sein Sohn Carl im Schnee unterwegs war.

Wir blickten noch immer von der Thomas-Mann-Suite auf die *Villa am Stein,* die einen nicht unerheblichen Anteil an der Geschichte des frühen Wintersporttourismus von Davos hat. Robert Louis Stevenson raste »in einer Nacht, glänzend von Sternen und Schnee, umfangen von seltsamen weißen Bergen« mit dem Schlitten von der Schatzalp zur *Villa am Stein,* genau da, wo auch die Leichen des Sanatoriums im Bob nach unten sausten, wie es im *Zauberberg* erzählt wird. Arthur Conan Doyle dagegen interessierte sich fürs Skifahren. Er kam zum ersten Mal 1893 nach Davos, ebenfalls um seine tuberkulosekranke Frau zu besuchen, und ließ sich von den einheimischen Skipionieren Tobias und Johann

Branger den Umgang mit diesen neumodischen Brettern beibringen. Doyle schien sie zu mögen: »Sie sind beide Männer von beachtlicher Ausdauer, und selbst mein langsam buchstabiertes Deutsch schien sie nicht zu erschöpfen.« Doyle lernte schnell, und am 23. März 1894 stiegen die drei von Davos aus auf, glitten im tiefen Schnee über die Maienfelder Furgga und fuhren nach Arosa ab. Später bestiegen sie noch das Jakobshorn. Was für ein Glück, dass die Brangers einen Schriftsteller mitnahmen, denn so gibt es einen Text, der eine der ersten Skitouren in der Schweiz dokumentiert. Die Skier, so ist in der Reportage, die in dem Magazin *The Strand* erschienen war, nachzulesen, waren aus Ulmenholz und 2,43 Meter lang, die Lederriemen-Bindung war locker und die Abfahrt muss eine Qual gewesen sein. Aber Doyle war begeistert: »Nichts auf der Welt ist so launenhaft wie Ski. Niemand, der sie ansieht, würde erraten, welche Möglichkeiten in ihnen lauern.« Er hat die Faszination und die Leichtigkeit dieses Sports früh erkannt: »Tatsächlich ist es im Winter einfacher als im Sommer, eine Reise über höhere Pässe zu machen.« Die Mühe ist »nur halb so groß, weil die Abfahrt hauptsächlich ein bloßes Gleiten ist«. Weitsichtig prognostizierte er: »Ich bin überzeugt, dass eine Zeit kommen wird, in der Hunderte von Engländern zur Skisaison im März und April in die Schweiz fahren werden«, und konnte sich eine Spitze gegen seine Landsleute nicht verkneifen: »Auf einen Mann, der unter zu viel Würde leidet«, schrieb Doyle, »hätten norwegische Schneeschuhe eine gute moralische Wirkung.« Auch im Sommer war der sportbegeisterte Conan Doyle aktiv und versuchte, in Davos den Golfsport einzuführen. Doch das misslang angeblich aus einem skurrilen Grund: Die Kühe hatten »die merkwürdige Angewohnheit, die roten Flaggen des Spielfeldes aufzufressen«.

Es war eine innovative und experimentelle Zeit, in der in der Schweiz viel passierte: Allerorten wurde gebaut und erschlossen, Berge wurden bestiegen, der Tourismus boomte. Im Winter 1865 reisten erstmals britische Wintertouristen nach St. Moritz, nur eine Zugstunde von Davos entfernt. Diese selbst ernannte »Erfindung des Wintertourismus in den Alpen« wollte ich in den nächsten Tagen ergründen. Im Sommer des gleichen Jahres stiegen furchtlose Männer auf das Matterhorn, der letzte große, nicht bestiegene Gipfel der Alpen war erobert. Auch Zermatt hatte ich noch auf meinem Reiseplan, um dieses alpine Drama und den Tod eines Philosophen, der sich viel später dort ereignete, zu rekonstruieren. Und das vielfältige, illustre und experimentierfreudige Publikum von Davos bescherte dem Tal schon früh ein gutes Geschäft mit Wintersporttouristen. Eiskunstlaufen, Curling, Skeleton, Bobsleigh und Eishockey betrieb man bereits in den 1870er-Jahren, 1880 wurde in Davos der erste Curling-Klub der Schweiz gegründet, und im Winter 1882/83 folgte mit dem »Davos Toboggan Club« der erste Schlittenverein der Schweiz. Auf dem Stadtplan von 1886, den ich im Medizin-Museum lange betrachtet hatte, waren bereits eine Eisfläche, Stevensons Schlittenbahn von der Schatzalp und ein Schießstand eingezeichnet. Später, im Dezember 1934, wurde am Bolgenhang der erste moderne Schlepplift der Alpen in Davos eröffnet – und nicht etwa in St. Moritz, St. Anton oder Zermatt. Auch Thomas Mann ist der Faszination Wintersport erlegen. Es gibt ein Foto, das 1929 in Davos entstanden ist. Es zeigt ihn zusammen mit Hermann Hesse. Sie stehen im Schnee – Hesse auf Holzskiern und mit Stöcken, Mann daneben, ohne Skier, in Kniebundhosen, Schnürstiefeln, weißen Strickstrümpfen und breitem Schal – und schauen tollkühn in die Kamera. Ihr Blick sagt: Seht her, auch zwei Literaten von Weltrang können sportlich sein! Auch wenn Thomas Mann kein Sportler war, hat er sich das alles sehr genau angesehen, hat Doyles Skitouren-Text gelesen, und auch den Text von Nansen, der kurz zuvor auf Skiern Grönland durchquert und den Ski-Hype in Europa ausgelöst hatte. Das alles hat sich später im *Zauberberg* niedergeschlagen, im Schneekapitel, einem der Höhepunkte des Romans, in dem Castorp vergeblich versucht, aus den Tuberkulosezwängen auszubrechen. Es ist ein Reflex, den es heute noch gibt, durch Corona vielleicht mehr denn je: Dieser Hang, aus der Welt der Kranken, aus der Isolation, aus der Quarantäne auszubrechen, um sich, und sei es auch nur für ein paar wenige Stunden, wieder lebendig zu fühlen.

Der Zauberberg. Höchste Zeit, einmal zu sagen, worum es in diesem Wälzer eigentlich geht. Also: Es war einmal ein junger Kaufmannssohn aus Hamburg, der in diese eigentümliche Welt der Berge geriet. Er besucht im Sanatorium Berghof seinen Vetter Joachim Ziemßen »für drei Wochen«, wie Castorp sich vorgenommen hatte. Ziemßen klärt ihn gleich bei seiner Ankunft über die Berge auf: »›Du siehst die Baumgrenze fast überall, sie markiert sich ja auffallend scharf, die Fichten hören auf, und damit hört alles auf, aus ist es, Felsen, wie du bemerkst. Da drüben, rechts von dem Schwarzhorn, dieser Zinke dort, hast du sogar einen Gletscher, siehst du das Blaue noch? Er ist nicht groß, aber er ist ein Gletscher, wie es sich gehört, der Scaletta-Gletscher. Piz Michel und Tinzenhorn in der Lücke, du kannst sie von hier aus nicht sehen, liegen auch immer im Schnee, das ganze Jahr.‹« All diese Berge sind real, und von der Schatzalp aus konnte ich sie gut sehen. »Aber wir selbst sind scheußlich hoch. Sechzehnhundert Meter über dem Meer«, erklärt der Flachländer Ziemßen. Castorp ist überfordert, versucht sich in diese ihm fremde Topografie einzufügen, wird selbst krank, oder bildet es sich ein und versucht seine Krankheit in den Griff zu kriegen. Und er verliebt sich zu allem Überfluss auch noch und ist noch mehr überfordert als zuvor. Er lernt Menschen kennen, die ihn manipulieren, bis ihm schwindelig wird, und in all den langen Reden, Vorträgen und Reflexionen spiegelt sich die weltpolitische Lage Europas. Auf einer abgeschiedenen Ruhebank versucht er sich zu beruhigen, sitzt da, bewundert die Blumen, hört dem Wildbach zu, träumt von der angebeteten Clawdia Chauchat und erinnert sich an seinen Schulfreund Pribislav, »seine Augen, blaugrau oder graublau von Farbe – es war eine etwas unbestimmte und mehrdeutige Farbe, die Farbe etwa eines fernen Gebirges«, dann bekommt er heftiges Nasenbluten. Unterdessen streiten sich der Jesuit Leo Naphta und der italienische Literat Lodovico Settembrini um seine Seele. Und so langsam wird dem Leser klar, dass Hans Castorp länger bleiben wird als nur drei Wochen. Schleichend wird er zu einem Teil der kranken Welt dort »oben« – und bleibt noch ganze sieben Jahre.

Gleich hinter dem *Waldhotel* führt die Hohe Promenade oberhalb des Ortes entlang, und wenn man rechts abzweigt, auch hinauf zur Schatzalp. Die Strecke, auf der Stevenson gerodelt und Thomas Mann 1912 fast täglich gegangen war, heißt seit einigen Jahren Thomas-Mann-Weg. Auf zehn »literarischen Stationen« zitieren Tafeln am Wegesrand Textstellen aus dem *Zauberberg*. Ich ging nach oben, las mir die Texte durch und dachte über Katia Mann nach. Man darf ihre Rolle für den *Zauberberg* nicht unterschätzen, »Frau Thomas Mann«, wie eine Biografie über sie heißt, blieb ein halbes Jahr in Davos. Man hatte bei ihr einen »Lungenspitzkatarrh« diagnostiziert, der galt als »Tuberkulose im Anfangsstadium«. Sie schrieb ihrem Mann regelmäßig, was sich dort oben in der Klinik an Kuriositäten zutrug. All das floss in den Roman ein, der dann erst zwölf Jahre später, am 20. November 1924, erschienen ist. »Tuberkulose im Anfangsstadium«, das war das Ticket nach Davos, wo die Sanatorien fast nur Patienten mit dieser Diagnose aufnahmen. Der Aufenthalt dauerte mindestens drei Monate, meist aber länger, so genau wusste das keiner. Dauer und Ausgang waren ungewiss, ein bisschen wie heute bei Long-Covid. Die Schweizer Bahn verkaufte Fahrkarten mit dem Aufdruck »Gültig bis zur Heilung«.

Wie so viele war aber auch Katia Mann gar nicht an Tuberkulose erkrankt. Das zeigte sich erst viel später, als der Lungenarzt Christian Virchow 1959 nach Davos kam. Er leitete die Hochgebirgsklinik, den trist-grauen Gebäudekomplex, an dem ich im Zug vorbeigefahren war. Virchow war ein *Zauberberg*-Fan, wollte in Davos alles über die Entstehung des Romans herausfinden und kontaktierte schließlich auch Katia Mann. Sie schickte ihm 1967 ihre alten Röntgenbilder – sie wiesen keine pathologischen Veränderungen auf. Sie selbst schrieb in *Meine ungeschriebenen Memoiren*: »Es bestand keine Lebensgefahr, und möglicherweise wäre die Geschichte, wären wir nicht zu Sanatoriumsaufenthalten in der Lage gewesen, von selbst wieder gutgeworden, was weiß man. Es war Sitte, wenn man die Mittel dazu hatte, wurde man nach Davos oder Arosa geschickt.« Katias Mutter Hedwig Pringsheim hatte eine noch klarere Sicht. Sie besuchte ihre Tochter in Davos und schrieb von dort einen Brief an den befreundeten Journalisten und Schauspieler Maximilian Harden: »Ich bin überhaupt skeptisch gegen Davos, wo sie jeden, der sich einmal in ihre Klauen begeben, mit eisernen Klammern festhalten. (…) Unter uns, mein Freund: ich halte Davos für einen Schwindel. Selbstverständlich ist es gesund und bekömmlich, täglich 6 Stunden im Freien in der köstlichen Luft auf einem

Liegestuhl zu verbringen, 5 Mahlzeiten, viel Milch, keine Sorgen und Dienstmädchen, in absoluter Ruhe. Es braucht kein weiser Medizinmann vom Himmel zu steigen, um einem das zu sagen.« Und auch Thomas Mann selbst geriet beinahe in diese »eisernen Klammern«: Als er seine Frau in Davos besuchte, hatte er einen Termin bei Friedrich Jessen, dem Leiter des Waldsanatoriums. Der Professor entdeckte eine »feuchte Stelle« in der Lunge Thomas Manns und riet ihm zu einer halbjährigen Kur. So lief das damals. Thomas Mann zögerte und schrieb seinem Hausarzt. Der antwortete: »Ich kenne Sie doch ganz genau. Sie wären der Erste, der bei einer Untersuchung in Davos nicht irgendeine Stelle gehabt hätte. Kommen Sie nur gleich zurück. Sie haben in Davos gar nichts zu suchen.« Es ist nicht schwer, ein System dahinter zu erkennen.

Ein System, in dem es um viel Geld ging. Die Gäste wurden immer wohlhabender und exzentrischer und reisten mit Entourage und Ballgarderobe an. Pferdekutschen brachten sie in ihren Nerzen in die Kliniken, die sich gegenseitig an Prunk überboten. Die Klientel, die heute ihren Körper für viel Geld im Lanserhof, in Otto-Buchinger-, F.-X.-Mayr- oder Henri-Chenot-Hotelkliniken renovieren lässt, reiste damals nach Davos. 1875 eröffnete das Hotel *Belvédère,* wo sich später auch Stevenson und Doyle einquartierten, 1879 ein Theater mit eigener Compagnie, 1885 gab es 60 Einkaufsgeschäfte, eine Pferdetram, Kaffee- und Konzerthäuser. 1897 öffnete die *English Library,* mit fast 6000 Bänden, später wuchs sie zur größten englischsprachigen Bibliothek auf dem europäischen Festland an. 1890 war die Eisenbahnlinie von Landquart nach Davos fertiggestellt, die Straßen waren gepflastert und elektrisch beleuchtet und eine Kanalisation war angelegt worden. Man konnte dabei zusehen, wie immer mehr neue Hotels, Pensionen und Villen entstanden. Um 1900 gab es 18 Sanatorien, teils waren es geschlossene Anstalten, teils offene Krankenpensionen. Das neueste und luxuriöseste stand oben auf der Schatzalp, mit Bodenheizung und fließend Kalt- und Warmwasser in jedem Zimmer, hydraulischem Aufzug, meteorologischer Station, der Standseilbahn und elektrischem Licht. Reiche Privatpatienten zog der elegante Jugendstilbau an, hoch über Davos blickten sie während der Liegekur hinunter auf den Ort. Mit aufgebaut und geleitet wurde die Klinik damals von Chefarzt Lucius Spengler, Alexanders Sohn. Immer mehr Ärzte kamen nach Davos, zelebrierten dort Methoden, die immer noch jeder wissenschaftlichen Grundlage entbehrten, und diagnostizierten Krankheiten, wo keine waren. Sie hießen Hofrat Karl Turban, Professor Friedrich Jessen und Doktor Ernesto Mordasini – Namen, die sich Thomas Mann nicht besser hätte ausdenken können.

Als der Erste Weltkrieg begann, wurden die Gästelisten nicht kürzer, sondern länger. Viele wohlhabende Gäste erhofften sich in den Bergen eine Auszeit vom krisenerschütterten Kontinent. Auch das ist ein Impuls, den man heute wieder gut nachvollziehen kann. Die *Davoser Blätter*, ein alpines Klatschblatt, unterhielten die gelangweilten Kranken und veröffentlichten regelmäßig Gästelisten, die das illustre Publikum benannten. Es ist ganz erstaunlich, wie viele Literaten tuberkulosekrank waren oder krank zu sein meinten oder bereit zu sein glaubten für das empfindsame »Todeskandidatentum«. Es kreuzten sich jedenfalls viele literarische Linien in den Bündner Bergen. Der Schweizer Schriftsteller Hans Morgenthaler schrieb in einem Entwurf für den vom *Zauberberg* beeinflussten Sanatoriumsroman *Eymanns Kur* von »Liegestühligen, Kurligen, Ausspuckigen, Halbtotenbetrieb, Halbkrepiertenmilieu«. Der ebenfalls tuberkulosekranke Thomas Bernhard, der zwar einmal in Sils Maria, aber nie in Davos war, hätte seine Freude gehabt. Wie ein roter Faden zieht sich Davos auch durch das Werk des deutschen Dichters Klabund, der 1928 dort starb. Sein Freund Hermann Hesse schrieb ein Gedicht über Davos, ebenso wie Conrad Ferdinand Meyer das Tinzenhorn-Gedicht »Das weiße Spitzchen« verfasste. Der französische Surrealist René Crevel schrieb 1929 den Davos-Roman *Seid ihr verrückt?*, was Klaus Mann dazu veranlasste, den geliebten René auf dem Zauberberg zu besuchen, für den der verhasste Vater so viel Ruhm geerntet hat. Beide trafen sie Erich Maria Remarque, der in Davos war, kurz bevor Erich Kästner den *Zauberlehrling* schrieb, und später im Roman *Der Himmel kennt keine Günstlinge* die Tuberkulose thematisierte. Und schließlich ließ auch noch Max Frisch in *Stiller* seine Julika als Tuberkulosepatientin nach Davos reisen. Später kamen Künstler wie Ernst Ludwig Kirchner und Philipp Bauknecht, Philosophen wie Ernst

Cassirer und Martin Heidegger, Wissenschaftler wie Max Raphael und Albert Einstein.

Doch hinter der glamourösen Fassade füllten sich die Sterbekammern, neben den Kaffeehäusern, in denen schlau dahergeredet wurde, florierte das Beerdigungsinstitut, und die Grandhotel-Atmosphäre der Sanatorien konnte nur bedingt darüber hinwegtäuschen, dass die Menschen sich die Lunge aus dem Leib husteten, Blut spuckten, ihre fauligen Zähne verloren und reihenweise starben. Von der Schatzalp sausten die Leichen auf der Bobbahn ins Tal, wo gerade das zweite Krematorium der Schweiz gebaut wurde. Es war eine seltsame Gleichzeitigkeit: auf der einen Seite die Lungenkrankheit und ihre Opfer, auf der anderen Seite der Skisport und seine Freuden. Das Geschehen von damals ist dem Geschehen von heute nicht ganz unähnlich: Während Österreich, Deutschland und Italien Lehren aus Ischgl und jenem Freitag, dem 13., an dem ich damals in Landeck war, zogen und seither alle Skigebiete geschlossen waren, ließen die Schweizer die Bergbahnen trotz Pandemie geöffnet, obwohl sich in den Intensivstationen die Betten füllten. Es gibt einen Holzschnitt, auf dem Philipp Bauknecht die Situation schon vor 100 Jahren auf den Punkt gebracht hat. Er heißt »Hochsaison in Davos« und zeigt diese Gleichzeitigkeit: ein Haus, in dessen Untergeschoss ein Arzt Patienten behandelt, während im Obergeschoss ausgelassen gefeiert wird. Es könnte auch auf den März 2020 datiert sein und »Hochsaison in Ischgl« heißen.

Ich war an einer weiteren Bronzetafel angekommen, darauf stand: »Der Mensch soll um der Liebe und Güte willen dem Tode keine Herrschaft einräumen über seine Gedanken.« Das kam mir bekannt vor. Es war die Tafel vor dem Hotel *Schatzalp*, die ich mir gestern Abend bei meiner Ankunft kurz angesehen hatte. Ich blickte mich um und schaute auf die Uhr. Vor einer Stunde war ich am *Waldhotel* losgegangen und hatte gar nicht gemerkt, dass ich den ganzen Weg zurückgelegt hatte. Die gelbe Fassade glomm in der Dämmerung, Bella, die schwarze Katze, tapste über die Terrasse, und von irgendwoher hörte ich ein hysterisches »Aspetta! Aspetta!«.

Am nächsten Tag lernte ich Klaus Bergamin kennen, einen Mann, der vor 65 Jahren an Tuberkulose erkrankt war. Er kam am frühen Nachmittag auf die Schatzalp und führte als Lokalhistoriker eine Gästegruppe durch das Hotel. Bergamin, ein kleiner Mann mit einer kraftvollen Stimme, weißen Locken und einer Brille, legte für sein Alter eine erstaunliche Vitalität an den Tag. »1956, da war ich 16 Jahre alt, haben sie bei mir Tuberkulose diagnostiziert«, erzählte er, nachdem er seine Führung beendet hatte. Ganze elf Monate lang war er im Sanatorium *Sanitas* in Davos, er, ein junger Bergbauernsohn aus Schmitten im Albulatal. »Ich hatte großes Glück«, erinnerte er sich, denn nur wenige Jahre zuvor habe die Tuberkulose in Schmitten »drei Familien regelrecht ausgelöscht. Die sind alle gestorben.« Dann bekam auch er anhaltende Fieberschübe und musste zu den Ärzten nach Davos. »Tuberkulose war damals sehr schwierig zu diagnostizieren«, berichtete er. »Ein Husten war schon ein Symptom«, und dann hätten die Ärzte die Röntgenbilder oft nicht richtig lesen können. 1895 hatte Wilhelm Conrad Röntgen die Technik erfunden. Doch die Ärzte konnten die Lungenbilder nur ganz schwer deuten. »Das war oft so eine Zwei-zu-eins-Diagnose«, erinnerte sich Bergamin. »Zwei Ärzte sagten, sie sehen auf dem Röntgenbild etwas, und einer sah nichts – oder andersrum.« Bei ihm sahen zwei etwas und dann diskutierten sie ernsthaft, ob sie ihm einen künstlichen Pneumothorax verpassen. 1956! Auch eine »chemotherapeutische Tamponade« war im Gespräch. Dabei wird eine Nadel bis ins entzündete Herz getrieben und dann jeden Tag wieder neu gestochen, so lange, bis eine Kanüle durch die so entstandene Öffnung passt. Es klang furchterregend, aber es war die Realität der 1950er-Jahre. Bergamin sagte: »Tuberkulose war ein Todesurteil, und man hat sich damals an jeden Strohhalm geklammert.«

Bergamin hatte Glück: Nichts davon wurde bei ihm angewandt, denn gerade noch rechtzeitig kamen Antibiotika und Penicillin. Man konnte ihn behandeln und er genas vollständig. 1943 war mit Streptomycin das erste wirksame Antibiotikum gegen Tuberkulose auf den Markt gekommen und setzte diese Entwicklung in Gang. Es waren genau die Jahre, in denen der kranke Zauber in Davos zu Ende ging. Tuberkulose war plötzlich heilbar und die meisten Sanatorien wurden abgerissen oder in Hotels umgewandelt. »Ich hätte sonst auch nie Bergführer werden können«, sagte Bergamin. Denn neben seiner Tätigkeit als Lehrer führte er jahrzehntelang Gäste auf die Gipfel in der Umgebung. »Das waren überwiegend Wanderberge«, denn Davos sei ja nun nicht gerade für Alpinismus bekannt, auch wenn Thomas Mann das vermutlich anders gesehen hätte. Bergamin führte aber auch auf prominente Berge, wie den Piz Buin und die im *Zauberberg* erwähnten Piz Mitgel und Tinzenhorn. Er deutete mit der Hand durch das große Panoramafenster in Richtung dieses markanten Zackens im Süden. »Mein Hausberg, auch das Bündner Matterhorn genannt – über 40-mal war ich da oben.« Auch wenn er 1000 Meter niedriger als das Original im Wallis ist, kann man ihm die Ähnlichkeit nicht absprechen. Auf dem Kirchner-Gemälde, das im ersten Stock hängt, ist das Tinzenhorn so übertrieben spitz dargestellt, dass man eher von einem »Bündner Cerro Torre« sprechen sollte. Jedenfalls wusste dieser Klaus Bergamin genau, wovon er sprach, wenn er von Tuberkulose sprach. Deswegen hat er auch ein Buch darüber geschrieben. Es heißt *Davos von 1860–1950. Zeit des Krankseins – Zeit des Gesundens*, und darin bezeichnet er Tuberkulose als eine »Drehtürkrankheit«: Man kam immer wieder zurück, oder schaffte es gar nicht erst weg, weil einen die Drehtüre beim Versuch, Davos zu verlassen, gleich wieder mit hineinwirbelte. Bei einer Diät spräche man vom Jo-Jo-Effekt. So erging es auch Hans Castorps Vetter Joachim Ziemßen: Er verlässt Davos und den *Berghof*, kommt bald wieder – und stirbt. Der kleine und kräftige Klaus Bergamin schaute von der Schatzalp aus über Davos, seinen Ort, dessen Geschichte er schon Tausenden von Gästen erläutert hat, und sagte, als könne er sich diese alternative Wirklichkeit selber nicht vorstellen:

»Ohne die TBC wäre Davos einfach nur ein ganz normaler Ferienort.«

»Und was wäre Davos ohne den *Zauberberg*?«, hakte ich nach.

Da überlegte er: »Viele Gäste fragen mich oft: ›Wo ist denn der Zauberberg nun?‹«

»So, als stünde da ein Gipfel mit diesem Namen neben dem Jakobshorn?«

»Genau. Da sage ich: ›Den gibt es nicht‹, aber die Gäste, die hier oben waren, die waren trotzdem verzaubert.«

Da hat er natürlich recht, und bei Thomas Mann ist der Zauberberg auch nicht definiert und bleibt so eine Projektionsfläche für jeden. Vor Kurzem habe ich eine englische Ausgabe des *Magic Mountain* gesehen. Darauf war, völlig sinnbefreit, die Fischburg vor dem Langkofel in Südtirol abgebildet. Da gibt es beim besten Willen keinen Bezug, weder stimmte der Ort: Südtirol statt Graubünden, noch das Thema: Burg statt Sanatorium. Aber offenbar ist der Zauberberg mit der Zeit zu einer so universellen Metapher geworden, dass es auch diese Verfehlung erklärt.

Pneumothorax, Drehtürkrankheit, Fieberschübe, Todesurteil. Nachdem Bergamin gegangen war, wirbelten mir die Komposita wie Flocken eines Schneesturms durch den Kopf. Und dann ploppte »Sports Unlimited« wie ein Allheilmittel in meinen Gedanken auf, dieser stumpfsinnige Tourismus-Slogan. Während heute sommers wie winters gesunde Sportler nach Davos kommen, um zu wandern, zu klettern oder Ski zu fahren, und das Image der Stadt auf deren Vitalität beruht, war Davos einstmals stolz auf das Siechtum und warb 1874 mit dem Spruch »Davos, das neue Mekka der Schwindsüchtigen«. Das muss man sich auch erst mal trauen. Doch nach dem Ersten Weltkrieg und der Weltwirtschaftskrise begannen sich die Dinge schleichend zu ändern. Die goldenen Jahre des Kurtourismus waren vorbei, viele Gäste kamen nicht wieder. Davos brauchte eine neue Perspektive. In den 1920er-Jahren entschied die Davoser Hotel- und Sanatorien-Branche, sich vom Kurgeschäft abzuwenden und fortan auf Wintersport zu setzen. Der Zweifel an der Wirksamkeit der Behandlungen war mittlerweile weitverbreitet, und in einem Moment der Klarheit haben sich die Verantwortlichen im Verkehrsbüro von ihrem fragwürdigen Schwindsucht-Slogan distanziert. Aus »Davos, das neue Mekka der Schwindsüchtigen« wurde 1926 »Der Weg zur Kraft u. Gesundheit führt über Davos«. Und aus dem »Kurort Davos« wurde die »Sonnenstadt im Hochgebirge«.

Und dann, 1924, genau in jener Zeit, als man sich auf den Imagewandel einigte, erschien *Der Zauberberg* und zelebrierte auf 1000 Seiten diese alte Welt, von der man sich distanzieren wollte. Was für ein Timing. Den Davosern passte das natürlich gar nicht ins Konzept und man war empört über diesen skandalösen Roman. In Thomas Manns Hofrat Behrens war unschwer die Verunglimpfung des hoch angesehenen Dr. Friedrich Jessen zu erkennen. So ging das nicht. Ein anderer prominenter Arzt, Dr. Karl Turban, wollte Thomas Mann verklagen. Jessen jedoch sah davon ab. Da habe man keine Chance, weil Thomas Mann mit seinen Formulierungskünsten weit überlegen sei. Turban hoffte und schrieb: »Dieser Sensationsroman, ein trübes Destillat einer trüben Zeit, hat bei Ärzten und Tuberkulosekranken Schaden angerichtet, wird aber bald vergessen sein.« Katia Mann schrieb in ihren Memoiren: »Der Zauberberg hat die Davoser sehr geärgert. Das Buch hat in Davos Anstoß erregt, weil es den Anschein erweckte, als ob die jungen Leute aus reichen Familien, eingefangen von der Atmosphäre des Sanatoriums und den Annehmlichkeiten dieser Existenz, festgehalten würden, wo sie schon nicht mehr so krank waren, und nur wegen des Geschäftlichen und der Ungebundenheit viel länger blieben, als sie eigentlich mußten.«

Vier Jahre nach dem Erscheinen des *Zauberbergs*, der sich nun bereits 100 000-mal verkauft hatte, wurden die Olympischen Winterspiele, die man auch gerne in Davos gehabt hätte, an St. Moritz vergeben. Für viele waren es wieder Thomas Mann und sein vermaledeiter Roman, die daran Schuld hatten. Es gibt ein Protokoll des Großen Landrats der Gemeinde vom Februar 1927. Durch den *Zauberberg* sei Davos »als Krankenort verschrien«, heißt es da. Und: »Wer nach Davos gehe, werde als krank im letzten Stadium angesehen.«

Und so kamen sie in Davos auf eine Idee: Wie wäre es, dachte man sich, wenn es einen zweiten

Roman gäbe, der Davos viel fröhlicher und lebendiger darstellte? Würde dann der rufschädigende *Zauberberg* nicht schon bald in Vergessenheit geraten? Und so kam es, dass man einen anderen Schriftsteller engagieren wollte, einen Roman zu schreiben, der zum neuen Image passt. Die Wahl fiel auf Erich Kästner, der 1935 auf Einladung des Verkehrsvereins nach Davos kam. Erst sollte er einen Vortrag halten, dann einen heiteren Roman über die Stadt schreiben. Auch wenn nicht überliefert ist, ob Kästner den Grund für seinen Auftrag kannte und auch nicht, was er dafür bekam, so könnte es doch sein, dass er, der aus kleinbürgerlichen Verhältnissen stammte, seinen Spaß daran hatte, den Großschriftsteller und Nobelpreisträger Thomas Mann ein wenig zu ärgern. So ist 1936 eine Erzählung erschienen, die ebenfalls den »Zauber« im Titel führt. Sie heißt *Der Zauberlehrling*, hatte aber nichts mit Goethes Gedicht zu tun. Im *Zauberlehrling* trifft ein gewisser Prof. Dr. Alfons Mintzlaff im Zug nach Davos auf Baron Lamotte, einen Mann, der offenbar übersinnliche Fähigkeiten hat. Sie fahren Ski, eine hübsche Frau taucht auf und, wie so oft bei Kästner, das Motiv des Doppelgängers. Und die Landschaft spielt ebenfalls eine Rolle: »Hoch über dem Gebirgstal und der Stadt«, heißt es da, »die sich langsam in Dämmerung hüllten, funkelten sonnige Eisgipfel. Es war wie im Märchen.« In der Erzählung sind alle kerngesund, es wird an einem Lift gleich hinter der Schatzalp Ski gefahren und alle haben gute Laune. »Der Skilift«, schrieb Erich Kästner, »war eine fröhliche Erfindung: Er war nichts weiter als ein über mehrere Masten laufendes Band mit in Abständen angebrachten schaukelähnlichen Sitzgelegenheiten. Wenn einer der Sitze die Fußstation des Lifts passierte, griff der Skifahrer zu, setzte sich rasch, behielt die Skier auf der Erde und fuhr nun, ohne weitere Mühewaltung, steil bergan. Die Bergwelt war wirklich mit jeglichem Komfort ausgestattet!« Dort oben hat sich bis heute nicht viel verändert. Das Skigebiet Schatzalp-Strela gibt es noch immer, und es geht noch immer sehr beschaulich zu.

Der Protagonist, der Zauberer Baron Lamotte, ist ein präpotenter Pistenrowdy: »›Da fährt ja einer wie der Teufel!‹, sagte der Wirt und blickte fachmännisch den Berg hinan. ›Wer kann denn das sein?‹ Er meinte einen Skiläufer, der schnurgerade den Steilhang herunterschoss, pfeilschnell näher kam, immer näher kam, als wollte er mitten in das friedliche Wirtshaus hineinfahren. Erst im vorletzten Moment schwang er sich herum und stand. ›Den kenn ich nicht‹, sagte der Wirt. ›Wie kann ein Mensch, der die Strecke noch nie gefahren ist, so leichtsinnig sein!‹« Der Wirt fragte: »›Sie sind doch die Strecke zum ersten Mal gefahren?‹«, und der Baron sagte: »›Ich fahre schnell, weil es mir Spaß macht.‹« Woraufhin der Wirt entgegnete: »›So einen unmodernen Menschen habe ich lange nicht gesehen (…).‹«

Bei diesem Zitat merkt man schon, dass das mit Kästner alles ziemlicher Unfug war. Kein Mensch erinnert sich heute noch an den *Zauberlehrling*, wohingegen der *Zauberberg*, da sind sich alle einig und sprechen es auch gerne mit angemessenem Pathos aus,

Davos »einen Platz in der Weltliteratur« verschafft hat. Doch bevor sie das in Davos erkannten oder überhaupt über ihr zukünftiges Image weiter nachdenken konnten, hatte die Geschichte noch ein ganz anderes Kapitel parat. Ab den 1930er-Jahren zogen die Nazis in Davos ein und machten es zu einer regelrechten Hochburg in der Schweiz. Die Stadt wurde zum »Hitlerbad«, auf der Promenade wurde die rechte Hand zum Gruß erhoben, von den Jugendstilbalkonen wehten Hakenkreuze und die Kliniken wurden zu »Kriegskurhäusern«, wie etwa die Valbella-Klinik. Einer der obersten Nazis war Wilhelm Gustloff, der wegen seiner Tuberkulose seit 1917 in Davos weilte. 1932 wurde er von Hitler zum NSDAP-Landesgruppenleiter ernannt, ein Amt, das er vier Jahre innehatte. Dann, 1936, erschoss ihn der nur 26-jährige jüdische Student David Frankfurter in seinem Büro, direkt am Kurpark. Gustloff wurde von Hitler zum Märtyrer und »Blutzeugen« erklärt, Straßen trugen seinen Namen, Denkmäler wurden aufgestellt und ein ganzes KdF-Kreuzfahrtschiff wurde nach ihm benannt. In der Nachwelt ist es nicht Davos, sondern dieses Schiff, das an den Namen Wilhelm Gustloff erinnert. Es wurde im Januar 1945, mit vielen Tausend Menschen an Bord, von einem sowjetischen U-Boot in der eiskalten Ostsee versenkt. Die Nazihochburg Davos setzte auch den Künstlern und Freigeistern zu: Ernst Ludwig Kirchners Werke stufte die NSDAP als »entartet« ein. Der ohnehin schon schwer depressive deutsche Maler, der in Davos heute mehr Würdigung als Thomas Mann erfährt, nahm sich 1938 das Leben.

Spengler, Mann, Hesse, Kirchner, Frankfurter, Gustloff – Davos, mitten in den Schweizer Bergen, ist ein sehr deutscher Erinnerungsort.

Ich nutzte den Nachmittag, um die 500 Meter von der Schatzalp zur Strela-Alp zu gehen. In der Ferne sah ich wieder die orthodoxen Juden mit ihren Sonnenbrillen und Wanderstöcken und ich fragte mich, ob sie hier in Davos ihren Helden David Frankfurter feiern, der ein halbes Jahr nach dem Attentat zu 18 Jahren Haft verurteilt wurde. Ich ging durch den Wald, am alten Kästner-Skilift vorbei nach oben und kam schnell an der Strela-Alp mit ihrer Berghütte an. Ich hatte meine dunkelblaue *Zauberberg*-Taschenbuch-Ausgabe mit dabei und begann zu lesen. Denn genau hier, oberhalb der Schatzalp, spielt das »Schneekapitel«. Ein Geniestreich von Thomas Mann, denn darin hat er den Ausgang der realen Geschichte, die das Erscheinen seines Romans in Davos ausgelöst hatte, schon vorweggenommen: Es ist unmöglich, sich dem Zauberberg zu entziehen, oder den Zauberberg von Davos zu trennen, und stattdessen ein sportives, gesundes Image aufzubauen. Im Schneekapitel hat Hans Castorp nämlich genau diesen Impuls. Er will raus aus der Welt der Kranken, will sich bewegen, in der Natur, im Gebirge, im Schnee. Und so macht er sich eines Tages auf, kühn und voller Tatendrang, und entscheidet sich gegen den Rat seiner Ärzte, eine Skitour zu unternehmen. Mit einem Paar hellbraun lackierter Eschenholz-Ski, das er sich in einem Spezialgeschäft in der Hauptstraße ausleiht, wagt er erst heimliche Versuche. Er lernt schnell, und nach ein paar Tagen bricht er auf, in seiner langärmeligen Kamelhaarweste, mit seinen Wickelgamaschen und Luxusskiern, und fährt auf den Berg: »Er ließ sich auch mit seinen Hölzern von der Drahtseilbahn zur Schatzalp steil aufheben und trieb sich gemächlich dort oben, zweitausend Meter hoch entführt, auf schimmernden Schrägflächen von Puderschnee herum, die bei sichtigem Wetter einen hehren Weitblick über die Landschaft seiner Abenteuer boten.« Es wird eine regelrechte Liebeserklärung ans Skifahren: »Er schob sich weiter, höher hinauf, gegen den Himmel. Manchmal stieß er das obere Ende seines Skistockes in den Schnee und sah zu, wie blaues Licht aus der Tiefe des Loches dem Stabe nachstürzte, wenn er ihn herauszog. (...) Rechts seitwärts in einiger Entfernung nebelte Wald. Er wandte sich dorthin, um ein irdisches Ziel vor Augen zu haben, statt weißlicher Transzendenz, und fuhr plötzlich ab, ohne daß er im geringsten eine Geländesenkung hatte kommen sehen.« Die Schneeflocken wirbeln um ihn herum, und nun folgt eine Liebeserklärung an den Schnee: »Hans Castorp trat vor, um ein paar davon auf seinen Ärmel fallen zu lassen und sie mit den Kenneraugen des Liebhaberforschers zu betrachten. Sie schienen formlose Fetzchen, aber er hatte mehr als einmal ihresgleichen unter seiner guten Linse gehabt und wußte wohl, aus was für zierlichst genauen kleinen Kostbarkeiten sie sich zusammensetzten, Kleinodien, Ordenssternen, Brillantagraffen, wie der getreueste Juwelier sie nicht reicher und minuziöser hätte herstellen können

(…) – und unter den Myriaden von Zaubersternchen in ihrer untersichtigen, dem Menschenauge nicht zugedachten, heimlichen Kleinpracht war nicht eines dem anderen gleich«. Das Wetter wird immer ungemütlicher: »Die Flocken flogen ihm massenweise ins Gesicht und schmolzen dort, so daß es erstarrte. Sie flogen ihm in den Mund, wo sie mit schwach wässerigem Geschmack zergingen, flogen gegen seine Lider, die sich krampfhaft schlossen, überschwemmten die Augen und verhinderten jede Ausschau.« Thomas Mann zelebriert den Winter und die Sprache: »Es war das Nichts, das weiße, wirbelnde Nichts, worein er blickte, wenn er sich zwang, zu sehen. Und nur zuweilen tauchten gespenstische Schatten der Erscheinungswelt darin auf: ein Latschenbusch, eine Fichtengruppe, die schwache Silhouette des Schobers auch, an dem er kürzlich vorübergekommen« und sich von »blödsinnig regelmäßiger Kristallometrie zudecken« hat lassen.

Der arme Castorp verliert schließlich die Orientierung, läuft im Kreis herum, »beschrieb dabei irgendeinen weiten, albernen Bogen, der in sich selber zurückführte wie der vexatorische Jahreslauf.« An der Hütte, die er schon vor einer guten Stunde passiert hatte, lässt er sich nieder. Vielleicht war es ja die *Strela-Hütte,* wo ich nun auf der Sonnenterrasse saß und einen Kaffee trank, dachte ich mir, erfuhr dann aber vom Wirt, dass es diese erst seit 1934 gibt. Castorp beginnt in der schneestürmischen Kälte zu halluzinieren: Er wandelt durch einen üppigen Garten, sieht das Meer und einen schönen Knaben. Es scheint, als simuliere sein Körper Wärme. Man hat schon viele erfrorene Bergsteiger ohne Kleidung im Schnee gefunden, weil sie in ihren letzten Momenten offenbar Hitze empfunden haben. Castorp halluziniert weiter, sieht nun aber schreckliche Bilder, Hexen, die ein kleines blondes Kind zerreißen und verschlingen. Ist das das Ende? Der Todeskampf? Er kommt wieder zu sich, sieht sich vor dem Schuppen im Schnee liegen und bemerkt, dass keine Viertelstunde vergangen ist. Und dann erkennt er geistesblitzartig den Sinn des Lebens, seine Gesundheit und die ganze Zeitverschwendung auf dem Zauberberg. Nur: Er vergisst es wieder und bleibt noch fünf Jahre in Davos. Irgendwie findet er seinen Weg zurück: »Es schien, das Leben hatte es gut gemeint mit seinem hochverirrten Sorgenkinde … (…) Was er gedacht, verstand er schon diesen Abend nicht mehr so recht.« Ich klappte das Buch zu und blickte in die Bergwelt. Dieses Schneekapitel, dachte ich mir, lässt sich auch als Warnung interpretieren: Das passiert, wenn jemand versucht, den Schwindsüchtigen ein sportliches Leben einzuhauchen.

Der nächste Morgen war trist und schlaff wie eine verwelkte Blume. Bella lag wieder reglos in ihrem Korb an der Rezeption, und draußen waren die grauen Berge kaum vom grauen Himmel zu unterscheiden. Ich checkte aus und fuhr mit der Schatzalpbahn zurück in die Stadt, ging zum Bahnhof und setzte mich in den Interregio nach St. Moritz, um für anderthalb Stunden Graubünden nach Süden zu durchmessen. Insgeheim befürchtete ich immer noch, dass irgendein unvorhersehbares Ereignis mich an diesem trüben Tag in Davos festhalten könnte. Dann erklang ein Pfiff, der Zug rollte an und brachte mich vom Zauberberg wieder hinab ins Tal, von oben nach unten. Seit meiner Ankunft waren keine sieben Jahre vergangen, nicht mal sieben Tage, sondern nur zwei, die mir aber vorkamen wie sieben. Ich überprüfte das Datum auf meinem Mobiltelefon, um sicherzugehen, dass ich mich auch wirklich im richtigen Tag, im richtigen Monat, im richtigen Jahr befand. Ja, es hatte alles seine Richtigkeit. Ich atmete tief ein. Es fühlte sich befreiend an.

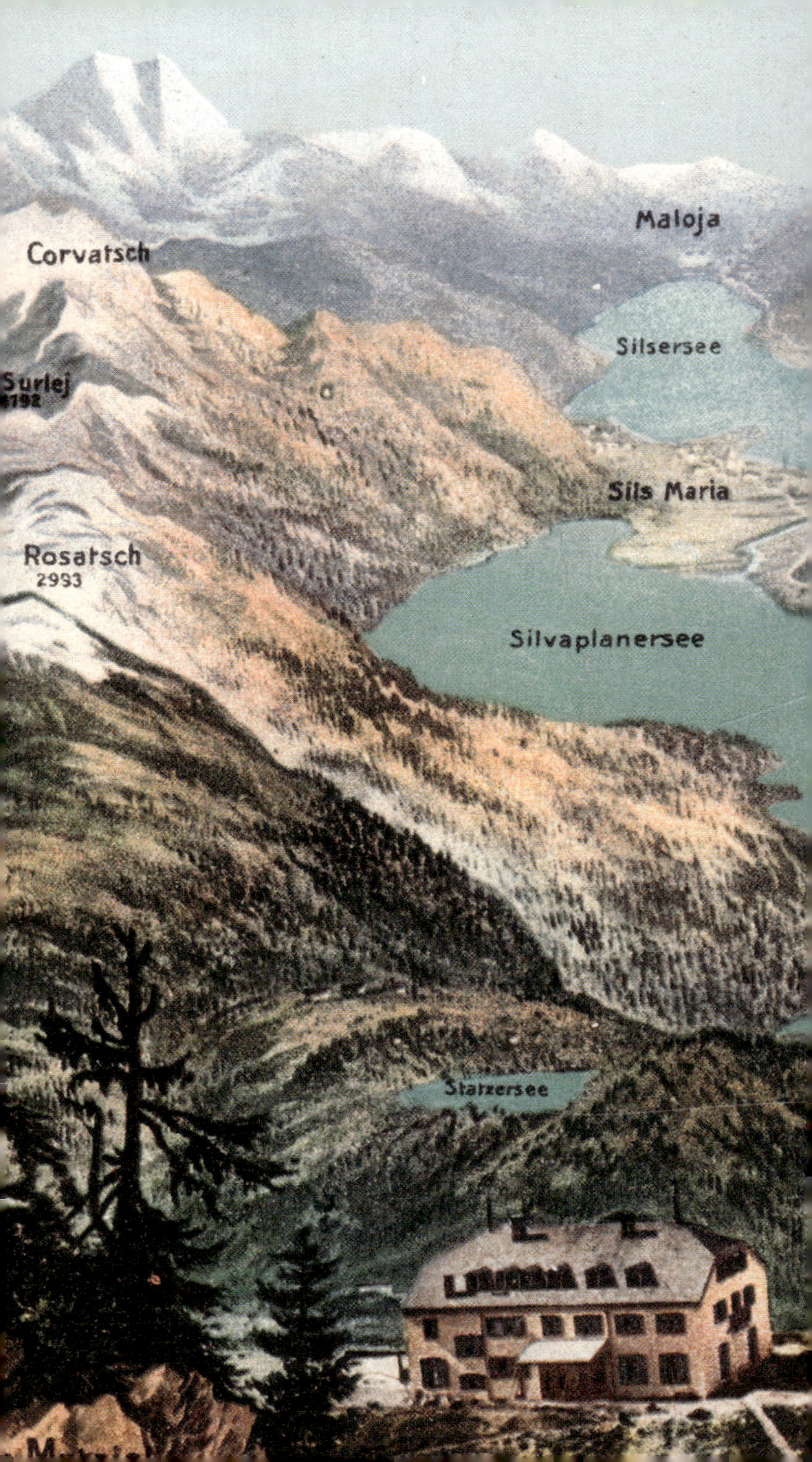
Maloja
Corvatsch
Silsersee
Surlej
Sils Maria
Rosatsch
2993
Silvaplanersee
Statzersee

SILS MARIA

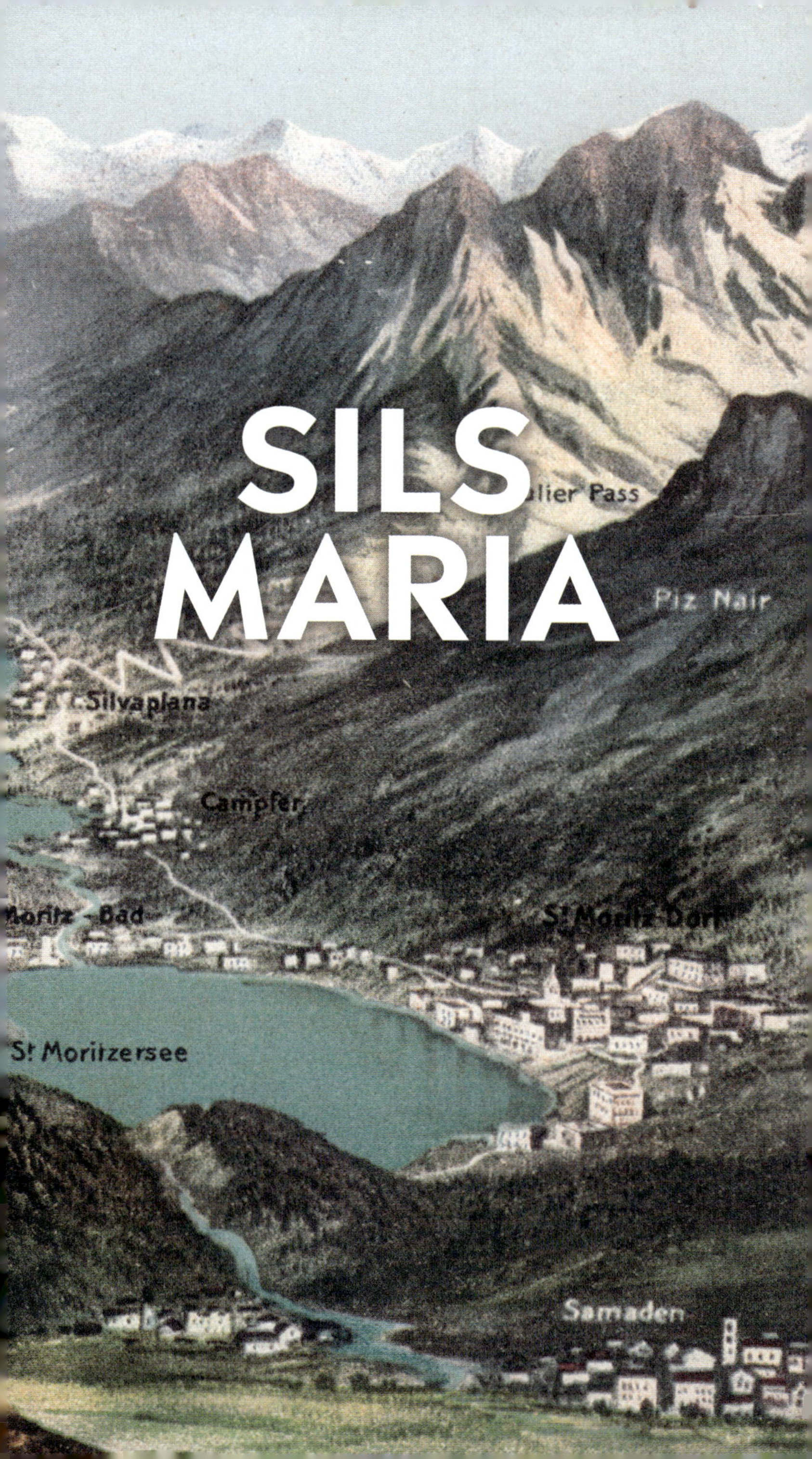
ulier Pass
Piz Nair
Silvaplana
Campfer
Moritz - Bad
St Moritz Dorf
St Moritzersee
Samaden

KAPITEL ZWEI

SILS MARIA

Der Zug fuhr von Davos hinunter nach Filisur, ein Ort mit dem Klang einer üblen Verletzung, nur um sich dann abermals hinaufzuquälen auf den Albulapass, über Stugl und Bergün. Ich wusste gar nicht, wo ich zuerst hinschauen sollte. Der Zug rollte ganz nah am Tinzenhorn vorbei, dem Hausberg von Klaus Bergamin, der aus dieser Perspektive noch viel mehr wie ein Bündner Matterhorn aussah. Conrad Ferdinand Meyers Gedicht »Das weiße Spitzchen« kam mir wieder in den Sinn:

»Ein blendendes Spitzchen blickt über den Wald,
Das ruft mich, das zieht mich, das tut mir Gewalt:
›Was schaffst du noch unten im Menschengewühl?
Hier oben ist's einsam! Hier oben ist's kühl!
Der See mir zu Füßen hat heut sich enteist,
Er kräuselt sich, flutet, er wandert, er reist.
Die Moosbank des Felsens ist dir schon bereit,
Von ihr ist's zum ewigen Schnee nicht mehr weit!‹«

Es ging durch Kehrtunnel und Viadukte in vielen Schleifen durch den Berg bis nach Preda auf 1800 Meter, also fast wieder auf die Höhe der Schatzalp. Im Tal strahlten die Matten in saftigen Grüntönen, und immer wieder tauchte über oder unter dem Zug wie ein verwirrendes Labyrinth die Trasse auf, die sich kreuz und quer durch diese Berglandschaft schlängelte und die der Zug entweder schon hinter sich gelassen hatte oder gleich in Angriff nehmen wird. In Preda schließlich verschwand die Bahn im fast sechs Kilometer langen Albulatunnel, um unter dem Pass hindurchzufahren und erst im Oberengadin wieder ans Tageslicht zu kommen. Kein Wunder, dass die Rhätische Bahn die »Albulalinie« als »spektakulär« und »Meisterleistung in Sachen Bahntechnik« verkauft.

Ich wollte nach Sils Maria, dem kleinen Ort am Silsersee, südlich von St. Moritz. Zu der Zeit, als Davos zum »Mekka der Schwindsüchtigen« wurde, suchte dort ein prominenter Gast seine Ruhe: der Philosoph Friedrich Nietzsche. Später pilgerten seine Jünger dorthin, und im Hotel *Waldhaus*, das 1907 eröffnete, fanden all die Dichter und Denker eine ihnen angemessene Bleibe. Auch Katia und Thomas Mann waren da, ebenso wie Hermann Hesse, die beiden Literatur-Nobelpreisträger, die sich im Schnee von Davos gemeinsam fotografieren ließen. Und, wie sich zeigen wird, noch viele, viele andere. Die Fäden, die zwischen Davos und Sils Maria verlaufen, sind dicht miteinander verwoben. Und obwohl es zum Teil die gleichen Gäste waren, die beide Orte besuchten, war das vergnügte Sils Maria, so sollte ich feststellen, ein Gegenbild des kranken Davos.

Warum, fragte ich mich, als der Zug durchs Oberengadin fuhr, fand der Krankheitstourismus nur in Davos statt? Warum wollten nicht auch andere Orte an diesem Geschäft teilhaben? Der Zug hielt in Samedan, ein paar Kilometer vor St. Moritz. Hier befindet sich das Oberengadiner Kulturarchiv, und vielleicht würde ich ja dort eine Antwort auf diese Frage finden. Ich stieg aus und ging vom Bahnhof aus steil bergauf bis zu einem alten Steinhaus am Dorfplatz. Vor der Türe standen ein paar junge Leute und erklärten mir, dass sich das Archiv weiter hinten im Gebäude befände. Ich ging hinein, fand die Türe mit der entsprechenden Aufschrift, klopfte an und es öffnete eine stilvolle Frau mit althippiesken Zügen und dem klangvollen Namen Dora Lardelli. Der holzvertäfelte Raum, der das Archiv barg, war nicht groß, links ein alter Kachelofen, daneben ein üppiges Landschaftsölgemälde, ansonsten waren die Wände voller Bücherregale. In der Mitte stand ein Schreibtisch vor dem einzigen Fenster, und hinter einem Kopierer und einem Bildschirm saß ein junger Mann, der kurz grüßte. Als ich Frau Lardelli erzählte, dass ich gerade aus Davos komme, sagte sie:

»Mein Vater war wegen Tuberkulose dort, das muss schrecklich gewesen sein, sie haben ihm die Lungen aufgeblasen und all das. Aber immerhin: Er hat's überlebt und wurde über 90 Jahre alt.«

»Können Sie mir sagen, warum es die Sanatorien in dieser Ansammlung damals nur in Davos gab?«, fragte ich sie.

»Es gab auch hier in Samedan eines, die Bernhard-Klinik«, antwortete sie und holte drei Bücher und einen Hefter aus dem Regal. Auf dem stand: »Höhenluft und Sonnenlicht – Ansätze der Tuberkulosetherapie im Engadin«. »Es war Oscar Bernhard, Sohn des Apothekers von Samedan«, war da zu lesen, »der 1886 mit 25 Jahren eine Praxis in Samedan eröffnete und hochgeschätzter, engagierter Talarzt wurde, den die Einheimischen ›Il Bernhard‹ nannten.« Neun Jahre später eröffnete er die Bernhard-Klinik, ein Sanatorium mit 35 Betten, dessen »dirigierender Spitalarzt« er selbst war und Samedan zur »Wiege der Heliotherapie« machte. Das klang alles sehr nach Davos. Nur: In Samedan wollte man das nicht.

»Man wollte hier kein Sanatoriums-Image wie in Davos«, sprach Frau Lardelli, und Bernhard wurde weggemobbt. Er gab aber nicht auf, veröffentlichte das Buch *Heliotherapie im Hochgebirge* und schwor weiterhin auf die Tuberkulose heilende Wirkung der Sonne, wie sie über 100 Jahre später auch Peter Flury in Davos bestätigt hatte. Auf die Idee brachte ihn übrigens die Herstellung des sonnengetrockneten Bündnerfleisches.

»Die Idee mit der Sonne war schon richtig«, sagte Lardelli. »Aber trotzdem hat man ihn weggeschickt aus Samedan – nach St. Moritz.«

Dort eröffnete er 1912 die Privatklinik Dr. Bernhard, speziell für Sonnentherapie, und behandelte Knochen- und Gelenktuberkulose. In einem Text über »100 Jahre Bernhard-Klinik« las ich: »Es waren also nicht nur die Belle-Époque-Hotels, die den Ruf von St. Moritz in die Welt hinaustrugen, sondern auch eine Belle-Époque-Klinik, die ganz entscheidend mitgeholfen hat, den Bekanntheitsgrad von St. Moritz zu steigern und die Engadiner Sonne global zum Begriff zu machen.« Tatsächlich hatte Bernhard illustre Gäste und Freunde. Zum Polarforscher Fridtjof Nansen etwa, der in Davos Sir Arthur Conan Doyle zu seiner Skitour inspiriert hatte, pflegte Bernhard eine lebenslange Freundschaft. Nachdem Nansen ihn in St. Moritz besucht hatte, war er ganz begeistert: In einem Brief schrieb er vom »beautiful St. Moritz«, »the beauty, the white mountains, the light, the air, was a new revelation to me, and I feel years younger.« Nansen auf Verjüngungskur in St. Moritz – das hatte schon was. Auch der Maler Giovanni Segantini war ein Freund von Oscar Bernhard. Auf einer Schutzhütte auf dem Oberen Schafberg bei Pontresina besuchte er Segantini 1899 am Sterbebett. Neben vielen anderen bekannten Bildern blieb Segantinis strahlendes Ölgemälde »Wintersonne bei Maloja« wie eine Huldigung an die heilende Kraft der Sonne, auf die Bernhard seine Lehre aufgebaut hatte.

Es lief ausgesprochen gut mit der renommierten Privatklinik in St. Moritz. »Er wollte sie 1910 erweitern, oberhalb des Geländes der Privatklinik – das war ein visionäres Projekt«, fuhr Lardelli fort und zeigte mir eine Zeichnung, in Rot- und Brauntönen gehalten, ein gigantisches Gebäude, das selbst die Schatzalp oder das Valbella klein erschienen ließ. Ein fünfstöckiger Bau mit einer gewölbten Fassade und nach hinten versetzten, aquäduktartigen Rundbögen als Balkone, die sich nicht gegenseitig die Sonne nahmen. An den Seiten schloss je ein noch höherer Turm das am Hang geplante Bauwerk ab, während sich unterhalb ein weiterer riesiger Flügel anfügte, vermutlich die Verwaltung.

»Warum wurde es nicht gebaut?«, wollte ich wissen.

»Die Gemeinde hat das verhindert«, meinte Frau Lardelli. Auch St. Moritz wollte kein zweites Davos werden. 1898 verfasste der St. Moritzer Arzt Peter Robert Berry die Streitschrift »Über die Zukunft des Kurortes St. Moritz«. Ich las den Text, in dem er ein düsteres Szenario für den Ort entwarf, wenn man am Krankheitstourismus festhalten würde. Per politischem Beschluss entschied sich die Gemeinde noch im gleichen Jahr dagegen, den Kurort für Tuberkulosepatienten zu öffnen. Und auch wenn es nicht explizit ausgesprochen wurde, war klar: Die Krankheit passte nicht zum glamourösen und sportlichen Image des Ortes. Da hatten sie mehr Weitsicht als in Davos, wo die Frage, ob die Einheimischen diese Art von Tourismus überhaupt wollen, erst viele Jahre später gestellt wurde.

Mit der Heliotherapie war es damit aber keineswegs vorbei. Sie wechselte nur den Ort. Durch Bernhards Arzt-Kollegen Auguste Rollier gelangte seine Erfindung in den waadtländischen Ort Leysin, von dem mir Doktor Flury schon erzählt hatte. In Leysin entstanden 35 Heliokliniken, und der Ort wurde eine Art Davos der Westschweiz, der in den 1950er-Jahren ähnliche Probleme hatte, ein neues Image aufzubauen. Da fragt man sich schon, was aus St. Moritz geworden wäre, wenn die Gemeinde damals Ja gesagt hätte zu diesem gigantischen Klinikbau und der damit verbundenen Klientel.

Ich verabschiedete mich von Dora Lardelli und fuhr in der »Albulalinie« in wenigen Minuten mit dem Zug nach St. Moritz. Als der Zug in den Bahnhof rollte, sagte eine Frauenstimme durch die Lautsprecher an, dass man nun im »Geburtsort des Wintertourismus« ankomme. Doch die Geschichte dahinter ist nicht mehr als eine Legende. Die geht so: 1864/65 wurde in St. Moritz der Wintertourismus in den Bergen erfunden. Der Hotelier Johannes Badrutt war sich sicher, dass auch der Winter im Engadin touristisches Potenzial habe. Im Herbst wettete er gegen seine Kurgäste: Er versprach ihnen, dass sie auch im Winter, wenn sie denn kämen, hemdsärmelig auf der Terrasse seines Hotels in der Sonne sitzen könnten. Wenn er, Badrutt, nicht recht behalten sollte, dann würde er ihnen den Aufenthalt spendieren. Wer einmal einen feuchtkalten englischen Winter erlebt hat, der kann sich gut vorstellen, dass die Engländer dagegen wetteten. Und so kamen die ersten Wintertouristen mit Pferdeschlitten über den Julierpass nach St. Moritz, staunten angesichts der weißen Landschaft und darüber, dass tatsächlich oft die Sonne schien. Es war übrigens der gleiche Winter, in dem die ersten tuberkulosekranken Patienten nur 60 Kilometer weiter nördlich nach Davos zur Liegekur kamen. Und so lagen sie alle, wenngleich aus verschiedenen Gründen, auf den Sonnenterrassen und taten nicht viel. Angeblich reisten die Engländer dann erst im Frühling wieder von St. Moritz ab. Eine schöne Geschichte, für die es leider keinen einzigen Beleg gibt. Aber gleich wie: Die britischen Gentlemen kamen wieder, und schon im Winter darauf war ihnen das passive Dasein zu langweilig, und so begann der steile Aufstieg der Wintersportarten: Skifahren, Eislaufen, Curling und Schlittenfahren wurden populär. Um die Jahrhundertwende schossen riesige Hotels aus dem Boden und machten den Ort St. Moritz zu dem, was er heute noch ist: ein exklusives Dorf in den Bergen, das im Winter mehr Gäste empfängt als im Sommer und schließlich, auch das sagte die Frauenstimme im Lautsprecher nun, gleich »zweimal Austragungsort der Olympischen Winterspiele war: 1928 und 1948«. Diese ostentative Betonung klang noch immer wie ein Hieb gegen Davos, das die Spiele damals auch gerne ausgetragen hätte.

Ich stieg aus dem Zug aus, ging über den Bahnhofsvorplatz und ein kühler Wind pfiff mir ins Gesicht. Die Berge strahlten so hell, dass es in den Augen wehtat. Auf der einen Seite die Corviglia, überzogen mit Bahnen und grünen Pistenlinien, auf der anderen Seite der Corvatsch, genauso übertrieben erschlossen. Reinhold Messner und die »verbrauchte Landschaft« kamen mir wieder in den Sinn. Der 5000-Einwohner-Ort selbst ist voller Hotels, die sich wie Trutzburgen erheben – das *Kulm* oder das *Badrutt's Palace* mit seinem Turm, den Fahnen, den Zinnen und Erkern und den Rolls-Royces und Bentleys vor der Türe. Andere stehen wie obszön-übertriebene Königsschlösser in der Landschaft – das *Suvretta House* oder das *Grand Hotel Des Bains*. Corona ging auch hier nicht spurlos vorbei: In der Wintersaison 2020/21 gab es im *Badrutt's Palace* und im *Grand Hotel*

Des Bains Ausbrüche und die Gäste standen unter Quarantäne.

Und es gibt noch eine Parallele zwischen St. Moritz und Davos: In den 1850er-Jahren kamen etwa zur gleichen Zeit die ersten Sommergäste, die einen gesund, die anderen krank, aber in beiden Fällen: Deutsche. Einer von ihnen, und das ist leider etwas in Vergessenheit geraten, war kein Geringerer als Richard Wagner. Der deutsche Komponist, einer der ersten Gäste in St. Moritz – das war ein weiterer Lückenschluss zwischen Nietzsche, Thomas Mann und Adorno, zwischen Davos, St. Moritz und Sils Maria. Was Wagner in den Bergen erlebt hat, hat er in seinem Memoirenwerk *Mein Leben* ziemlich detailliert aufgeschrieben. Vom 14. Juli bis zum 10. August 1853 war der damals 40-jährige Komponist in St. Moritz. Nicht ganz freiwillig, denn wie Alexander Spengler musste auch er Deutschland im Zuge der 1848er-Revolution verlassen (wobei bei Wagner ja nie ganz klar war, ob es nicht eher an seinen vielen Gläubigern lag). Er lebte bereits seit einigen Jahren in Zürich, als sein Hausarzt ihn zur Badekur nach St. Moritz schickte. Er reiste gemeinsam mit dem Dichter Georg Herwegh damals noch in der Pferdekutsche, und in Chur übernachteten sie im Hotel *Steinbock*, einem »höchst unbequemen Gasthof«, und wurden »bei einem anhaltenden furchtbaren Regen« zwei Tage aufgehalten, wie Wagner notierte. Sie schafften es schließlich über den Julierpass nach St. Moritz. Ganz schlecht scheint es um Wagners Gesundheit nicht bestellt zu sein. Immerhin unternimmt er eine Bergtour: »Zu einer ernstlichen Unternehmung machten wir uns auf, nachdem wir den Schulmeister von Samaden zur Führung auf den Rosetsch-Gletscher gewonnen hatten. Bei diesem Vordringen an die Abhänge des einzig grossartigen Bernina, welchen wir in seiner Schönheit selbst dem Montblanc durchaus vorziehen mussten«, notierte er. Dann donnert es vor Pathos wie in einer seiner Opern: »Wiederum, und diesmal in gesteigertem Grade, empfing ich den erhabenen Eindruck der Heiligkeit der Öde und der fast gewaltsam beschwichtigenden Ruhe, welche jedes Erstorbensein der Vegetation auf das pulsierende Leben des menschlichen Organismus hervorbringt.« Puh. Die Beschreibung geht noch eine ganze Weile in diesem Stil weiter. Die schöne Landschaft machte ihn so fertig, dass er sich für den Rückweg mit »in den Eisspalten frappiertem Champagner« stärken musste. Doch so recht wollte es dem viel gereisten Komponisten in St. Moritz nicht gefallen: Ende Juli schrieb er: »Ich sitze hier zwischen Eis und Bären – wer mich lieb hat, holt mich weg«. Dennoch hinterließen diese und noch folgende Schweizreisen nachhaltige Wirkung: »Lasst mich noch Werke schaffen«, teilte er später seinem Förderer Otto Wesendonk mit, »die ich dort empfing im ruhigen herrlichen Schweizerlande, dort, mit dem Blick auf die erhabenen, goldbekränzten Berge: es sind Wunderwerke, und nirgends hätte ich sie empfangen können.« Es sind Worte mit dem Klang des Walkürenritts: Daadadadadahhhh, daadadadahhhhh!

Am Bahnhofsvorplatz holte mich, anders als in Davos, tatsächlich ein Fahrer ab, zwar nicht »livriert«, aber immerhin in einem Mercedes-Bus, der modernen Entsprechung der Pferdekutsche. Auf der Schiebetüre stand: »Waldhaus Sils Maria«. Ich stieg ein, und der italienische Fahrer lenkte das Fahrzeug durch das geschäftige St. Moritz, wir standen vor einer Baustelle im Stau, verließen den Ort Richtung Süden, passierten den Campingplatz, wo Kitesurfer im Nachmittagswind durch die Luft flogen, und fuhren am Ufer des Silvaplanersees Richtung Sils. Und da sah ich das Hotel: Wie ein havariertes Schiff lag es auf dem bewaldeten Bergrücken, dem Larethügel, der sich aus dem Tal erhebt. Dort thront das weiße Gebäude, und seine Zinnen und Türme ragen wie Ausrufezeichen in den Schweizer Himmel. Gerahmt von den Engadiner Bergen, dem Piz Corvatsch im Osten, dem Piz Lagrev im Westen und dem Piz de la Margna im Süden. Rund 10 000 Gäste kommen im Jahr, im Winter mehr als im Sommer, sie wohnen in 140 Zimmern, die alle einen anderen Grundriss haben, was den Vorteil hat, dass sich für jedes noch so komplizierte Familienmodell ein passendes Zimmer findet. Das ist seit Corona natürlich etwas anders.

Wir fuhren den steilen Larethügel hinauf und kamen vor dem Eingangsportal und der riesigen Fassade zum Stehen. Ich ging hinein, und da trat ein schmaler Mann im Maßanzug mir entgegen. Er hatte graue Haare, spitze Augenbrauen, trug eine Brille und sagte: »Nun haben Sie es tatsächlich geschafft.« Es war Urs Kienberger, der gemeinsam mit seiner

Familie dieses Hotel führt und sich um seine Kulturgeschichte kümmert. Er ist ein wandelndes Lexikon und weiß viel mehr, als die Diskretion ihm erlaubt zu erzählen. »Ich habe schon nicht mehr daran geglaubt«, gestand er, und dann rekapitulierten wir noch mal die Geschichte von vor über einem Jahr, als die Pandemie alles zunichtegemacht hatte. »Aber«, sagte er dann in der typischen charmanten Zurückhaltung eines Schweizer Hoteliers, »kommen Sie erst einmal an.« Daraufhin verabredeten wir uns für den frühen Abend.

Ich checkte ein und ging in die »Gesellschaftshalle«, dann in die Bar und in den Speisesaal. Im samtmatten Licht der Lüster wollte ich sehen, was sich verändert hat, seit ich vor sieben Jahren das letzte Mal hier war. Natürlich hatte sich nichts verändert. Ich war damals mit der ganzen Familie hier, das hieß: mit meiner Frau und zwei sehr kleinen Kindern. In der Aura dieses Hotels ging es um die Frage, ob ein Ort, den Intellektuelle lieben, auch familienfreundlich sein kann. Selbstverständlich hatten wir die Kinder vorbereitet. Hatten ihnen immer wieder gesagt, dass sie sich gut benehmen müssen in diesem ganz besonderen Hotel. Dass sie große Abenteuer erleben würden, sich mit Tarnkappen verkleiden und versteckte Schätze suchen würden, wenn sie sich benähmen. Nur, dass das funktionieren würde, das hatten wir nicht gedacht. Denn es gibt kaum ein Hotel, in dem man sich Kinder weniger vorstellen kann als im *Waldhaus*. Die Gäste hier, und ein erster Blick in die Runde in der »Gesellschaftshalle« zeigte mir, dass sich daran nichts geändert hat, sind emeritierte Germanistik-Professoren und pensionierte Feuilleton-Redakteure, Zigarren-rauchende Künstlerinnen und deren Sammler oder Galeristinnen, Nietzsche-diskutierende Philosophen und Scotch-trinkende Schriftsteller. Oder auch nur Leute aus deutschen Großstädten, die es sich leisten können, sich mit deren Aura zu dekorieren. Das *Waldhaus* ist seit fünf Generationen im Familienbesitz – und auch etliche Gastfamilien kommen schon in der fünften Generation. Das Haus ist wie seine Gäste: Es hat Stil und Charakter, Macken und manchmal Gebrechen. Welch illustres Kulturpublikum Jahr für Jahr im *Waldhaus* zu sehen ist, hat ein Gast einmal wunderbar auf den Punkt gebracht: Er habe fünf gute Bücher als Urlaubslektüre mitgebracht, erzählte er – und während seines Aufenthalts alle fünf Autoren im Hotel gesehen. Und Urs Kienberger erzählte mir schon damals vom »Ein-Drittel-Test im Feuilleton der Neuen Zürcher Zeitung«, der *NZZ*: In jeder Ausgabe würde ein Drittel aller Texte entweder von einem *Waldhaus*-Gast, der gerade hier Urlaub macht, geschrieben, oder es ist von einem *Waldhaus*-Gast, der soeben anwesend ist, die Rede. Für kleine Kinder ist das alles ungefähr so spannend wie ein Bällebad für Theodor Adorno. Und doch: Das Hotel wirbt noch immer mit Kinderprogrammen, vermutlich auch, weil mit Emeritierten und Pensionierten nicht ewig zu planen ist. Allerdings werden in der Broschüre die »Kids« mit »Sie« angesprochen: »Wussten Sie, dass es im Oberengadin 96 mit Namen versehene größere und kleinere Bergseen gibt?« Und beim Programmpunkt »Picknick« geht es schon wieder um die Eltern: »Die Kinder können Schlangenbrot zubereiten, während die Väter bei einem Glas Wein die Würste grillen und die Mütter bereits den Aperitif geniessen. So wird bestimmt jede Wanderung zu einem Erfolg!«

Als uns der Concierge damals im Foyer begrüßte, passierte etwas Interessantes: Die Kinder verstummten und schauten ehrfurchtsvoll durch die Glastüren. Dahinter strahlte die »Gesellschaftshalle« – und das ist genau das richtige Wort für diese Halle, in der ich nun wieder stand: sechs Meter Deckenhöhe, mächtige Marmorsäulen, dazwischen ein goldener Kronleuchter, der die Hälfte aller Gäste erschlagen könnte. Durch die sieben riesigen Fenster strahlte das Abendlicht auf die zurückgezogenen herbstwaldfarbenen Vorhänge, die massiven Holztische und die großflächigen Teppiche. Ältere Herrschaften saßen in dunkelroten Sesseln und hörten dem Hausorchester zu. Normalerweise hätten wir damals Darjeeling-Tee bestellt, uns den Kulturteil der *NZZ* genommen und die Zeit bis zum Abendessen verstreichen lassen. Aber da waren die Kinder schon wieder verschwunden, und wir hatten uns damals gar nicht ausdenken wollen, was ein Vierjähriger und eine Zweijährige hier alles zerstören können. Nein, stimmte gar nicht, sie standen immer noch neben uns und schauten auf die Musiker. Nicht mal das »Waldhaus-Memory«, das sie geschenkt bekommen hatten, schien sie zu interessieren. »Ich glaube schon«, hatte Urs Kienbergers Neffe Patrick Dietrich später gesagt,

»dass die Atmosphäre des Hotels sich auch auf die Kinder überträgt.« Ich fuhr mit dem Aufzug nach oben so wie damals, als wir uns nicht ganz wohlfühlten, schon gar nicht, nachdem eine alte Dame unserem Sohn mit einer mahnenden Handbewegung verboten hatte, auf die Knöpfe zu drücken. Als wir in der vierten Etage aussteigen wollten, blickte uns Richard Wagner aus einem Bilderrahmen so grimmig und maßregelnd an, dass wir kurz überlegten, doch besser bei der alten Frau zu bleiben. Unser Sohn schaute Wagner an, dann zurück in den Aufzug, dann wieder auf Wagner, und fragte: »Wer ist dieser Mann?« Waren das die Stationen auf dem Weg zum Erwachsenwerden? Jedenfalls war unser erster Eindruck: Bei den meisten Gästen waren Kinder in etwa so willkommen wie Siegmund bei Wotan – der hat ihn im »Ring« eigenhändig erschlagen.

Dann, und das fühlte sich noch immer an, als wäre es gestern gewesen, hatte um 19 Uhr das Abendessen begonnen. Wir waren die einzigen Gäste mit Kindern, und man setzte uns an einen kreisrunden Tisch genau in der Mitte des Speisesaals, sodass sich alle Herrschaften an den umliegenden Tischen von den Kindern gestört fühlen konnten. Die sahen entweder wie Walter Jens, Martin Walser, Hildegard Hamm-Brücher oder Madeleine Albright aus und unterhielten sich über den vierten Teil der *Joseph*-Romane. Urs Kienberger hatte schmunzelnd gesagt: »Ja, wenn der Germanistik-Professor sein Nietzsche-Zitat im Kopf hat, dann hat er kein Verständnis für die Frau mit ihren vier Kindern.« Als junge Eltern im Grandhotel waren wir ohnehin ständig auf Eskalation gefasst. Wir sahen überall Ming-Vasen und Fabergé-Eier und fragten uns insgeheim, bis zu welcher Schadenssumme eine Haftpflichtversicherung aufkommt. Schon als wir uns an den Tisch gesetzt hatten, spekulierten wir: Welches Glas wird kaputtgehen und den Rotwein auf das weiße Hemd des Herrn am Nachbartisch spritzen? Welcher Teller wird zerspringen und scharfkantige Scherben durch den Saal schleudern? Welchem Ober wird diese Scherbe die Pupille durchbohren? Wird er laut schreiend rückwärts in den Servierwagen krachen? Und wie genau wird er dann an der Kerze Feuer fangen, um lichterloh brennend durch den Saal zu rennen, durch die Panoramascheibe zu brechen und über das Terrassengeländer in die Tiefe zu stürzen? Es war nicht ein Glas umgefallen. Die Kinder waren den ganzen Abend über in einem uns bislang nicht bekannten Ehrfurchtsmodus, sprachen leise, schauten schüchtern, fragten und bedankten sich brav. Und das, obwohl für sie alles viel zu lange dauerte und es ihnen spätestens nach dem zweiten Gang langweilig wurde, und das konnten nach dem dritten Gang auch die Stifte und Malblöcke nicht mehr ändern. Immerhin mussten sie insgesamt fünfmal auf die Toilette, und das war ein sehr langer und zeitraubender Gang.

Ich ging vom Aufzug zu meinem Zimmer, wieder an Wagner vorbei, und erinnerte mich, dass unsere Kinder dieses Haus als riesigen, aus der Zeit gefallenen Abenteuerspielplatz wahrgenommen hatten: weinrote Läuferteppiche, samtüberzogene Sessel, weiße Wandschränke mit goldenen Türknäufen. Eine Schranktüre gab den Blick auf gebleichte Leintücher frei. Auch die Kinder spürten damals, dass das alles nicht aus diesem Jahrhundert ist. Urs Kienberger sagte: »Wir wollen ein Haus sein, das nicht dem gängigen Modell entspricht. Man soll merken, dass das Hotel alt ist. Das heißt nicht, dass wir ein Museum wollen, aber der Rahmen, in dem das Hotel stattfindet, soll immer der gleiche bleiben.«

Am nächsten Tag war »Kinderpizza zum Selbermachen« auf dem Abenteuerprogramm gestanden. Treffpunkt war im Spielzimmer, das befindet sich im Keller, an den Toiletten vorbei, immerhin kannten die Kinder den Weg bereits. Und natürlich gab es hier kein Bällebad. Eine Erzieherin band den beiden Kochschürzen um und bastelte ihnen zwei Kochmützen. Dann ging es in die Großküche. Ein italienischer Mitarbeiter sah die Kinder und servierte ihnen zwei rosafarbene Karamell-Mushrooms. Dann brachte der Küchenchef persönlich auf einem Silbertablett die Zutaten: Pizzateig, Tomaten, Käse, Salami, Pilze, Schinken, Rucola, Kräuter und Pfeffer. Die Kinder rollten Pizzateig aus, und zwei Meter weiter dampfte und zischte es aus riesigen Töpfen, Mitarbeiter schnitten und stapelten, sortierten und würzten. »Ja, ihr dürft auch probieren«, sagte die Erzieherin, weil die Kinder sich nicht so ganz sicher waren, was sie hier dürfen und was nicht. Dann schoben sie ihre Pizzakreationen in den riesigen Ofen, warteten zwölf Minuten und aßen sie an einem Tisch mitten in der Großküche. Am Abend trotteten die Kinder ein letztes Mal grimmig dreinschauend am grimmig dreinschauenden Wagner vorbei. Sie hatten angefangen, Wagners Blick zu imitieren, indem sie die Stirn in Falten legten und den Mund kräuselten. Das waren keine Schritte auf dem Weg zum Erwachsenwerden, das waren Schritte auf dem Weg zum Wagnerianer-Werden. Zum Abschluss durften sie im Aufzug so oft die Knöpfe drücken, wie sie wollten. Dann checkten wir aus und beschlossen den Aufenthalt mit einem abgewandelten Adorno-Zitat: Es gibt kein richtiges Kinderprogramm im falschen. Andererseits: Wer sagt denn, dass Adorno in einem Bällebad keinen Spaß gehabt hätte?

An einem Tisch in einer holzvertäfelten Nische neben der Bar wartete ich auf Urs Kienberger und hing gedanklich noch diesem Aufenthalt vor sieben Jahren nach. Durch die Fenster beobachtete ich im Zwielicht die Windbewegungen der Arven und Rittersporne. Plötzlich erschien ein Reh zwischen den Bäumen, stand ganz ruhig da, vermutlich weil es wusste, dass ihm hier, nur drei Meter vom Hotel entfernt, nichts passiert. Für ein paar Sekunden blickte es mich an, als wollte es mir diesen Ort und seine Beständigkeit erklären: Mit jedem Tag, an dem die Welt dort draußen unruhiger wird, gewinnt das *Waldhaus* als Zufluchtsort an Wert.

Das Haus ist zwar nicht weniger exklusiv und burgähnlich als die Hotels in St. Moritz, stellt aber doch einen intellektuellen Kontrapunkt zu dessen kapitalistischer Prunkwelt dar. Und das liegt wieder mal an einem Deutschen. Und zwar nicht am

Komponisten Richard Wagner, sondern am Philosophen Friedrich Nietzsche. Der hat Sils Maria vor 140 Jahren ausgesucht, um sich in die Berge zurückzuziehen und dort zu denken und zu schreiben. So wie Wagner in St. Moritz war Nietzsche einer der ersten Touristen in Sils Maria und wohnte in einem kleinen Haus, das noch immer steht und heute Nietzsche-Haus heißt. Er machte ausgedehnte und inspirierende Spaziergänge. Der zweite Teil von *Also sprach Zarathustra* ist hier oben entstanden und in Zarathustra selbst kann man den eremitischen Nietzsche sehen: »Als Zarathustra dreißig Jahre alt war«, so beginnt das Buch, »verließ er seine Heimat und den See seiner Heimat und ging in das Gebirge. Hier genoß er seines Geistes und seiner Einsamkeit und wurde dessen zehn Jahre nicht müde.« Im Sommer 1881 kam Nietzsche zum ersten Mal, und er wählte den Ort, weil er seine Ruhe haben wollte. Wenn man liest, was der Bergsteiger und Schriftsteller Leslie Stephen schon 1871 in *The Playground of Europe* schrieb, dann kann man Nietzsche gut verstehen, dass er um St. Moritz einen großen Bogen machte und sich in Sils verschanzte. »Sankt Moritz wirkt wie eine der altmodischen Fliegenfallen, die den Schwarm der Plagegeister kaum merklich vermindern, jedoch immerhin das tröstliche Bild örtlicher Anreicherung gewähren. Und sucht man nach einem Sammelbecken für das uns allseits umfließende Cockneytum, so scheint mir gerade Sankt Moritz diesen Zweck wunderbarlich zu erfüllen. (…) Die öde Ebene mit den eintönigen Tannenwäldern an gleichförmigen

Halden gehört zu den weniger geglückten Versuchen der Gebirgsnatur, das Malerische zu schaffen. Sogar die Hochgipfel rundum zeigen einen Mangel kühner und abwechslungsreicher Gestaltung. Dieser Talabschnitt eignet sich somit prachtvoll zu einer Verbannungsinsel für Könige, Cockneys, Vornehme mit Reisemarschällen, Amerikaner, die Europa erledigen, Cookausflügler, Geschäftsreisende und vor allem auch die besondere Abart des englischen Geistlichen mit schimmernder Halsbinde, der uns in den entlegensten Dorfwirtshäusern zum Kirchendienst pressen möchte. Hier könnten sie sich dann alle miteinander gegenseitig unterhalten und ärgern.« In Sils Maria dagegen gab es 1881 gerade mal zwei Hotels: die *Alpenrose* und das *Edelweiss*. Beide gibt es noch heute. In diesen Häusern ging Nietzsche abwechselnd zu Mittag essen.

»Guten Abend.«

Ich blickte auf. Es war Urs Kienberger.

»Guten Abend.«

Er nahm Platz und erkundigte sich höflich nach meinem Wohlbefinden. Er blickte auf die Bücher, die ich mitgebracht hatte: *Also sprach Zarathustra, Der Zauberberg, Minima Moralia*.

»Ja, Nietzsche«, sagte Kienberger. »Nietzsches Verbindung mit Sils Maria hat wesentlich dazu beigetragen, dass in den Gästelisten des *Waldhauses* und überhaupt in Sils zuerst weniger die Namen aus der mondänen Welt in die Augen springen, sondern solche von Schriftstellern, Musikern und Gelehrten.« Das habe Sils schon sehr beeinflusst.

»Der einsame Philosoph – das hat die Nachwelt beeindruckt?«, fragte ich.

»Ja. Es hätte ja auch, sagen wir, Königin Victoria sein können«, antwortete Kienberger, dann wäre der Ort heute vermutlich ein anderer. Ab 1881 kam Nietzsche in den folgenden sieben Sommern wieder und wurde erst zu einem schrulligen Bestandteil des Ortes, später zu dessen Aushängeschild. Rund 600 Tage verbrachte er in Sils Maria.

»Und heute?«

»Im Nachhinein«, meinte Kienberger, »gelangte er gerade beim Kurverein zu einer Wertschätzung, wie sie im Verhältnis zwischen solchen Vereinen und Philosophen sonst wohl eher selten ist.« Wie recht er damit hat, sollte ich ein paar Monate später in Zermatt erfahren, wo den Philosophen Adorno heute kaum jemand kennt. Das *Waldhaus* wurde allerdings erst 20 Jahre nach Nietzsches letztem Besuch in Sils Maria eröffnet und trägt seither seinen Teil dazu bei, an ihn zu erinnern und die Kultur zu ehren. Alle paar Tage findet ein Konzert, eine Lesung, ein Vortrag oder eine Vorführung statt. Das Nietzsche-Kolloquium ist seit 1982 eine feste Institution. »Es gibt heute noch erstaunlich viele Menschen, die sich für Nietzsche interessieren.«

»Aber würde Nietzsche selbst heute noch kommen?«, hakte ich nach.

»Wenn das *Waldhaus* zu seinen Lebezeiten gebaut worden wäre«, gab Kienberger zu, »dann wäre er eher nicht gekommen.« Da schwingt eine gewisse Ironie mit.

Jedenfalls wirkten und wirken sich Nietzsches Besuche in Sils Maria auf die illustre Gästeliste aus, die im *Waldhaus* seit Anbeginn geführt wird. Sie reicht von Albert Einstein bis Hermann Hesse, von Katia bis Thomas Mann, von Primo Levi bis Thomas Bernhard, von Max Reinhardt bis Richard Strauss, von Annemarie Schwarzenbach bis Peter Handke, von Friedrich Dürrenmatt bis Erich Kästner, von Marc Chagall bis Antoine de Saint-Exupéry, von Joseph Beuys bis Fred Zinnemann, von Herbert Marcuse bis Theodor Adorno, von David Bowie bis Rod Stewart, von Martin Mosebach bis Elke Heidenreich, von Donna Leon bis Daniel Kehlmann. Und dazu kommen eine Menge Fürsten und Barone, Grafen und Exzellenzen, Komtessen und Prinzen, Kardinäle, Reichskanzler, Bundesräte und Ministerpräsidenten.

Katia Mann war kurz vor ihrem Davos-Besuch in Sils Maria. Luchino Visconti war schon als kleiner Junge im *Waldhaus* und sein Bild vom Leben im Grandhotel, das er später in der Verfilmung der Thomas-Mann-Novelle *Tod in Venedig* zeichnete, ist – so vermutet nicht nur Urs Kienberger – hier entstanden. Es könnte auch gut sein, dass der kleine Luchino in den 1950er-Jahren im *Waldhaus* auf den Großschriftsteller Thomas Mann getroffen ist. Die Familie Visconti hatte damals eine ganze Etage für sich und die Angestellten gemietet und blieb lange, wie es damals noch üblich war. Zwar nicht so lange wie die Patienten in Davos, aber mehr als drei Wochen waren der Durchschnitt, sechs bis acht Wochen keine Seltenheit, zehn Wochen waren überdurchschnittlich, aber nicht ungewöhnlich. Heute bleiben die meisten Gäste nur ein paar Tage, wer länger bleibt, bekommt ab der 21. Nacht 20 Prozent Rabatt. Auch der Luxus war ähnlich geartet wie der in Davos: Es gab schon zur Eröffnung im Jahr 1907 elektrisches Licht und über 1300 Lampen, Telefone, einen hydraulischen Lift und eine Zentralheizung. Nur den »dirigierenden Kurarzt« und seine Oberschwester gab es nicht. Für das Wohl der Gäste kümmerten sich hier der Concierge, der Portier, die Gouvernante und natürlich der Direktor. Und es brauchte eine Menge Mobiliar, wie das Buch *111 Jahre Hotel Waldhaus Sils* gut dokumentiert: »205 Herrschaftsbetten, 12 eiserne Kinderbettchen, 160 Personal- und Kurierbetten, Tische (566) und Stühle (1129) aller Art sowie Fauteuils (129), Sofas (24), Chaiselongues (111) und Garten- und Terrassenmöbel (218 Stück), aber auch 291 Nachttöpfe, 4 Palmenständer und die Hotelbibliothek (220 deutsche, 104 englische und 56 französische Bände). Nicht zu vergessen: ein ausgestopfter Steinadler für den Lesesalon, die heutige Bar, der Weihwasserwedel für die Kapelle, eine Hängematte, drei Klaviere, ein Flügel, zwei Schachbretter.« Für die Küche kaufte Josef Giger »eine Kartoffelschälmaschine, eine schwedische Fleischhackmaschine, eine Mandelreibmaschine und eine fürs Käsereiben sowie eine Bindenfleischmaschine, für die Patisserie eine Schälmaschine für längliche Früchte, für die Kaffeeküche eine elektrische Kaffeemühle und eine Buttermaschine, für die Anrichte eine Brotschneidemaschine, eine elektrische Messerputzmaschine, im

Keller eine Flaschenspülmaschine ›Electric‹ und eine Verkapselmaschine ›Germania‹.«

»Erika Manns Buch *Das letzte Jahr. Bericht über meinen Vater* beginnt ja mit dem Satz: ›Wir waren wieder im *Waldhaus*‹«, sagte Kienberger, und bei solchen Zitaten bekommt man eine Ahnung, was dieser atypische Hotelier alles gelesen hat und wie sehr dieses Hotel in die Literatur hineinwirkt. Das Lexikon Kienberger weiß genau, wer wann im Hotel war, wer was darüber geschrieben hat und welche Wirkung es hatte. Aber bei all den Gesprächen und Informationen schwingt auch immer die Diskretion des Hoteliers mit. »Was unsere Gäste seit je von uns erwarten«, sprach er, »ist nicht Verehrung und Archivierung, sondern gute Aufnahme. Und auch das ist beileibe keine beiläufige Aufgabe.« Mit einer Geste der Entschuldigung stand er auf, um zwei Gäste zu begrüßen, die gerade in den Raum kamen.

Als er mir wieder gegenübersaß, fuhr er fort: »Oft wissen wir aber auch gar nicht, was sich so alles in unserem Hotel abspielt.«

»Das glaube ich Ihnen nicht«, erwiderte ich.

Da grinste er nur vielsagend und sagte: »Doch.«

»Was ist zum Beispiel mit Theodor Adorno?«

Kienberger wusste natürlich auch, dass ich mit ihm auch über diesen Philosophen sprechen wollte, jener Gast, der die Liste der Aufenthalte im *Waldhaus* noch immer anführt. Theodor Wiesengrund Adorno, dieses intellektuelle Schwergewicht, geboren am 11. September 1903, der schon im Gymnasium zwei Klassen übersprungen hat und mit 17 Abitur machte, Musik und Philosophie studierte, mit 21 einen Doktortitel hat und mit 28 Professor ist. Ein »doctor subtilissimus der Kritischen Theorie« und ein »Intellektueller par excellence« wurde Adorno ehrfürchtig genannt. Dabei geht es etwas unter, dass dieser kleine Mann mit Glatzkopf und Hornbrille auch, wer hätte es gedacht, ein selbst ernannter »Bergmensch« war. Sein ganzes Leben lang hat er sich für die Berge und ihre Natur begeistert. Sein Abituraufsatz trug den Titel »Die Natur, eine Quelle der Erhebung, Belehrung und Erholung«. Später reiste er nach Berchtesgaden und Salzburg, Südtirol, Crans-Montana und immer wieder nach Sils Maria, ins *Waldhaus*.

»Stimmt es, dass er alle seine Geburtstage am 11. September in Sils Maria gefeiert und über 400 Tage hier verbracht hat?«, fragte ich.

»Ein sehr guter Punkt«, antwortete Kienberger. »Ich habe für Sie extra noch mal die Daten der Aufenthalte von Theodor und Gretel Adorno herausgesucht«, sagte er.

»Und?«

»Sie bestätigen den Verdacht, den ich vorher schon hatte: Adorno hat nach allem, was wir wissen, keinen einzigen seiner Geburtstage hier verbracht. Wo kommt die Idee wohl her?« Und dann legte er eine Liste auf den Tisch:

»1955: 3. bis 28.8.
1956: 2.8. bis 2.9.
1957: 8.8. bis 1.9.
1958: 2.8. bis 2.9.
1959: 2.8. bis 2.9.

1960: 31.7. bis 3.9.
1961: 30.7. bis 31.8.
1962: 29.7. bis 2.9.
1963: 28.7. bis 1.9.
1964: 31.7. bis ? (wohl ebenfalls 1. oder 2.9.)
1965: 31.7. bis 5.9.
1966: 17.7. bis 22.8. oder länger
(aber ev. ab 26.7. nur 1 Person/nur er??)«

»Und wie viele Nächte war er hier?«

Kienberger schüttelte den Kopf: »Ich habe jahrzehntelang gesagt, Theodor Adorno habe 420 Nächte hier verbracht. Wenn ich diese Daten betrachte, habe ich mich zu meinem Kummer offenbar geirrt oder verzählt. Anscheinend sind's bloß 380 oder 390.«

Ich schaute ihn an, er lächelte wieder verschmitzt und sagte trocken: »Schade: Wir hätten gerne weiterhin gesagt, er sei hier Stammgast gewesen.«

»Ja, da ist er mit 390 natürlich weit davon entfernt«, bestätigte ich und bemühte mich nicht zu lachen.

»Wollen Sie sein Stammzimmer sehen?«

»Ja«, sagte ich überrascht und wie eine Frage, weil ich gar nicht davon ausgegangen war, dass es das noch gibt.

»Sie hatten immer die 192 und die 193, beide mit Blick auf den See«, erzählte der Hotelier und ging voran, über die teppichbedeckten Stufen des Treppenhauses in den ersten Stock.

»Wer hat hier wen getroffen?«, fragte ich. »Hat zum Beispiel Adorno Thomas Mann oder Einstein getroffen?«

»Einstein und Thomas Mann könnte Adorno hier nur getroffen haben, wenn er auch vor dem Sommer 1955 und vor seinen *Waldhaus*-Aufenthalten nach Sils gekommen wäre. Davon ist mir aber nie etwas zu Ohren gekommen, und prominente Besucher vergangener Zeiten sind im kulturbewussten Sils sonst recht gut erforscht und dokumentiert. Einstein war 1927 hier im Haus, und Thomas Manns letzter Besuch datiert von 1954.«

»Da haben sie sich knapp verpasst, aber wussten Sie, dass Adorno einige Briefe an Thomas Mann im *Waldhaus* verfasst hat?« Natürlich wusste Kienberger das, genau wie die Sache mit Alexander Kluge. In der *Waldhaus*-Chronik ist nachzulesen, wie Kluge 1956 zum ersten Mal ins *Waldhaus* kam. »Ich hatte (als junger Jurist) Dokumente aus Frankfurt für Theodor W. Adorno und seine Frau Gretel zu überbringen.« So machte man das damals: Der Herr Professor ließ den jungen Herrn Kluge in Sils Maria antanzen.

»Und was ist mit Herbert Marcuse?«, wollte ich wissen. »Immerhin gehörte der Philosoph zur Frankfurter Schule.«

»Marcuse – das könnte gut sein, weil Adorno selber davon schreibt. Auch der Historiker Fritz Stern hat mir erzählt, dass er mit Marcuse zu meinem Großvater gekommen sei, um sich für die Erhaltung des Silser Nietzsche-Hauses einzusetzen. In unseren eigenen Gästebüchern erscheint allerdings nur Ludwig Marcuse und nicht Herbert.«

Ich kam mir vor wie in einem Haupt-Seminar.

»Ein *Waldhaus*-Stammgast jener Jahre war auch Hermann Hesse«, setzte Kienberger fort, »aber ob er und Adorno sich viel zu sagen hatten, weiß ich nicht. Hesses Frau war übrigens eine so schlechte Autofahrerin, dass Hermann nicht mit ihr, sondern stets mit dem Zug nach Sils Maria fuhr«, berichtete er und ließ die Diskretion nun etwas schleifen: »Mein Großvater ist einmal mit ihr mitgefahren, und dann krachten sie in die Tunnelwand.«

Wir bogen auf den roten Läufern ein paarmal ab und standen dann vor Zimmer 192. 192 – 193 – wieder versuchte ich eine zauberberghafte Symbolik in den Zahlen zu erkennen, kam aber auf kein verwertbares Ergebnis.

»Früher war dieses Zimmer mit der 193 verbunden«, erklärte Kienberger.

Ich ging ein Stück weiter, die 193 war nur drei Meter entfernt. Und dazwischen hing Friedrich Nietzsche an der Wand, als würde er hier streng über Adornos Erbe wachen. Kienberger drehte den Schlüssel im Schloss und sprach:

»Wenn ein Hund bellt, dann gehen wir nicht hinein.« Das Zimmer bestand aus einem Doppelbett, zwei Sesseln und einem Tisch. Die Tapeten und Vorhänge waren in einem Lindgrün gehalten, eine Türe zum Balkon eröffnete den Blick auf einen stattlichen Gipfel.

»Das ist der Piz de la Margna, der Hausberg von Sils«, sagte Kienberger. Unter uns blickten wir auf den Spa und die Tennisplätze, in der Ferne schimmerte der See. Im *Waldhaus* bekommt man wenig vom St. Moritzer Trubel mit, der die Gegend vor allem im Winter erfasst. Wenn man, wie wir jetzt, nach Süden blickt, dann sieht man keinen einzigen Lift, und so verwundert es auch nicht, dass sie sich in Sils Maria dem ganzen Zirkus lange verweigert haben.

»Erst meine Großeltern haben den Winter eingeführt, mit Eisstockschießen, Schlittenfahren und geführten Touren durch den Schnee.« Das war 1924, im Jahr der ersten Olympischen Winterspiele in Chamonix, und ganze 60 Jahre nachdem sie im benachbarten St. Moritz angeblich den Wintertourismus erfunden hatten.

»Das ist heute anders«, sagte ich.

»Ja, heute braucht man die Bahn.« Die Furtschellas-Bahn am Ortsrand von Sils ermöglicht mittlerweile auch *Waldhaus*-Gästen einen einfachen Einstieg ins riesige Skigebiet.

»Geht das zusammen, die intellektuelle Kundschaft und Wintersport?«, fragte ich.

Da blickte mich Urs Kienberger an und sagte einen schönen Satz: »Man kann ja durchaus Ski fahren und Bücher lesen.« Und fügte dann noch hinzu: »Hesse ist ja auch Ski gefahren. Nietzsche allerdings nicht.«

Wir standen auf dem Balkon, schwiegen eine Weile und sahen in die Berge, die zwar über 3000 Meter hoch sind, aber das Tal trotzdem sanft und nicht abweisend wirken lassen. »Die Offenheit der Landschaft, das beeindruckt hier viele«, meinte Kienberger.

»Die Adornos auch?«

»Ich habe kein Bild von ihnen. Aber mein Vater hat erzählt: Eigentlich hattest du immer den Eindruck, sie wären nicht zufrieden.« Pause. »Aber sie kamen immer wieder.«

Am nächsten Morgen verzogen sich nach dem Frühstück die dunklen Wolken aus dem Oberengadin, und ich ging los, auf irgendwelchen Pfaden, die hier alle mit Philosophie, Literatur und Pathos aufgeladen waren und dabei doch einfach nur Pfade sind. Ich ging vom Hotel nach unten, bog nach links ab und dann über die weite Wiese Richtung Silsersee und zur Halbinsel Chastè, die wie ein Beil in den See ragt. Richard Wagner, Friedrich Nietzsche, Hermann Hesse, Thomas Mann, Theodor W. Adorno – was hat diese Herren hier so fasziniert? Die Realität gab eine unerwartete Antwort. Auf einem Mülleimer mit einem Hundebeutel-Kasten stand der enigmatische Satz: »Quists sachin velan ün cackin!« Darunter übersetzt: »Dieser Sack ist einen Scheißdreck wert!« Ich spazierte weiter über den ebenen Pfad. Es war fantastisch: Die Berge, die Lärchen, das Wasser, die Luft, graue Wolken sprenkelten den blauen Himmel, Zitronenfalter flatterten, der Wind rauschte durch die Wipfel, der See plätscherte in den kleinen Buchten. Für einen Moment waren die ganzen Bücher und ihre intellektuellen Autoren ganz weit weg. Doch dann kamen sie am südlichen Ende der Halbinsel mit aller Wucht wieder. Auf einer großen Gedenktafel, die in einen noch größeren Felsen geschlagen war, las ich:

»O Mensch! Gib acht!
Was spricht die tiefe Mitternacht?

Ich schlief, ich schlief –,
Aus tiefem Traum bin ich erwacht: –
Die Welt ist tief,
Und tiefer als der Tag gedacht.
Tief ist ihr Weh –,
Lust – tiefer noch als Herzeleid:
Weh spricht: Vergeh!
Doch alle Lust will Ewigkeit –,
– will tiefe, tiefe Ewigkeit!«

Von wegen, das ist einfach nur ein Pfad. Unbefangen lässt es sich hier nicht wandern, wenn man schon nach 20 Minuten mit Nietzsches »Nachtwandler-Lied« aus *Also sprach Zarathustra* konfrontiert wird. So ein Unsinn, dachte ich mir, diese Schwermut, diese Wucht, das Deutsche, das passt doch gar nicht zur Landschaft. Und ich fragte mich: Was müssen eigentlich die Schweizer über uns Deutsche denken? Die Tafel soll daran erinnern, dass dies einer von Nietzsches Lieblingsplätzen war, was leicht nachzuvollziehen ist. Hier hatte er seine Ruhe, war mitten in der Natur und doch nicht weit weg von Sils, war »6000 Fuß über Bayreuth«, über Richard Wagner und der ganzen sogenannten Zivilisation. Wagner und Nietzsche – ihr Verhältnis war nach anfänglicher Freundschaft und gegenseitiger Bewunderung stark zerrüttet, als Nietzsche nach Sils kam. Wagner war 31 Jahre älter als Nietzsche, Wagners Frau Cosima allerdings in Nietzsches Alter. Er verehrte sie, was, wie man sich denken kann, das Verhältnis zwischen den beiden Männern nicht gerade entspannt hat. »Nietzsche contra Wagner« heißt die Schrift, in der Nietzsche das thematisiert hat. Der Konflikt passt auch heute noch ganz gut zu den beiden Orten: St. Moritz, der laute Paukenschlagort des Komponisten, contra Sils Maria, das stille Denkerdorf des Philosophen.

Ich konnte bis an die Südspitze des Sees sehen, nach Maloja, wo 1884, als Nietzsche hier saß, das Grandhotel *Maloja* eröffnet hatte, »einen Prachtbau in wunderschöner Lage (doch sehr bewegter Atmosphäre), eine der großartigsten Anlagen dieser Art, mit dem erdenklichsten Komfort ausgestattet; 325 Betten«, las ich in *Meyers Reiseführer* von 1902. Davon hatte mir auch Dora Lardelli berichtet: »Nietzsche war im Grandhotel *Maloja* auf einem Ball mit russischen Damen, die sich verkleidet hatten«, hatte sie gesagt. »Und nachdem er mit Meta von Salis viel unterwegs war, habe ich mal nachgeforscht, ob ich irgendetwas finde, ob Nietzsche eine Affäre mit ihr hatte.« Und? Sie lachte: »Ich habe nichts gefunden.« Und auch Kienberger hatte erzählt: »Nietzsche führte zwar ein Einsiedler-Dasein. Aber dann kamen Damen auf Besuch und niemand wusste davon. Und das Grandhotel *Maloja* hat er sich schon auch angesehen.« Ich hatte Nietzsches *Also sprach Zarathustra* dabei, dessen Untertitel lautet: »Ein Buch für alle und keinen«, und schlug es auf. »Hier genoß er seines Geistes und seiner Einsamkeit und wurde dessen zehn Jahre nicht müde«, las ich und versank in den ersten 30 Seiten. Die sind von einem biblischen Ton, einer hymnischen Prosa und von einer betörenden Gedankendichte geprägt, von Irrsinn, Untergang und der

Übermensch-Theorie. Nicht weit von hier steht am Ufer des Silvaplanersees der »Zarathustra-Stein«, eine Matterhorn-Miniatur, an die das Wasser plätschert. Dort soll Nietzsche die Idee der ewigen Wiederkunft eingefallen sein, die Grundkonzeption für den Zarathustra. Sein Gedicht von 1887 verdeutlicht das:

»Hier saß ich, wartend, wartend, – doch auf Nichts,
Jenseits von Gut und Böse, bald des Lichts
Genießend, bald des Schattens, ganz nur Spiel,
Ganz See, ganz Mittag, ganz Zeit ohne Ziel.
Da, plötzlich, Freundin! wurde Eins zu Zwei –
– Und Zarathustra ging an mir vorbei …«

Da erschien er ihm also und übermittelte seine Botschaft. Reduziert lautet sie: Alles wiederholt sich unendlich oft. Wiederholt sich unendlich oft. Wiederholt sich unendlich oft – »ohne ein Finale im Nichts«. Und das ist, wer hätte es gedacht, die Grundlage für die höchste Lebensbejahung. Die Offenheit der Gedanken, die Unendlichkeit, die Lebensbejahung – das hatte alles mit dieser heroischen Landschaft zu tun, dachte ich mir und blickte nach Süden, wo der Malojapass das Tal öffnet und den Weg nach Italien freigibt. Und nach oben, wo in den Nord- und Westhängen der Berge noch der Schnee des vergangenen Winters kauerte. Die kühle Luft schien auch meinen Gedanken eine ungewöhnliche Klarheit zu verleihen. Oder bildete ich mir das ein?

Jedenfalls dachte ich mir, dass man Nietzsche eine fröhlichere Gedenktafel spendieren sollte, und ging dann wieder zurück Richtung Sils Maria. Das *Waldhaus* erhob sich rechts über mir wie ein Militärstützpunkt. Der Wind trug das jaulende Geräusch der Motorräder zu mir herüber, die auf der Maloja-Passstraße hochdrehten. Es hätte dem alten Nietzsche den buschigen Bart erzittern lassen. Ich ging am Hotel *Alpenrose* vorbei und stand dann vor dem Haus Zuan, in dem früher einmal Christian Zuan, ein Freund des *Waldhaus*-Gründers Josef Giger, einen Kolonialwarenladen betrieb. Dieses Haus schließt die Lücke zwischen Nietzsche und Adorno. Der schreibt in »Aus Sils Maria«: »(…) ich erfuhr vor einigen Jahren, der Seniorchef der opulenten Kolonialwarenhandlung des Ortes, Herr Zuan, habe als Kind Nietzsche noch gekannt. Wir gingen, Herbert Marcuse und ich, hin, und wurden liebenswürdig in einer Art Privatkontor empfangen. Tatsächlich konnte Herr Zuan sich erinnern. Des Näheren befragt, erzählte er, Nietzsche hätte, bei Regen wie bei gutem Wetter, einen roten Sonnenschirm getragen – anzunehmen, daß er davon Schutz gegen die Kopfschmerzen sich erhoffte. Eine Bande von Kindern, zu der auch Herr Zuan gehörte, hatte sich ein Vergnügen daraus gemacht, ihm in den zusammengefalteten Schirm Steinchen zu praktizieren, die ihm, sobald er den Schirm öffnete, auf den Kopf fielen. Drohend wäre er dann mit gehobenem Schirm hinter ihnen hergelaufen, hätte sie aber nicht erwischt.« Herrlich, die Vorstellung, wie Nietzsche erzürnt durch den Ort lief, aber auch die Vorstellung, wie dieser alte Engadiner Kolonialwarenhändler Adorno und Marcuse die Geschichte erzählt hat.

Am Eingang zum Fextal, einem markanten Felseinschnitt, der das *Waldhaus* vom Ort trennt, standen drei Kutscher gelangweilt vor ihren Gefährten und den stoischen Pferden und warteten auf Touristen. Es begann zu nieseln, sie tippten in ihre Handys und als ich näher kam, blickten sie kurz auf, sagten etwas auf Portugiesisch zueinander und tippten weiter. Ich sprach sie an, und da erzählten sie mir auf Englisch, dass alle Kutscher hier Portugiesen seien und die Fahrt ins Fextal und zurück 200 Franken kostet. Nicht etwa 20, nein, 200 Franken! Ach, die Schweiz. Kurz darauf stand ich vor dem Nietzsche-Haus, über ein halbes Jahrhundert nach Adornos Tod, und so ähnlich wie er und Marcuse damals hier standen und auf Nietzsches Spuren wandelten, versuche ich nun etwas über den Denker Theodor Adorno herauszufinden. Hatten vielleicht auch ihm irgendwelche Lausbuben Streiche gespielt? Neben dem Hotel *Edelweiss* duckte sich das Häuschen mit den grünen Fensterläden unter die hochgewachsenen Arven. »In diesem Haus wohnte Friedrich Nietzsche während schaffensreicher Sommermonate 1881–1888«, stand auf einer Tafel über der Türe mit der Hausnummer 67. Gerade wenn man im *Waldhaus* wohnt, dann ist die Schlichtheit dieses Hauses und seines Interieurs ein starker Kontrast. Auch Nietzsches Zimmer im ersten Stock könnte kaum einfacher sein. Bett, Tisch, Stuhl, Fenster – das war's. »Stockwerksdusche und Gemeinschaftsküche«, sagte der Mann vom Museum. »Da muss ich immer aufpassen. Einmal habe ich Stockwerksküche und Gemeinschaftsdusche gesagt, und dann wollten es alle gleich buchen.« Wegen seiner empfindlichen Augen und seiner Kopfschmerzen ließ Nietzsche die Stube grün tapezieren. Ein kleiner Ausschnitt in der Holzvertäfelung zeigt noch heute ein Stück davon, ein Grünton wie in Adornos Zimmer, wenngleich etwas dunkler. Bezahlt hat er einen Franken pro Nacht. »Es kann gar nicht still und einsam und hoch genug um mich sein«, schrieb er. Doch das bezog sich nicht auf seine Wanderungen. Er blieb Spaziergänger, ging vielleicht mal auf eine Alm oder ins Fextal, höher auf keinen Fall. Es beruhigte seine Nerven. Und doch verschlechterte sich sein Geisteszustand Jahr für Jahr, die »lärmenden Gespenster« in seinem Kopf nahmen überhand. Zwischen seinem letzten Sommer in Sils Maria und seinem psychischen Zusammenbruch in Turin lag nur ein Jahr. Er begann die sogenannten Wahnbriefe zu schreiben, Zettel mit aberwitzigen Botschaften, die er an verschiedene Persönlichkeiten verschickt und mit »Der Gekreuzigte«, »Julius Caesar«, »Der Antichrist«, »Dionysos« unterzeichnete. Die letzten zehn Jahre seines Lebens verbrachte er in geistiger Umnachtung, seine Mutter pflegte ihn. Am 25. August 1900 starb er infolge eines Schlaganfalls im Alter von nur 55 Jahren. Über ein halbes Jahrhundert später wurde das Nietzsche-Haus ein Pilgerort, und all die illustren Gäste, die seit über 100 Jahren ins *Waldhaus* kommen, waren auch hier. Alles wiederholt sich unendlich oft – »ohne ein Finale im Nichts«.

Mir rauchte der Kopf, als ich am Abend im *Waldhaus* an der Bar saß. Ich war den ganzen Tag unterwegs gewesen und jeder zurückgelegte Meter war mit irgendwelchen Referenzen aufgeladen, jeder Pfad verbarg eine These, jeder Felsen eine Theorie, jeder Gipfel eine Metapher und jedes Haus eine Geschichte. Neben mir saß eine Würde ausstrahlende ältere Dame in einem Wollmantel, die mir schon am Vorabend aufgefallen war. Durch eine randlose Brille las sie in Partituren, eine nicht gerade alltägliche Beschäftigung, die mir im *Waldhaus* aber völlig normal vorkam. Sie bemerkte, dass ich sie ansah, blickte auf und sagte: »Gustav Mahler, ein Projekt, an dem ich gerade arbeite. Ich bin Musikwissenschaftlerin.«

»Ach ja?«, sagte ich und war mir nicht ganz sicher, ob in meinem Kopf heute auch noch Platz für Mahler war.

»Es ist interessant«, sagte sie, »wie er in seiner Dritten Sinfonie im vierten Satz Nietzsches ›Nachtwandlerlied‹ vertont hat.«

»›Alle Lust will Ewigkeit‹?«, fragte ich.

»Ja«, antwortete sie und führte präzise ihre Zweifel aus, »die Terz wechselt schnell zurück nach Moll, das lässt mich am Ende ratlos zurück.«

Ich konnte das nicht mal im Ansatz nachvollziehen. »Darf ich Sie etwas fragen?«, hörte ich mich da sagen. Denn mir kam plötzlich eine Nachricht in den Sinn, die ich neben den ganzen Büchern im Gepäck hatte. Es war eine Nachricht, die mir kryptisch verschlüsselt vorkam wie eine Schatzkarte. Ein Schweizer, den ich einmal auf der Rigi oberhalb des Vierwaldstättersees kennengelernt hatte, hatte sie mir vor einiger Zeit geschickt. Ich glaube, er war Mediziner, so genau weiß ich das nicht mehr. Im Gespräch waren wir damals irgendwie auf Theodor Adorno gekommen. Es ging um seinen Tod in Zermatt und den Umstand, dass er, herzkrank wie er war, gegen den Rat seines Arztes auf die hohen Berge stieg. Ein paar Wochen nach unserem Gespräch hatte er mir die Nachricht geschickt.

»Aber gerne«, sagte die Dame.

»Ich habe vor einiger Zeit eine Nachricht bekommen, die ich nicht zu interpretieren vermag«, sagte ich, völlig übertrieben gelehrt. »Es geht um Beethoven und Adorno und das Matterhorn. Dürfte ich sie Ihnen vorlesen?«

»Oh ja«, sagte sie nun sichtlich interessiert, und ich scrollte eine Weile durch mein Handy. Dann hatte ich sie gefunden und trug meiner Zuhörerin die Nachricht vor:

»Dass sich Adorno mit dem Gang aufs Rothorn ja auch etwas herausforderte«, ich holte Luft, »passt ja irgendwie – habe ich mir nachträglich gesagt – auch ein wenig zu seiner Philosophie der neuen Musik. So wie der Septakkord in Beethovens 111er-Sonate seine Valenzen ja aus einem ungewohnten Kontext bezieht, aus einer Herausforderung für damalige Hörgewohnheiten, so vielleicht das Matterhorn, das er als Naturschönes liebte und als Postkartensujet infrage stellte, vom Rothorn aus.«

»Zeigen Sie mal her«, sagte die Musikwissenschaftlerin.

Ich reichte ihr mein Telefon. »Ich habe diese Nachricht immer und immer wieder gelesen. Aber ich verstehe sie nicht. Der Septakkord in Beethovens 111er-Sonate? Seine Valenzen? Das Matterhorn und das Rothorn? Ich glaube, irgendeine versteckte Nachricht ist in diesem Text. Aber welche?«

Die Dame blickte eine ganze Weile auf das Display und ihre Pupillen wanderten hin und her. »Ja, was ist denn das für ein Schlaumeier?«, sagte sie dann. »Ich verstehe das auch nicht.«

»Das beruhigt mich ja.«

»Dominantseptakkorde kommen wahrlich diverse vor in op. 111, das ist sozusagen musikalischer Alltag«, fuhr sie fort. »Ich habe nicht auf dem Radar, dass Adorno sich über einen ganz besonderen D/7 besonders aufgeregt hätte, und auch der Matterhorn-Vergleich ist mir nicht bekannt. Ich könnte mir aber vorstellen, dass der Herr sich auf die berühmte, von Adorno geghostwritete Analyse bezieht, die der Komponist Adrian Leverkühn beziehungsweise sein Lehrer Wendell Kretzschmar im Roman *Doktor Faustus* von Thomas Mann anstellt. Da geht es seitenweise um op. 111 und um den Mythos vom ›Ende der Sonate‹. Diese vermaledeite Romanstelle wird in jedem zweiten Aufsatz über Beethovens Spätwerk zitiert und in allen Programmheften, wenn jemand op. 111 spielt.«

Ich war platt. Es war die präziseste musikwissenschaftliche Analyse, die ich jemals an einem Bartresen zu hören bekommen hatte. Beethoven, Thomas Mann, Adorno. Wieder mal verbanden sich Linien miteinander, von denen ich gar nicht wusste, dass sie existieren. War die Antwort auf die Frage, die ich Davos gestellt hatte, vielleicht gar nicht in Davos, sondern vielmehr hier im *Waldhaus* zu finden? Vielleicht, dachte ich mir, befindet sich der wahre Zauberberg auf dem Larethügel, in Sils Maria.

Es war spät geworden, und ich ging in mein Zimmer. Auf dem Schreibtisch standen die Bücher, die ich dabeihatte: *Doktor Faustus* und *Der Zauberberg, Zarathustra* und die *Ästhetische Theorie*. Ich nahm die *Minima Moralia* und versuchte, müde wie ich war, noch darin zu lesen. »Fakten sind in der Gesellschaft darum nicht das letzte, daran Erkenntnis ihren Haftpunkt fände, weil sie selber vermittelt sind durch die Gesellschaft.« Ich verstand natürlich nichts mehr, war mir aber nicht sicher, ob das an meiner Müdigkeit lag. Schon seit einiger Zeit befand ich mich in einem Paradoxon, das Adorno sicher gefallen hätte: Je intensiver ich mich mit ihm beschäftigte, desto weniger hatte ich das Gefühl, ihn zu verstehen. Ich konnte seine kurzen und grammatikalisch einfachen deutschen Sätze drei- oder viermal lesen, ohne sie zu verstehen. So ging es mir auch jetzt. Ich machte eine kurze Lesepause, dachte über den Satz nach und glaubte, Adornos Gedanken erfasst zu haben. »Fakten sind in der Gesellschaft darum nicht das letzte, daran Erkenntnis ihren Haftpunkt fände, weil sie selber vermittelt sind durch die Gesellschaft.« Doch schon im nächsten Moment schlich sich Zweifel ein, man könnte das auch so sehen, oder so, oder ganz anders. Und überhaupt. Und dann sah ich mir selbst dabei zu, wie mein Denken das zuvor scheinbar Erfasste in sein Gegenteil wendete – und schließlich wie

Sand zerrieselte. Was genau – ich las diesen Satz noch mal, wurde dabei müder und müder – was genau, die Augen fielen mir zu, also, wo war ich noch mal?

Plötzlich stand Urs Kienberger neben mir, ich wusste gar nicht, wie er ins Zimmer gekommen war. Er sah anders aus, aus seinen Augenbrauen waren nun zwei buschige Nietzsche-Bärte geworden.

»Kommen Sie«, sagte er, »ich möchte Ihnen noch etwas zeigen.«

Ich folgte ihm hinaus, den blassblauen Gang hinunter, vorbei an schweren, nachtschwarzen Brokatvorhängen, nach rechts, über eine dunkelrot glimmende Treppe, die mir zuvor nie aufgefallen war, ein Stück nach oben in ein Zwischengeschoss, ein Mezzanin. Durch eine goldene Türe traten wir in einen Raum mit großen Kristall-Kronleuchtern, die aus kleinen Kristall-Kronleuchtern zu bestehen schienen. Alles strahlte in güldenem Glast.

»Weistu was so schweig«, sprach da plötzlich eine Stimme zu mir.

Ich drehte mich um, und da stand ein kleiner Mann mit Glatze und Hornbrille, im lindgrünen Anzug und in lindgrünen Pantoffeln. »Das Halbverstandene und Halberfahrene ist nicht die Vorstufe der Bildung, sondern ihr Todfeind«, dozierte er, und ein hohles Lachen verhallte im Saal.

»Schönen Dank auch, lieber Professor.« Er hatte mich ertappt, dass ich nichts verstanden hatte und dann auch noch eingeschlafen war. »Ich werfe Ihr vermaledeites Buch jetzt aus dem Fenster«, sagte ich trotzig. Tatsächlich hatte ich die *Minima Moralia* noch in der Hand und sah, wie es in Zeitlupe meine Hand verließ und in einer elliptischen Bahn durchs Fenster flog, unten auf dem Wiesengrund landete und von einem Reh angeknabbert wurde.

Adorno lachte abgehackt. »Potz Strahl!«, rief er und notierte etwas auf einem kleinen Zettel, den er mir reichte.

Ich las: »Engagement ist vielfach nichts als Mangel an Talent oder an Anspannung, Nachlassen der Kraft. Gezeichnet: Der Antichrist.«

»Wie zum Teufel soll es nun weitergehen, verehrter Teddie?«, fragte ich ihn.

»Weistu was so schweig«, zischte er. »Wir deuten auf den Übergang zur Zivilisation in den Analphabetismus und verlernen es selber, Briefe zu schreiben oder einen Text von Jean Paul zu lesen«, polterte es durch die Nacht. Dichter Nebel zog durch die Jugendstilfenster und ein paar Blitze zuckten durch den Saal.

»Ja, ja, Sie Schlaumeier«, hörte ich mich da sagen. Hatte ich gerade wirklich »Schlaumeier« gesagt? Ich versuchte mich zu erinnern. Wann hatte ich zum letzten Mal etwas von Jean Paul gelesen? Habe ich überhaupt je etwas von Jean Paul gelesen? Was hat der noch mal geschrieben? Was? Wann? Warum? Ein Blitz schlug in den Vorhang ein, und der begann zu brennen.

Da trat aus dem Feuernebel Jean Paul, ein blasser und abgemagerter Mann mit entzündeten Augen, und sagte: »*Des Luftschiffers Giannozzo Seebuch*.« Tatsächlich! Das Buch hatte ich vor vielen Jahren gelesen. Die tollkühne Geschichte eines Mannes, der in einer Montgolfiere von Deutschland bis in die Schweizer Alpen fliegt. Am Fenster tauchte einer der Kellner aus dem Speisesaal auf, eine große Glasscherbe steckte in seiner Pupille. Ich wollte ihn vor dem Feuer warnen, aber ich brachte kein Wort heraus, da brannte seine Livree auch schon lichterloh und er flog rückwärts stolpernd durchs Fenster.

»Trefft ihr einen Schwarzkopf in grünem Mantel einmal auf der Erde«, zitierte Jean Paul sich selbst, »und zwar so, dass er den Hals gebrochen: so tragt ihn in eure Kirchenbücher unter dem Namen Giannozzo ein.«

»Ist schon gut. Ich bin auch in der Schweiz gestorben«, konstatierte Adorno.

»Wunderbarer Tag!«, fuhr Jean Paul fort. »Hell ziehen schon die schimmernden Schweizergebirge mit ihren Tiefen und Zinnen vor mir heran und schütten den Rhein weg, aber hinter mir wachsen eilig die Gewitterwolken in den Himmel herauf und schweigen grimmig.«

»Geliebt wirst Du einzig, wo Du schwach Dich zeigen darfst, ohne Stärke zu provozieren«, erwiderte Adorno, und ich verstand gar nichts mehr.

Unbeirrt machte Jean Paul weiter: »Ich glaube, ich soll heute sterben, das große Gewitter wird mich fassen. So sterb' ich gern, Verhüllter über mir; vor dem Angesicht der Berge und der Sonne und des gewölbten Blaues weicht gern mein Geist aus der einklemmenden Hütte und fliegt in den weiten, freien Tempel.«

Wo war eigentlich Urs Kienberger? Der glatzköpfige Lindwurm in Gestalt von Adorno blickte nach oben, und während ich seinem Blick folgte, flogen aus dem merkwürdigen Nebel zwei Männer mit rosafarbenen Flügeln heraus. Es waren Ludwig van Beethoven und Friedrich Hebbel. Sie landeten behände neben Nietzsche und Wagner, und gemeinsam wirkten sie wie eine exzentrische Boygroup. Es sah nachgerade wahnwitzig aus, und ich fragte mich, ob man mir das glauben wird, wenn ich es dereinst in ein Buch schreibe. Hebbel klopfte Wagner auf die Schulter, dass es staubte, und schmetterte:

»So weit im Leben, ist zu nah am Tod!«

Wagner sah Adorno an und sagte zu Jean Paul: »Ich hasse dieses Lindgrün.« Adorno, als würde ihn das nicht betreffen, schenkte sich aus einer granitfarbenen Teekanne in Matterhornform Darjeeling ein.

Mit einem kindischen »Däädädädähhdäää! Däädädädähhdääääähhh!« ahmte Nietzsche Wagners »Walküre« nach und rannte wie beim Ritterturnier mit seinem Regenschirm auf ihn zu. Er brüllte: »Und ich hasse Sie!« Wagner jedoch wich geschickt aus, Nietzsche kam zu Fall, und dann spannte sich sein Schirm auf und es fielen lauter kleine Zarathustra-Steine auf seinen Kopf.

Im Hintergrund beugte sich Jean Paul neben dem brennenden Vorhang aus dem Fenster und verlangte beim auf dem Reh davonreitenden livrierten Kellner nach »Arbusen aus Astrachan«. Beethovens Flügel hatten Feuer gefangen und er frug verwirrt: »Weistu was so schweig?«

Es war der schiere Wahnsinn. Ich sagte: »Wer mich lieb hat, holt mich weg.« Ich drehte mich um, aber da war keine goldene Türe mehr, sondern eine Felswand. Ich sah nach oben, es war das Matterhorn. Adorno stand auf dem Gipfel, Wagner neben mir und flüsterte: »Welch erhabener Eindruck der Heiligkeit der Öde.« Es begann zu schneien, ein weiß wirbelndes Nichts, worein ich blickte, und der Schnee legte sich auf Nietzsches albernen Zarathustra-Schirm. Friedrich Hebbel, oder war es Friedrich Hölderlin, sagte voller Pathos und mit Aplomb:

»Wer das Tiefste gedacht, liebt das Lebendigste.«

Nietzsche sah ihn erstaunt an, sagte: »Und wenn du lange in einen Abgrund blickst, blickt der Abgrund auch in dich hinein.« Dann formte er mit den Händen einen Schneeball und schleuderte ihn Wagner ins Gesicht. Triumphierend sprach er: »Ich werde dereinst mit Freuden auf meine Vergangenheit zurückblicken.«

»Ich darf doch bitten, meine Herren«, rief eine Frauenstimme langmütig zur Ordnung. Es war die der Musikwissenschaftlerin an der Bar, aber offenbar war sie gefangen im Körper von Thomas Mann. Wo war der denn plötzlich hergekommen? Er ritt majestätisch auf dem Reh, hatte die angeknabberte *Minima Moralia* in der Hand und gab sie mir. Dann sagte er mit der Frauenstimme der Musikwissenschaftlerin: »Aufgepasst, ihr Schlaumeier: op. 111, mit einem ganz besonderen D/7 und einer schnellen wechselnden Terz zurück nach Moll, bis zum Ende der Sonate.«

Und dann, ich konnte es kaum glauben, dirigierte er den Wahnsinn, und aus dieser Hysterie und diesem ganzen kakofonischen Durcheinander schälte sich ganz langsam eine zarte Oboen-Melodie heraus, von irgendwoher setzten Streicher ein, eine Pauke und ein Horn, und dann begannen sie alle gemeinsam, wie Fußballer bei der Nationalhymne, im Chor zu singen: »Alle Lust will Ewigkeit!« Der Nebel wogte. Es schneite in dicken Flocken. Die Vorhänge brannten lodernd. Gespenstische Schatten der Erscheinungswelt. Ewig hallende Wiederkunft. Wiederkunft. Wiederkunft.

Ich wachte auf und schreckte hoch. Es war taghell, die *Minima Moralia* lag neben mir auf dem Bett und ich fühlte mich gerädert. Was war das denn? Ich öffnete das Fenster und atmete tief durch. Erst dann sah ich sie, die Maloja-Schlange, jenes meteorologische Phänomen, das ein weißes Wolkenband wie eine Schlange durchs Oberengadin gleiten lässt, von Süden nach Norden. Ich rieb mir die Augen. War das noch immer die irre Traumwelt? Ich schaute mich um, blickte auf die Vorhänge, sagte laut: »Herr Kienberger?« Nichts. Keiner war da und die Vorhänge brannten auch nicht. Ich schüttelte den Kopf und lachte. Ich musste raus hier, raus in die Natur und auf die Berge. Also ging ich frühstücken, packte dann einen Rucksack mit dem Allernötigsten. Außerdem packte ich ein weißes Büchlein mit ein, der Briefwechsel zwischen Thomas Mann und Adorno, die letzte große intellektuelle Verbindungslinie, die mich noch tiefer in die Schweizer Berge führen sollte, und ging los, raus aus dem Hotel und runter zum Eingang des Fextals. Die portugiesischen Kutscher waren weg. Ein Pfad führte am Fluss entlang in die Schlucht, die fast immer als »wildromantisch« bezeichnet wird, und nach kurzer Zeit steil nach oben. Rechts über mir hing die *Villa Laret*, in der Anne Frank mit ihrer Familie in den Sommern 1935 und 1936 Ferien machte. Das Gebäude lehnte sich so kühn über den Rand der Schlucht, dass mir der Begriff »Grand-Hotel Abgrund« in den Sinn kam. So hatte Georg Lukács die Frankfurter Schule einmal bezeichnet. Am Abgrund stand Anne Frank sechs Jahre später, als sie sich drei Monate lang in einem Hinterhaus in Amsterdam versteckte und sich in ihrem Tagebuch erinnerte: »Ich bilde mir jetzt ein, daß ich in die Schweiz gehe (…).« Im Februar 1945 sterben sie und ihre Schwester im KZ Bergen-Belsen.

Etwa zehn Minuten lang musste ich mich auf dem steilen Weg richtig anstrengen, dann war ich oben auf dem Plateau, hatte die Schlucht und den Abgrund unter mir gelassen. Ich überholte eine ältere Frau, die ich gestern im *Waldhaus*-Restaurant gesehen hatte und die sich sehr, sehr langsam am Geländer nach oben hangelte. Ich fragte sie, ob es ihr gut gehe, und sie sagte fröhlich »Ja, ja«, als würde sie das alles gar nicht anstrengen. Oben öffnete sich das Tal wieder, wurde zu einer Art Plateau, weitläufig und überwiegend flach. Überall standen Häuser, als wäre das ganze Tal ein Dorf, und rechts sah ich die asphaltierte Straße, auf der die Kutschen von Sils hochkommen, indem sie in einem Bogen die Schlucht umfahren. Nun verstand ich, warum die *Waldhaus*-Gäste alle hier hochkamen und -kommen. Es ist die ideale Bergtour für Intellektuelle: Mit der Kutsche fahren sie ins Hochtal, spazieren bis zum Talschluss, bewundern den Gletscher und empfinden Erhabenheit. Zugleich können sie fast überall in einer beheizten Hütte einkehren und jederzeit mit der Pferdekutsche wieder zurück ins Tal fahren. »Convenient Mountains« heißt das auf Englisch. Und deswegen erzählt auch hier oben, auf 2000 Meter, jedes Haus eine Geschichte, und das macht das Fextal zu einem Tal, wie es kein zweites in den Alpen gibt. In dem großartigen Büchlein *Spaziergänge durch Nietzsches Sils Maria* hat der Literaturwissenschaftler Paul Raabe all diese Geschichten und Personen versammelt. So erfuhr ich, dass im Haus Pramog, an dem ich gerade vorbeiging, der Maler Ernst Rinderspacher wohnte und ihn dort Rainer Maria Rilke im Sommer 1919 besuchte. Im nächsten Haus wohnte der reiche Engländer William Hutchinson, den Thomas Mann dort im August 1938 besuchte. Im Haus Schünemann wiederum wohnte der Schriftsteller Siegfried Jacobsohn und lud 1926 seinen Freund Kurt Tucholsky ein.

Ich ging weiter zur alten Kirche Fex Crasta, die sich am gegenlichtschwarzen Hang etwas oberhalb abzeichnete. Gleich daneben steht seit 1910 das Hotel *Sonne*, die erste Einkehr bei einem Ausflug ins Fextal. Oder die letzte, je nachdem. So war es bei Friedrich Dürrenmatt. In dem Skizzenbuch *Turmbau* finden sich Notizen zu nie geschriebenen Erzählungen und Dramen. Eine davon führt ins Hotel *Sonne* im Fextal: »Vom *Waldhaus* in Sils Maria stieg ich ins Fextal hinauf und begann in der Gaststube der *Sonne Vinter* zu schreiben. Wie immer benutzte ich dazu einen Blindband. Es gibt nichts Schöneres als eine Erzählung anzufangen, es ist der Beginn eines Abenteuers, dessen Ausgang ungewiß ist. Ich hatte einige Seiten geschrieben, als ein Bauer mit einem Hund die Gaststube betrat und am Nebentisch Platz nahm. (…) ein Abruzzen-Schäferhund. Ich sprach den Bauer an, wir kamen ins Gespräch, andere Bauern kamen, wir tranken Roten, ich weiß nicht wie viel, und als ich von der *Sonne* zum *Waldhaus* hinunterging, war es schon am Eindunkeln. Alles war noch voll Schnee, auch die Straße, und als sie steil und vereist wurde, glitt ich aus und lag auf dem Rücken. Da glitt es warm und feucht über mein Gesicht. Über mir stand der große weiße Abruzzen-Schäferhund, als wolle er mich bewachen. Er hatte etwas Gespensterhaftes, Unwirkliches. Ich fühlte mich seltsam geborgen. Dann pfiff jemand, und der Hund verschwand lautlos den Hang hinauf voll Schnee. Was ich jedoch in der Gaststube der *Sonne* geschrieben hatte, ließ sich nicht wiederfinden. Der Blindband blieb verschwunden.«

Auf der Sonnenterrasse saßen bereits die ersten Gäste und tranken Kaffee. Im Juli 1936 war Thomas

Mann auch hier. In seinen Tagebüchern ist zu finden: »4 Uhr Spaziergang mit den drei Damen, Golo und dem Hund Doktor ins Fextal zum Restaurant *Sonne* wo wir im Garten Thee tranken. Während Golo und Annemarie zum Gletscher weitergingen, kehrten wir durch die (imposante) Schlucht nach Sils zurück.« »Annemarie«, das ist die Schweizer Schriftstellerin und Fotografin Annemarie Schwarzenbach, die anderen sind Thomas Manns Frau Katia, Sohn Golo und die Schauspielerin Therese Giehse.

Ich ging weiter ins Tal und kam nach einer Weile zum Hotel *Fex*, ein von Arven umstandenes gelbes Belle-Époque-Gebäude, das ursprünglich, so erzählt man sich, in St. Moritz stand. Dann hat man es vor über 100 Jahren zerlegt und Stück für Stück hier hochgetragen. Vor der Türe warteten zwei Kutschen und die gelangweilten portugiesischen Kutscher lagen auf den Bänken und tippten wieder in ihre Handys. Ob Nietzsche, Adorno, Thomas Mann bis hierher gewandert waren, ist nicht überliefert. Im Fextal war Nietzsche aber unterwegs, das gilt als gesichert. »Im Grunde gefällt's mir nirgendwo so gut«, hat er einmal geschrieben. Er schwärmte von der Landschaft, ebenso wie Adorno, der sich in seinem Text »Aus Sils Maria« zu einer Analyse des Murmeltierpfeifens hinreißen ließ: »(...) es klingt mechanisch, wie mit Dampf betrieben.« Die Landschaft, schrieb er weiter, hat »das Pathos der Distanz Nietzsches, der dort sich versteckte.« Und dann, Adorno in Bestform: »Wo die Herrschaft über Natur jene beseelte und trugvolle imago zerstört, scheint sie der transzendenten Trauer des Raumes sich zu nähern. Was die Engadinlandschaft an illusionsloser Wahrheit vor der kleinbürgerlichen voraushat, wird wettgemacht von ihrem Imperialismus, dem Einverständnis mit dem Tod.« Ich dachte an gestern Abend, als ich über der *Minima Moralia* eingenickt war – und an meinen Traum. Ich ließ das Hotel und die gelangweilten Kutscher links liegen, wanderte auf der Brücke über den Fexbach und stieg noch ein Stück höher, um einen besseren Blick auf den glitzernden Gletscher zu haben. Ich verließ den Weg, und an einem großen und völlig abgeflachten Felsen machte ich Rast. Die Sonne kämpfte sich immer wieder kurz durch die Wolken und erwärmte den Stein. Ich holte den Briefwechsel zwischen Thomas Mann und Theodor W. Adorno aus dem Rucksack, weil ich die Verbindung zwischen jenen beiden Männern verstehen wollte. Vielleicht erklären diese Briefe ja auch die Verbindung zwischen Davos und Sils Maria? Mann war 28 Jahre älter als Adorno, es war also, was das Alter betrifft, etwa so wie bei Wagner und Nietzsche. Aber auch nur, was das Alter betrifft. Die beiden lernten sich 1943 während des Exils in Amerika kennen. Sie trafen sich, aßen gemeinsam zu Abend und Thomas Mann lernte schnell die musikwissenschaftliche Expertise Adornos zu schätzen und für sich zu nutzen. Mann schrieb gerade den *Doktor Faustus,* der Roman über den Tonsetzer Adrian Leverkühn. Es ging viel um Arnold Schönberg, den Begründer der Zwölftonmusik, und Adorno war im *Doktor Faustus* so eine Art Co-Autor, hat ein Kapitel »geghostwritet«, wie sich die Musikwissenschaftlerin gestern Abend ausgedrückt hatte. Adorno seinerseits war vom Nobelpreis-tragenden Großschriftsteller begeistert und, man muss es so sagen, biederte sich an. 1945 gratulierte er ihm zum 70. Geburtstag, und das liest sich so: »Verehrter und lieber Herr Doktor Mann, es ist mir ein tiefes Bedürfnis, zu Ihrem siebzigsten Geburtstag alles Glück und alles Schöne Ihnen zu wünschen. Das Datum ist so unvermerkt herbeigeschlichen und findet Sie so ganz inmitten der ununterbrochenen Arbeit und selbstvergessenen Produktion, daß es einem schwer fällt an die Zahl der Jahre zu glauben, und daß man sich scheut auch nur daran zu erinnern – so als wäre schon die Gratulation, die eine Cäsur setzt, ein ungebührlicher Eingriff in den Gang einer geistigen Erfahrung, die eben darin besteht, nicht ihr Fremdes, von außen Gesetztes zu dulden, und das Menschliche gerade durch die mémoire involontaire auszudrücken.« Als Thomas Mann ihn 1947 über sein neues Faustus-Projekt informiert, will er von Adorno »ein paar Daten und Gedächtnisstützen über Ihre Person«. Adorno antwortet ihm: »Mit größter Spannung blicke ich auf die Hintertür zur Unsterblichkeit, die mir Ihr ›Roman eines Romans‹ eröffnen wird.« In den Briefen ging es natürlich auch um Wagner und Nietzsche, um Schönberg und Beethoven, es wurde zitiert, gelobt und geschlaumeiert. Thomas Mann ging das zuweilen auf den Geist, das zeigt ein Blick in seine Tagebücher. Da wird aus der ganzen Lobhudelei das ehrliche Urteil: »Recht snobisch und supergescheit.«

Und dann ging es im Sommer 1950 zum ersten Mal auch ums *Waldhaus*: »Wir fahren am Samstag nach Sils Maria, Waldhaus«, schrieb Mann am 11. Juli. Adorno antwortete, seine alpine Kennerschaft unterstreichend: »Hoffentlich haben Sie beide sich vollkommen erholt und soviel Glück aus dem Anblick von Palü und Bernina gezogen, wie der vollkommenste aller Berge und der mit dem unverwechselbaren Flecken nur hergeben.« Interessant: Offenbar war zu jener Zeit für Adorno der Piz Palü der »vollkommenste aller Berge«, und nicht das Matterhorn, wie er später in der *Ästhetischen Theorie* schrieb. Mit dem »unverwechselbaren Flecken« kann Adorno übrigens nur den markanten Biancograt des Piz Bernina meinen. Den *Waldhaus*-Hinweis Thomas Manns nahm Adorno jedoch nicht zum Anlass, ebenfalls dorthin zu fahren. Sein erster Besuch, das hatte mir der akribische Urs Kienberger bestätigt, sollte noch fünf Jahre auf sich warten lassen, und Thomas Mann und er sollten sich nie dort treffen. Als Adorno am 13. August 1955 vom *Waldhaus* aus einen Brief schrieb, sollte es der letzte sein. Er war nicht an Thomas, sondern an Katia Mann adressiert: »Liebe gnädige Frau, aus Frankfurt hat man mir das Unfaßliche heraufte-lephoniert. Ich bin außerstande etwas zu sagen – der Schlag ist lähmend. Nur dies, was so vielleicht nur in dieser Stunde ausgesprochen werden darf: ich habe ihn sehr, sehr geliebt.« Thomas Mann war am Tag zuvor gestorben. Drei Wochen zuvor hatte er Adorno noch einen letzten Brief geschickt, in dem er ihm mitteilte, wie krank er sei und dass es für die Heilung

Zeit und Geduld bedarf: »Es ist ja Zauberberg-Zeit, in die ich eingetreten bin«, schrieb er. Und dann ging es ein letztes Mal ums *Waldhaus*: »Auch wenn ich noch während Ihres Aufenthalts dort oben hier entlassen werden sollte, wären 1800 m zunächst wohl nichts für mich. Auf Wiedersehen also bei Ihrer Rückreise in Kilchberg!« Was für eine Erkenntnis. 1800 Meter Höhe sind nichts für einen kranken alten Mann. Ich sollte mich in Zermatt noch an diese Worte erinnern. Adorno tat dies 1969 nicht, als er im Sommer dort war, herzkrank auf die Berge stieg und starb. Aber warum fuhr er dorthin? Was genau war dort passiert? Wie waren die Umstände seines Todes? Davos, Sils Maria, Zermatt, der Tod, das Matterhorn. Es half alles nichts: Ich musste nach Zermatt.

Ich klappte das Buch zu, packte es ein und stieg ab, diesmal auf der anderen Seite des Baches, auf einem Pfad im Wald. Irgendwann überquerte ich die Straße und fand einen unscheinbaren Weg, der sich auf der anderen Seite der Schlucht hinabschlängelte. An einer Biegung, und schon fast wieder am Hotel, verließ ich ihn und ging vorsichtig ein paar Schritte Richtung Abgrund. Tief unten rauschte der Bach, und ich empfand einen leichten Schwindel und den Sog der Tiefe. Die Erhabenheit ist hier wirklich gleich um die Ecke zu haben. Nur zwei Serpentinen weiter öffnete sich der Wald, und auf einer Wiese standen etwa 20 Menschen um einen ganz in Weiß gekleideten Guru. Sie schwiegen alle und befanden sich wohl in einer Art Meditation. Aber sie standen auch mitten auf dem Weg, sodass ich mich vorsichtig bemerkbar machte. Da gingen sie irritiert einen Schritt zur Seite. Der Guru blickte mich gleichmütig grinsend an, und ich spürte, dass er meine Eile, denn nichts anderes war mein schneller Abstieg im Vergleich zu dieser verharrenden spirituellen Selbstfindungstruppe, bemitleidete. Nietzsche hätte das bestimmt gefallen.

Und dann stand ich plötzlich wieder vor dem *Waldhaus*. Auf der Terrasse aßen die Gäste ihr Mittagessen, das Waldhaus-Trio spielte Stücke aus dem 19. Jahrhundert und eine Pferdekutsche fuhr glockenklingelnd vorbei. Ich stand da und fragte mich, ob die Vergangenheit, mit der ich mich seit Tagen beschäftigte, durch irgendeinen Zauberberg-Trick zur Realität geworden war.

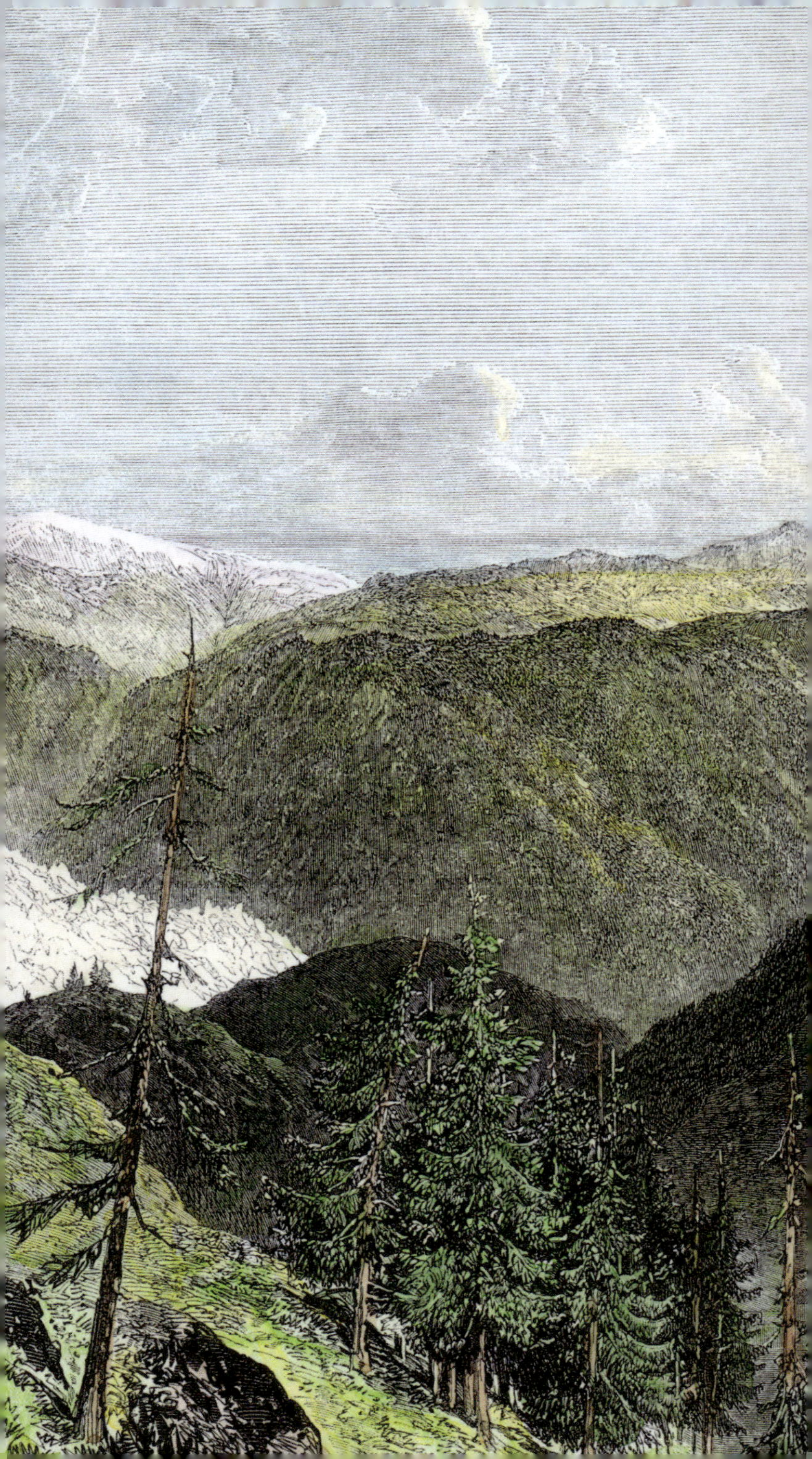

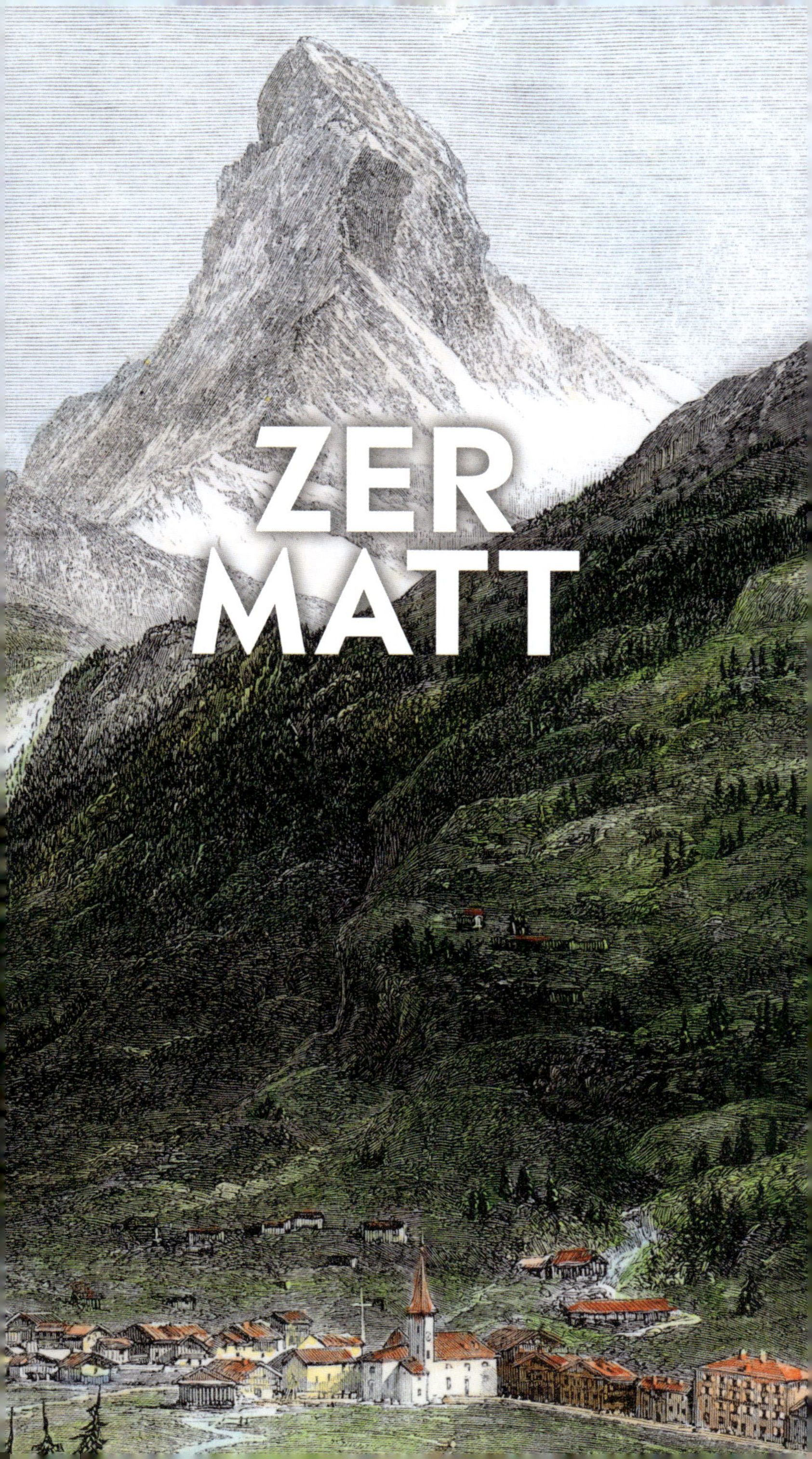
ZER
MATT

KAPITEL DREI

ZERMATT

Zermatt hat das Matterhorn. Und damit sind wir bereits mittendrin. Es ist schon interessant, was ein einziger Berg bewirkt und was für eine Parallelgeschichte das Matterhorn Zermatt seit fast 200 Jahren beschert. Statt Tuberkulosekranke und Geistesgrößen zog Zermatt vitale Bergsteiger an, die sich einen packenden Wettkampf um die Erstbesteigung dieses monumentalen Zackens lieferten. Die meisten Kulturmenschen, die in Davos kränkelten und in Sils Maria philosophierten, rümpften über die fanatischen Alpinisten nur die Nase und sahen keinen Grund, nach Zermatt zu reisen. Und wenn sie es doch einmal taten, dann schlitterten sie, wie wir sehen werden, in ihr Verderben. Ein tragischer Geist-Leben-Konflikt, der mit dem Tod enden muss. Thomas Mann hätte sich das nicht besser ausdenken können. Und umgekehrt straft Zermatt alle großen Dichter und Denker noch heute mit Missachtung. Auf die Frage nach Adorno, der vor über 50 Jahren hier an einem Herzinfarkt gestorben war und dessen letzte Tage ich rekonstruieren wollte, erhielt ich in Zermatt als Antwort nur ein augenzusammenkneifendes »Wer?«.

Ich kam erst im Winter zurück in die Schweiz, und die mittlerweile vierte Welle der Pandemie baute sich gerade auf. Ich saß wieder mit Mundschutz im Zug; mit Reisetasche und Skiausrüstung fuhr ich diesmal nicht auf der Castorp-Route über den Bodensee, und auch nicht über Landeck, sondern über Basel und Bern nach Visp und Zermatt, also einmal quer durch die Schweiz, bis an die italienische Grenze. Das letzte Stück der über zehnstündigen Reise unternahm ich in einem Zug, den sie »Glacier Express« nennen und die helvetische Zugbegeisterung auf den Gipfel treibt. Feuerrote Waggons, mit Edelweiß-Blüten bedruckt und riesigen Panoramafenstern, die den Blick auch nach oben freigeben. Das, was es Interessantes zu sehen gibt, war nicht neben, sondern über dem Zug: die eiskalten und schneebedeckten Berge des Wallis. Seit 1891 fährt die Zahnradbahn von Visp durch dieses wilde Tal, und die Fahrt zeigte mir einmal mehr, wie sich die Schweiz im 19. Jahrhundert verändert hat. Als »Laboratorium des Fortschritts« hat sie der Historiker Joseph Jung bezeichnet und ein ganzes Buch darüber geschrieben, wie Eisenbahner, Schiffstechniker und Getriebespezialisten, Uhren- und Messermacher, Chocolatiers und Confiseure, Schneider, Bankiers und Hoteliers in diesem landesweiten Laboratorium die Zukunft gestalteten.

Ich vermisste die vielen asiatischen und arabischen Touristen, die sonst in Visp zusteigen, und so ratterte die Bahn mit ganz wenigen Passagieren hinauf, durch ein eng eingeschnittenes Tal, ein V-Tal, wie die Bergler sagen, das im Gegensatz zu einem U-Tal keinen weiten Boden hat. Die Ortschaften lauteten Staldenried, Randa, Täsch und wurden im

Zug angesagt mit einem lang gedehnten und offenen »Proschänärääå«. Der Zug schien immer kleiner zu werden und wand sich an der Hangkante entlang, vorbei an gefrorenen Wasserfällen und reihenhausgroßen, schneebedeckten Felsen, von den Urgewalten in den eisigen Bach gespült. In Herbriggen waren zum ersten Mal die gewaltigen Berge im Talschluss zu sehen. Das Klein Matterhorn zeichnete sich als weiße Pyramide weit oben ab, von seinem großen Bruder noch keine Spur. Und dann fuhr der Zug in einen Bahnhof auf 1600 Metern, umgeben von Bergen, die alle viel höher sind als die rund um Davos oder St. Moritz. Wenn es irgendwo »allen Ernstes ins Hochgebirge« geht, dann hier. Aber das Matterhorn sah ich immer noch nicht, so als wollte der Ort mir einen Streich spielen. Wer es sehen will, muss noch ein Stückchen gehen, über den Bahnhofsplatz und vorbei an den Elektrowagen, die in Nicht-Pandemie-Zeiten verschleierte Frauen mit Rollkoffern, übergewichtige Männer mit Zigarren, unterernährte Hündchen mit Pelzumhang zu den zum Teil nur 50 Meter entfernten Hotels bringen. Ich ging noch ein Stückchen weiter, hinunter Richtung Mattervispa. Da stand ich dann und drehte den Kopf nach rechts, keine Häuser verstellten die Sicht, der Himmel war leicht bewölkt, und schließlich sah ich es: das Matterhorn. Mit offenem Mund stand ich da, den Blick in die Unendlichkeit gerichtet, minutenlang, stupide lächelnd wie ein Geisteskranker. Denn es ist so: Selbst wenn man das Matterhorn auf Hunderten von Postkarten, Fotos, Bildern und Werbeschildern gesehen hat, ist man tief beeindruckt, wenn man es in echt sieht. Wie nah diese 4448 Meter hohe Felspyramide ist, wie sie Zermatt bedrängt, das Dorf überragt und bestimmt, wie sie sich von allen anderen Gipfeln rundherum abhebt und dabei formvollendet die Wolken aufspießt. Und mit einem Mal verstand ich all die Reaktionen. Warum etwa ein Bergführer sagte: »Die Japaner kommen nur wegen des Matterhorns.« Warum ein kleiner Junge den Kopf in den Nacken legte und stammelte: »Das ist der König der Berge.« Warum eine Käsefondue-Restaurantbesitzerin erzählte: »Ohne das Matterhorn wären wir gar nichts. Ich war auf Weltreise, das Matterhorn kennt jeder, aber Zermatt kein Mensch.« Und warum sogar der Pfarrer sagt: »Es weist auf etwas Höheres. Es ist ein Pfeil in den Himmel.«

Aber es gibt eben nicht nur den Berg, sondern auch diesen Ort, dem jener Berg alle denkbaren Auswüchse des Tourismus beschert hat. Die Bahnhofstraße ist eine Mischung aus alten Holzhäusern, leer stehenden Zweckbauten und geschmacklosen Hotelbunkern aus den 70er-Jahren, daneben alte Grandhotels und dazwischen wahlweise Bäckereien, Wurstereien, Sport- oder Uhrengeschäfte, Skiverleihs, Supermärkte, Haushaltswarenhandlungen und erstaunlich viele Apotheken. 2,4 Millionen Nächtigungen verzeichnete das kleine Dorf im Jahr vor der Pandemie, 900 von den Gästen stiegen damals auf das Matterhorn. Es gibt vier Fünfsternehotels und fünf Michelin-Sterne, zugleich aber auch einen McDonald's, schäbige Absteigen und Bratwurstbuden. Es gibt 50 Bars, 110 Hotels und 1200 Ferienwohnungen. In einer Corona-freien Hochsaison teilen sich knapp 6000 Zermatter den Ort mit etwa 30 000 Touristen. Die Pizza kostet 30, der Wein 300, das Hotelzimmer 3.000 und die Uhren 30.000 Franken. Elektroautos surren durch die Gassen, und Bergbahnen bringen die Gäste in drei Himmelsrichtungen auf die Gipfel, seit Ende der 70er-Jahre selbst aufs 3883 Meter hohe Klein Matterhorn – die höchste Bergbahn der Alpen. Das Matterhorn muss als Werbeträger für Schokolade, Wasser, Uhren und sogar für Kondome herhalten. Egal wo ich war und hinschaute, irgendwo war immer, wirklich immer, ein Abbild des Berges zu sehen. Das »Naturschöne« wurde überlagert von seiner steten Simulation. Adorno, der die massenhafte Verbreitung kulturindustriellen Kitsches verurteilte, hätte es gehasst. »Das Matterhorn«, hatte mir der Schweizer Schlaumeier geschrieben, liebte Adorno »als Naturschönes«, aber als »Postkartensujet« stellte er es infrage. Zumindest diesen Teil jener Nachricht verstand ich nun.

Ich checkte im Hotel *Schweizerhof* gegenüber dem *McDonald's* ein, aß ganz klischeehaft ein Käsefondue, fiel erschöpft ins Bett und träumte von einem Berg, der aussah wie ein Stück Toblerone. Am nächsten Morgen strahlte die Sonne auf den funkelnden Schnee. Und das bedeutete: Adorno musste noch warten. Meine letzte Skiabfahrt lag fast zwei Jahre zurück! Es war die eine Abfahrt bei der Skitour in Scuol, als die Pandemie begann und ich bei meinem ersten Versuch, nach Davos zu kommen, im Unterengadin gestrandet war. Und nun lag eines der besten Skigebiete der Alpen vor meiner Türe, ich hatte meine Skier dabei und das Beste war: Durch die Pandemie war nicht viel los. »Endlich haben wir unser Skigebiet mal für uns«, erzählten die Einheimischen und die Schweizer Gäste. Die vielen internationalen Touristen fehlten noch immer, bis auf ein paar wenige Deutsche, Österreicher, Franzosen oder Italiener, die hier Freunde haben oder fadenscheinig irgendeinen Job vortäuschten, um die leeren Pisten genießen zu können.

Das Skigebiet von Zermatt führt auf fast 4000 Meter. Und in Zeiten des Klimawandels stellt sich die Frage: Ist das die Zukunft des Wintersports? Wer weiß, vielleicht werden die Menschen in 40 oder 50 Jahren oben stehen, auf 3883 Meter Höhe, werden auf die Reste des dahinschmelzenden Gletscherplateaus blicken, auf das schneefreie Breithorn und auf die letzte verbliebene Skipiste der Alpen. Sie werden die dünne Luft einatmen und hinunter ins grüne Tal und auf Zermatt blicken, wo sie vielleicht abends ihren Kindern erzählen werden: »Schaut, das alles gehörte früher einmal zum Skigebiet – und ja, die Geschichten sind wahr, wir sind damals wirklich auf Skiern bis in den Ort abgefahren.« Ein Szenario, das Wintersportler noch nicht so recht wahrhaben wollen. Vor allem dann nicht, wenn es gerade geschneit hat, die Sonne scheint und die Pisten frisch präpariert sind. Es ist aber eine Prognose, die laut Klimaforschern schon in 30 Jahren eintreten könnte. Schneegrenze und Permafrost werden weiter und weiter nach oben wandern, unten wird es auch für Kunstschnee zu warm werden, und so könnte sich Wintersport-Tourismus auf einige wenige sehr hoch gelegene Gebiete in den Alpen reduzieren. Skiregionen, die über 3000 oder sogar 3500 Metern liegen, so die wissenschaftliche Annahme, werde langfristig die Zukunft gehören. Wenn das stimmt, dann würden sogar in Davos und St. Moritz die Lichter ausgehen. Aber nicht hier, wo sich das höchste aller europäischen Skigebiete, das »Matterhorn Ski Paradise« inmitten von drei Dutzend Viertausendern auf 360 Pistenkilometer erstreckt.

Von Zermatt aus fahren in drei Richtungen Seil- und Zahnradbahnen auf über 3000 Meter, aber es fühlt sich dort oben gar noch nicht so hoch an, weil die höchsten und markantesten Berge der Alpen – Matterhorn, Monte Rosa, Liskamm – noch mal anderthalb Kilometer höher in den Himmel ragen. Fast schon beängstigend nahe kam ich diesen Gipfeln an diesem Morgen, als ich die Bahn Richtung Furi und Trockener Steg nahm und mit dem »Matterhorn Glacier Ride« auf das Klein Matterhorn fuhr. Neun Minuten dauerte die Fahrt. Ich war im »Crystal Ride« – einer Kabine, mit Swarovski-Kristallen geschmückt und einem Milchglasboden, der, sobald die Bahn aus der Station herausschwebte, kurz flimmerte und dann durchsichtig wurde. Reflexartig hob ich die Skistiefel an, der Boden wurde durchsichtig, und ich starrte gebannt auf die Felsen und den zerfurchten Theodulgletscher tief unten. Ein Effekt, als säße ich in einem Helikopter, und sogar das Matterhorn, das hinter den Scheiben in der Morgensonne strahlte und für gewöhnlich alle Aufmerksamkeit auf sich zieht, war abgemeldet. Diese Bahn habe man nicht nur für Wintersportler gebaut, sagten sie bei der Zermatter Bergbahn. Man wolle eine eigene Form des »alpine crossing« anbieten und Reisende von Mailand nach Paris oder Berlin über die Berge bringen. Über das Klein Matterhorn sollen auch chinesische Busreisegruppen fahren, ohne Skier und das ganze Jahr. Eine zweite neue Bahn bringt sie weiter zum Testa Grigia auf der italienischen Seite und hinunter nach Breuil. Dass sie dabei sechsmal umsteigen müssen und eine Weile unterwegs sind, ist Teil des Abenteuers. Über 85 Millionen Franken hatten die neuen Bahnen gekostet. Auch diese Investition folgte der Befürchtung, dass der Klimawandel die Gletscher weiter schmelzen lässt und zukünftige Winter bald nur noch in der Höhe stattfinden könnten. Dann wäre die Fahrt in eine der letzten verbliebenen Eiswelten ein ähnlich exotisches Vergnügen wie eine Kreuzfahrt in die Antarktis.

Die Bahn fuhr auf 3821 Metern in die Bergstation ein – in ein riesiges Loch unter dem Gipfel. Durch einen in den rohen Felsen geschlagenen Gang schleppte ich mich zu einem Aufzug, der zur Aussichtsplattform auf dem Gipfel führte, noch mal 62 Meter weiter oben. Die Luft war dünn, und obwohl ich mich sehr langsam bewegte, war ich außer Atem wie nach einem Dauerlauf. Ist das wirklich das Richtige für Busreisegruppen, deren Teilnehmer nicht akklimatisiert und meist nicht unter 60 sind? Es hat jedenfalls gute Gründe, dass es hier oben künstlichen Sauerstoff und Defibrillatoren gibt. Die Aufzugtür öffnete sich, und ein eisiger Wind pfiff mir entgegen. In der beheizten Gondel hatte ich die minus 14 Grad schon fast vergessen – unten hatte eine Digitalanzeige vor der Kälte gewarnt und darauf hingewiesen, dass Kinder unter neun Jahren ganz oben nicht Ski fahren dürfen, wegen Erfrierungsgefahr. Die letzten Meter zum Gipfel führten über eine Metalltreppe. Es war ein kristallklarer Tag, und auf der Plattform standen nur ein paar Menschen, die fotografierten und die Berge bestimmten: im Westen der Montblanc und gleich gegenüber, zum Greifen nah, das Breithorn, immerhin 4164 Meter, aber es wirkte wie ein unbedeutender Hügel. Ich empfand Mitleid mit diesem Berg, dessen Gipfel auch unerfahrene Bergsteiger von hier aus in gut zwei Stunden erreichen, vor allem, um dann erzählen und posten zu können, sie hätten einen Viertausender bestiegen.

Ein paar Hundert Meter hat das Klein Matterhorn mehr zu bieten als viele andere, ebenfalls hoch gelegene Skigebiete in Frankreich, Italien, Österreich und in der Schweiz – und die werden zelebriert. Die Höhe wird hoch gelobt, und in der dünnen Luft vergingen immer nur ein paar Momente, ehe mir ein weiterer Superlativ den hechelnden Atem raubte. Zur höchsten Bergstation Europas gesellte sich die längste Abfahrt Europas, die vom Klein Matterhorn über 25 Kilometer und 2300 Höhenmeter nach Zermatt führt, der längste Schlepplift und mit »ab 79 Franken pro Tag« naheliegenderweise auch der teuerste Skipass Europas. Ich saß mittlerweile im »höchstgelegenen Bergrestaurant der Welt«, trank sündhaft teuren Kaffee und schaute auf den Schlepplift, der über den hellkalten Gletscher zum Gobba di Rollin führt, auf 3899 Meter, der nächste Rekord, auch wenn der Lift heute nicht in Betrieb war.

Die Skifahrt hinunter war ein Abenteuer, und das nicht nur, weil ich seit zwei Jahren nicht mehr auf Skiern gestanden hatte. Die Kälte schmerzte. Minus 14 Grad. Plus Fahrtwind. Ich fühlte mich schockgefrostet und hielt mir immer wieder einen Handschuh über die Wangen. Die eiskalte Gletscherpiste knirschte unter den Kanten, der Wind heulte und zerrte an Körper und Nerven. Ich fuhr in einem weiten Bogen vorbei an der imposanten Ostwand des Matterhorns und auf den Ausläufern des Theodulgletschers Richtung Trockener Steg, dann zweigte die Piste Nummer 74 von Piste Nummer 72 ab und das Schild »Gandegghütte, 3029 Meter« verhieß eine Aufwärmung. Die schiere Kälte und der Wunsch nach einem warmen Getränk ließen mich nicht lange zögern. Der Restschwung der Abfahrt trug mich hinüber zur Hütte, einmal unter der Bahn durch, mit der ich vor einer Stunde nach oben gefahren war, bis an eine Hangkante, die zum Unteren Theodulgletscher abfällt. Ein prominenter Ort, den sie sich schon 1885 für diese Hütte ausgesucht hatten. 1964 haben sie dann eine neue Hütte gebaut, und im Grunde steht sie noch heute in dieser Form da. Ich schnallte die Skier ab, ging über die Terrasse, blieb stehen und drehte mich einmal um die eigene Achse, um diese Landschaft irgendwie erfassen zu können. Dann klopfte ich meine Skistiefel ab und öffnete die Türe. Mich führte aber nicht nur die Kälte, sondern auch ein Schwarz-Weiß-Foto in die *Gandegghütte*, ein Foto, von dem ich wusste, dass es vor über 50 Jahren auf der Terrasse dieser Hütte entstanden war. Ein unbekannter Fotograf hatte es im August 1969 gemacht, und es gibt zumindest ein wenig Aufschluss über Theodor W. Adornos letzte Tage. Es zeigt ihn, mit Hut, zusammen mit Gretel; sie sitzen gemeinsam mit zwei Frauen auf der Terrasse der *Gandegghütte*. Vermutlich waren sie damals mit der Seilbahn von Zermatt hochgefahren und hatten oben eine Wanderung unternommen. Auf dem Foto strahlt die Sonne auf eine gleißend weiße Gletscherwelt. Von rechts schiebt sich das damals noch schnee- und eisbedeckte Breithorn ins Bild. Überhaupt sitzen sie zwischen noch deutlich stärker vergletscherten Bergen als heute – ein halbes Jahrhundert hat Spuren hinterlassen. Auf diesem Sommerfoto sehen die Berge weißer aus als jetzt im Winter. Oben in der Mitte des Fotos erhebt sich die Schneekuppe des 4527 Meter hohen Liskamms, und hinter dem schindelgedeckten Hüttendach spitzelt der Monte Rosa hervor. Die Blicke der Adornos richten sich jedoch auf irgendetwas außerhalb des Bildes, das noch viel interessanter zu sein scheint.

Die Türe knarzte, und ein kalter Windsog schob mich wie eine unsichtbare Hand hinein in die Stube, wo ich mit den Skistiefeln über den Holzboden poltere. Der Mann am Tresen blickte misstrauisch auf. Nein, eigentlich war das kein Misstrauen. Seine Augen verrieten eher diese taxierende Bergführereigenschaft, die gar nicht anders kann, als das Gegenüber mit dem ersten Blick zu prüfen. Wie bewegt der sich? Wie ausdauernd ist der? Wie willensstark? Und behält der oben am Grat die Nerven? Ich spürte, dass er mich sofort als deutschen Flachland-Skifahrer eingeordnet hatte, der ihn nun gleich über das Matterhorn ausfragen wird. Obwohl ich ja nur einen Tee bestellen wollte, schien er zu spüren, dass da noch etwas anderes war. Aber vielleicht bildete ich mir das auch nur ein, weil sie mir im Tal schon von ihm erzählt hatten. Dieser Mann, der Hüttenwart der *Gandegghütte*, war nämlich nicht irgendwer. Er war das Zermatter Bergführer-Original Thomas Zumtaugwald, genannt »Turbo«.

»Grüezi«, sagte er. Sonst war niemand in der Hütte, und er wirkte überrascht, dass der erste Gast heute schon so früh kommt.

»Bist du Turbo?«, fragte ich ihn.

»Wer will denn das wissen?«, fragte er zurück.

Und so lernte ich einen der prominentesten Matterhorn-Führer kennen, einen Mann, der den Berg so oft und schnell bestiegen hat, dass seine Kollegen ihm diesen Spitznamen verpassten. Wir plauderten ein wenig, über die Kälte, über den Schnee, die Pandemie und die Stimmung in Zermatt.

»Willst du was über den Berg wissen?«, fragte er mich dann.

»Ja«, hörte ich mich sagen, weil ich mich durch seinen Blick verpflichtet fühle, Interesse zu zeigen.

»Wie oft warst du denn oben?«

»Letzten Sommer 29-mal.«

Kurze Pause.

»Mein Vater war einmal 44-mal in einer Saison oben.« Die Saison, das sollte man dazusagen, ist kurz. Anfang Juli bis Mitte September. Das sind 70 oder 80 Tage. »Insgesamt war ich 115-mal oben. Aber auch das ist nichts gegen meinen Vater. Der schaffte es 650-mal.«

»Wieso denn so viele Male mehr?«

Da schaute der Turbo wieder ein wenig skeptisch, so ein Was-ist-denn-das-jetzt-schon-wieder-für-eine-Frage-Blick. Dann sagte er: »Früher gab es reine Matterhorn-Führer, die sind nur auf das Matterhorn. Das gibt es heute nicht mehr.«

Er erzählte ein bisschen vom Aufstieg, und dass der Abstieg vom »Horu«, wie sie hier sagen, viel schwieriger sei, und es klang so beiläufig, als würde er davon erzählen, wie er zum Supermarkt geht, Eier und Mehl kaufen. Machte er das absichtlich, um sein Gegenüber einzuschüchtern?

»Ich bin eigentlich gar nicht wegen des Matterhorns hier, sondern wegen eines Fotos, das vor über 50 Jahren hier auf der Terrasse aufgenommen wurde«, sagte ich.

Schweigen. Turbo schaute mich an, und nun änderte sich sein Blick, so als würde er mich erst jetzt scharf stellen. »Was für ein Foto?«

»Dieses hier«, entgegnete ich und zog das Adorno-Foto aus der Jackentasche.

»Das ist ja …« Er verstummte. »Unglaublich! So viel Schnee! 50 Jahre, sagst du?«

»Ja, August 1969.«

Und jetzt schaute er mir zum ersten Mal direkt in die Augen und sprach nicht wie zu einem Kunden. »Wo hast du das her? Und wer ist das?«

»Adorno.«

Schweigen.

»Ein deutscher Philosoph. Und seine Frau.«

Aber das interessierte Turbo überhaupt nicht.

»Noch nie gehört – aber der Schnee, und der Gletscher, und da hinten der Liskamm.« Er ging die Berge auf dem Foto durch wie die Zahlen auf einem Lottoschein.

»Was meinst du: Wo schauen der Philosoph und seine Frau hin?«

»Na, aufs Matterhorn«, sprach er, als könnte er die Frage nicht verstehen, »so wie alle hier oben.«

»Und wie kommt man da hoch?«, fragte ich ihn nun doch.

Da schaute er mich an und sagte mit entwaffnender Ehrlichkeit: »Du musst es wollen! Das Matterhorn ist ein schwarzer Berg, so wie eine schwarze Piste. Das kannst du nicht machen, wenn du so was nie zuvor gemacht hast.«

Man sollte also wissen, worauf man sich einlässt. Da viele das aber nicht tun, fragt nicht nur Turbo, sondern auch die Bergführerorganisation Zermatters auf ihrer Homepage noch mal nach: »Du hast bereits zahlreiche Viertausender in der Tasche, bist regelmässig in den Bergen unterwegs und äusserst fit, hast alpine Felskletterefahrung und bist in Fels und Eis auch mit Steigeisen sehr geübt? Zudem bist du bereits akklimatisiert, weil deine letzte Hochtour nicht weit zurück liegt? Freu dich auf einen tollen Tag an diesem Traumberg!«

»Was meinst du: Was haben die hier oben auf der Hütte gemacht?«, fragte ich Turbo und blickte auf das Foto.

»So wie die aussehen«, antwortete er, und da war wieder dieser einschätzende Bergführerblick, »sind sie mit der Bahn hoch- und wieder runtergefahren. Und dazwischen hier oben ein bisschen gewandert. Odrr?«

Ich verabschiedete mich und ging wieder hinaus in die Kälte. Aber so kalt war es nun gar nicht mehr. Die *Gandegghütte* ist gerade mal Halbzeit der Abfahrt vom Klein Matterhorn nach Zermatt. Von hier aus geht es nochmals 1400 Höhenmeter nach unten. Oder sagt man dann Tiefenmeter? Ich schnallte die Skier an und fuhr über die weitläufige Piste, vorbei an Trockener Steg und dann etwas steiler und enger nach Furi, wo sie sich durch die Arven schlängelte und sanft am Ortsrand von Zermatt auslief. Ein Blick zurück, ein Foto von den schneebedeckten Bergen und diesem imposanten Zacken, dem ich gerade so nahe gekommen war. So wie Adorno und seine Frau Gretel. Sie wussten damals noch nicht, dass das ihre letzte gemeinsame Bergtour war, dass es die letzten Tage in Theodor W. Adornos Leben waren. Ein paar Tage später war er tot, und die Umstände dieses plötzlichen Ablebens zu klären, sollte sich schwieriger gestalten, als ich annahm.

Ich rutschte das letzte Stück der Talabfahrt entlang, vorbei am E-Werk, das den Strom für die Seilbahnen generiert – und vorbei an einem landwirtschaftlichen Betrieb, der genau daneben steht und sich als eigenwillige Touristenattraktion etabliert hat: ein Show-Schafstall. Ich schnallte die Skier wieder ab und stapfte ein paar Meter nach oben. Es roch streng nach Ammoniak und Heu, aus einem kleinen Radio kam Volksmusik mit Ziehharmonika, die immer wieder mal vom kollektiven Mähen der Schafe überlagert wurde. Wenn man gerade noch Frauen in Moncler-Felljacken und mit nackten Hündchen, Elektroautos mit Engel & Völkers-Werbung, Männer mit Zigarren und Ledertaschen, exaltierte Homosexuelle und Zweijährige mit Lackmützen gesehen hat, dann sind diese Schwarznasenschafe eine erfrischende Abwechslung. Ich stand vor der Stalltüre und betrachtete die Tiere. Ihr dichtes Fell und die Zeichnung im Gesicht verliehen ihnen etwas Mephistophelisches. »Rastalocken-Fell«, erklang da eine Stimme von hinten. Erst dann stellte sich der Schäfer vor, ein Mann namens Paul Julen, ein kantiger Bergbauerntyp, wettergegerbtes Gesicht, Karojacke, ein kluger Kopf, der bei Bedarf fließend von Deutsch zu Englisch und Französisch und wieder zurück wechselt. Sein Sohn sei Präsident des Tourismusvereins, erzählte er. »Diese Schafe sind Urzermatter«, erklärte er, die Rasse käme aus dem »inneren Mattertal« und hätte ein ganz anderes Verhalten als alle anderen Schafe. »Die Tiere sind zutraulich und standorttreu«, das heißt, sie bleiben da, wo der Schäfer sie lässt – im Sommer auf der Alp, da kletterten sie bis auf 2800 Meter und bräuchten wenig zum Überleben.

»So wie die meisten Zermatter Menschen auch, oder?«, fragte ich ihn.

Julen grinste: »Ganz genau.«

Aber diese Schafe hätten auch viele Nachteile: Die Wolle ist zu fest, bringt nicht viel Geld ein und lässt sich nur zu Vorhängen, Teppichen und Dämmstoffen verarbeiten. Zudem haben die Schafe einen 50 Prozent geringeren Fettanteil. Das heißt: Ihr Fleisch schmeckt nicht. »›Ein schlechtes Schaf‹, sagen die Metzger. ›Ein gutes Schaf‹, sagen die Schäfer.« Doch diese Eigenschaften hätten es nicht daran gehindert, zum bekanntesten Schweizer Schaf zu werden, das man in Skandinavien, Australien und Neuseeland kennt.

Ich musste weiter, denn ich hatte noch einen Termin mit Edy Schmid im Museum Zermatlantis. Ich fuhr die letzten Meter hinunter in den Ort, am eingeschneiten Fluss entlang und kam schließlich an einem kleinen Wendeplatz für Elektroautos an, die hier auf Kunden warteten. Doch das kurze Stück durch den Ort ging ich zu Fuß, mit den Skiern auf der Schulter. Mir kam eine Gruppe Schweizer mit Rollkoffern entgegen, und das Kratzen und Grollen der Rollen klang, als würde irgendwo eine Lawine abgehen. Dann stand ich neben dem Hotel *Monte Rosa*, dem ersten Hotel im Ort, in dem früher sämtliche Bergsteiger wohnten, und sah auf die Dorfkirche und eine merkwürdige Glaspyramide, ein bisschen wie im Louvre, nur mit dem Unterschied, dass diese hier den Gipfel des Matterhorns nachempfinden sollte. Darauf stand in Versalien »Matterhornmuseum« –

und klein darunter: »Zermatlantis«. Irgendein überteuerter PR-Berater, dachte ich mir, muss sich diesen stumpfen Titel ausgedacht haben.

In Zermatt gibt es außer Edy Schmid vermutlich keinen Menschen, der mehr über das Matterhorn weiß, ohne es je bestiegen zu haben. Schmids erste Handlung jedes Tages ist: Er zieht den Vorhang in seinem Wohnzimmer zur Seite und blickt durch das Fenster. »Matterhorn, wie siehst du heute aus?«, fragt er sich – und genießt das Privileg, wie er mir erzählte, einen freien Blick auf den Berg zu haben, jenen Berg, der im vergangenen halben Jahrhundert jeden Tag anders ausgesehen habe. »Der Herrgott war ein kluger Mann«, erzählte Schmid. »Er hat das Matterhorn so frei dahingestellt – und die schöne Seite nach Zermatt gedreht.« Der Berg sei eine unglaubliche Energiequelle, schwärmte Schmid weiter, blickte nach draußen und wir waren uns einig, dass er auch heute wieder prächtig aussah. Aber auch gefährlich wie eh und je, nur leicht gezuckert vom Neuschnee, weil die Ost- und die Nordwand so steil sind, dass sich der Schnee dort kaum oder nur in dünnen Schichten hält. Schon gar nicht in der Nordwand: »Von hier aus ist das eine bedrohliche schwarze Wand. Sie zieht einen in den Bann. Aber wenn man erst mal näher dran ist, dann sieht es ganz anders aus.« Dieses Matterhorn ist auch ein Zauberberg, ein Berg, der alle verzückt, verzaubert oder verhext, die sich ihm nähern.

Genau dieser gefährlichen Magie erlagen vor 150 Jahren einige tollkühne Engländer. Das ist der Ausgangspunkt für die dramatische Geschichte der

Erstbesteigung des Matterhorns, die im Museum natürlich auch erzählt wird. Sie besteht aus zwei Helden, die aufeinander zusteuerten, ein Engländer und ein Italiener, jeweils mit Gefährten, die sich einen Wettlauf um Ruhm und Ehre lieferten, die in dieser Geschichte alles aufs Spiel setzten – sodass sie schließlich in einer Tragödie endete. Und diese Geschichte führt, es ist ganz erstaunlich, wieder ins Jahr 1865, jenes Jahr, in dem sich sowohl in Davos als auch in St. Moritz durch die ersten Wintergäste die touristischen Weichen für die Zukunft stellten.

In Zermatt war es der 13. Juli 1865. Morgens um halb sechs brachen acht Männer auf: Edward Whymper, der später das Buch *Matterhorn. Der lange Weg auf den Gipfel* über die Geschehnisse geschrieben hat, Lord Francis Douglas, Robert Hadow und Charles Hudson, die beiden erfahrenen Bergführer Michel Croz und Peter Taugwalder sowie dessen zwei Söhne, die als Träger eingesetzt wurden. Sie kamen gut voran, stiegen dort auf, wo ich eben noch auf Skiern abgefahren war. Mittags bauten sie auf 3350 Metern ein Zelt auf. Am nächsten Morgen, dem Gipfeltag, starteten sie, als es »zum Gehen hell genug war«. Auch an diesem Tag lief alles nach Plan. Um zehn Uhr hatten sie eine Höhe von 4260 Metern erreicht. Sie mussten die Ostseite des Berges verlassen, da sich die Felswände im oberen Verlauf wie Hochhäuser auftürmen, und kletterten in die Nordseite. Am Ende war der Aufstieg auf den »unbesteigbaren Berg« überraschend einfach: »Dieser einzig schwierige Teil war von keiner großen Ausdehnung«, schrieb

Whymper. »Um Viertel vor zwei Uhr lag die Welt zu unseren Füßen, und das Matterhorn war besiegt. Hurra! Nicht ein Fußstapfen unserer italienischen Nebenbuhler war zu sehen.« »Ist das nicht faszinierend?«, fragte Schmid begeistert. »Dieser abweisende Berg entpuppte sich als überraschend einfach.«

Die italienische Mannschaft um Jean-Antoine Carrel war bereits am 11. Juli von Breuil aus aufgebrochen, um den Berg von Süden aus zu besteigen. Als Whymper und seine Leute vom Gipfel aus auf den südwestlichen Grat blickten, erkannten sie die Italiener und riefen lauthals und spöttisch hinunter, dass sie das Rennen gewonnen hatten. »Der Berg ruft« – es war der Ursprung dieses geflügelten Wortes. Aber Whymper blieb fair: »Ich hätte gewünscht, dass der Führer jener Gesellschaft in diesem Augenblick neben uns gestanden hätte, denn unser Siegesgeschrei sagte ihm, dass er sein höchstes Lebensziel verfehlt hatte. Von allen, die das Matterhorn zu ersteigen versuchten, verdiente er am meisten, den Gipfel zuerst zu erreichen. Er war der Erste, der seine Unersteigbarkeit bezweifelte, und der Einzige, der an dem Glauben festhielt, dass die Ersteigung gelingen werde.« Carrel und seine Männer kehrten um, als sie das Geschrei auf dem Gipfel vernahmen. Aber schon zwei Tage später brachen sie wieder auf und befanden sich am folgenden Morgen wieder an der Stelle, wo sie vor drei Tagen umgekehrt waren. Nun begann »die schlimmste Kletterpartie, von der man weiß«, erzählte Carrel später, ein Auf und Ab durch die Vertikale, bis sie schließlich um drei Uhr nachmittags auf dem Gipfel standen – drei Tage zu spät.

Whymper und seine Mannschaft machten sich auf den Weg nach unten. Vorsichtig und aneinander angeseilt stiegen sie Schritt für Schritt ab. Whymper ging hinten und bekam nicht genau mit, was vorne passierte. »Ich hörte von Croz einen Ausruf des Schreckens und sah ihn und Hadow abwärts fliegen. Im nächsten Moment wurden Hudson und unmittelbar darauf auch Lord Douglas die Füße unter dem Leib weggerissen.« Dann riss zwischen Taugwalder vor ihm und Lord Douglas das Seil. »Einige Sekunden lang sahen wir unsere unglücklichen Gefährten auf den Rücken niedergleiten und mit ausgestreckten Händen nach einem Halt suchen. Noch unverletzt kamen sie uns aus dem Gesicht, verschwanden einer nach dem anderen und stürzten von Felswand zu Felswand auf den Matterhorngletscher, in eine Tiefe von beinahe 1200 Metern hinunter.« Drei Menschen starben, die Leiche von Lord Douglas wurde bis heute nicht gefunden.

Im Untergeschoss des Museums war ich mit Edy Schmid in einem kleinen Nebenraum angekommen. Mit einem Schlüssel öffnete er eine Schublade unter einer Vitrine und holte ein zerrupftes altes Hanfseil heraus. »Das ist das Originalseil«, sagte er. »Und man sieht, dass es nicht zerschnitten wurde, sondern gerissen ist.« Bis heute ranken sich Gerüchte und Spekulationen um dieses Seil. Wurde es durchtrennt? Hat Whymper es durchgeschnitten? War es Mord an den Kameraden, um das eigene Leben zu retten? Und ist das wirklich das Originalseil? Oder nur eines von vielen, die dort oben zum Einsatz kamen? Schmid sagte: »Die Wahrheit kennt nur der Berg.«

Whymper überlebte und stieg am Tag nach dem Unglück auf den Gletscher, um die Leichen seiner Kameraden zu bergen. Was er damals sah, beschrieb er erst im Alter von 71 Jahren in einem Brief an den Hotelier Auguste Tairraz: »Es hatte ihm (Groz) den oberen Teil des Schädels abgerissen. Wie die anderen Mitglieder der Gruppe war er gänzlich nackt. Ihre Bergschuhe und all ihre Kleider waren weggerissen worden. Es war ein schreckliches Schauspiel, Herr Tairraz, und ich möchte niemals wieder dergleichen ansehen müssen.« Whympers Buch endet mit einer Warnung: »Ersteigt die Hochalpen, wenn ihr wollt, aber vergesst nie, dass Mut und Kraft ohne Klugheit nichts sind und dass eine augenblickliche Nachlässigkeit das Glück eines ganzen Lebens zerstören kann. Übereilt euch nie, achtet genau auf jeden Schritt und bedenkt am Anfang, wie das Ende sein kann!« Ich fragte mich, ob wohl Theodor Adorno diese Zeilen gelesen hatte?

In einem Nachtrag schrieb Whymper später: »Neulinge sollten fernbleiben, und wird das Matterhorn Mode, wie zum Beispiel der Montblanc, so lassen sich die schrecklichsten Folgen voraussehen.« Seine Befürchtung bewahrheitete sich recht schnell, und das lag paradoxerweise auch an seinem Text und dem gewaltigen Medienecho, das durch Europa hallte. Allein die *Times* veröffentlichte 43 Artikel über die Tragödie. Und fragte reißerisch: »Warum muss das beste Blut Englands für das Ersteigen unzugänglicher Gipfel verschwendet werden? Ist das zulässig? Ist das die Pflicht? Ist das nicht kriminell?« Bergsteigen war europaweit in aller Munde und wurde, kaum war die Sportart erfunden, schon wieder infrage gestellt. Doch dieser unmögliche Berg in der Schweiz übte nach dem Unglück noch mehr Faszination aus. Das Matterhorn-Unglück hatte keineswegs dafür gesorgt, dass fortan weniger in den Bergen passierte. Tatsächlich ereigneten sich nach der Tragödie mehr Unfälle in den Alpen als je zuvor. Bis 1865 war es relativ selten zu tödlichen Unfällen gekommen. Zwischen 1866 und 1876 jedoch gab es jährlich mindestens einen Todesfall in den Alpen. »Alpenunfälle« wurden sogar zur festen Rubrik im *Alpine Journal*. Heute verzeichnen verschiedene Matterhorn-Statistiken zwischen 500 und 800 Tote seit der Erstbesteigung. Nur am Montblanc sind es noch mehr. Allein zwischen 1890 und 1901 kamen dort laut Schweizer Alpenverein 303 Bergsteiger ums Leben. Heute sterben rund 40 Menschen pro Jahr bei dem Versuch, den Gipfel zu erreichen – das klingt viel, aber gemessen an den 20 000, die es schaffen, ist es weniger als ein halbes Prozent. Es gibt keine seriöse Gesamt-Todeszahl seit der Erstbesteigung, aber die kursierenden Schätzungen von rund 6000 sind durchaus realistisch. Im Vergleich dazu sind der Mount Everest, der K2 und der Nanga Parbat mit etwas über 200, 80 und 70 Toten nicht die »Killerberge«, als die sie die Medien oft bezeichnen – auch wenn dort deutlich weniger Bergsteiger unterwegs sind.

Doch die meisten Todesfälle in den Bergen, das belegt die Unfallstatistik des Deutschen Alpenvereins, ereignen sich nicht etwa, weil Extremkletterer aus steilen Wänden fallen oder Bergsteiger von Lawinen erfasst werden, sondern weil überambitionierte und unerfahrene Wanderer in der Mittagshitze einen Herzschlag erleiden und tot umkippen. Diese Entwicklung hat sich durch Corona und die vielen Neulinge, die in die Alpen reisten, weil sie nicht nach Spanien oder in die Türkei fliegen konnten, leider noch mal verstärkt. Gleich wie man diese Zahlen dreht und wendet: Bergsteigen ist und bleibt untrennbar mit dem Tod verbunden. Und zugleich wäre der Ort Zermatt ohne diese Tragödie nicht das, was er heute ist. Nach der Erstbesteigung kamen andere Bergsteiger, um sich an diesem Berg zu versuchen, und hatten schaulustige Touristen, feinsinnige Maler und humorvolle Schriftsteller im Schlepptau. Mit der Ruhe war es nun vorbei. Ähnlich wie in Davos und St. Moritz wurden Hotels und Bergbahnen gebaut, prominente Gäste kamen, um den Berg zu sehen: Winston Churchill, Franklin Roosevelt, die Rockefellers, Luis Trenker. Der Engländer Edward Theodore Compton verewigte das Matterhorn ungezählte Male in Öl, und der Amerikaner Mark Twain kam 1878 nach Zermatt und schrieb die sehr lustige Geschichte *Ich besteige den Riffelberg*, eine Parodie auf den Expeditionswahn der Zeit. Thomas Mann dagegen war, nach allem, was man weiß, nie in Zermatt. Schade, denn die Vorstellung, er hätte einen Roman geschrieben über das Matterhorn, das Bergsteigen, die Tragödie, den Tod, diese Vorstellung hat schon einen gewissen Reiz.

Blieb noch die Frage an Edy Schmid: Warum ist er selbst nie hochgeklettert auf das Matterhorn? Da antwortete er, ohne zu zögern, und es klang, als ginge es um einen misslaunigen Bekannten: »Es wollte nicht, dass ich hochsteige! Dreimal habe ich mich vorbereitet. Dreimal habe ich es versucht. Und dreimal habe ich mich kurz davor verletzt.«

Bereits 15 Jahre vor der Matterhorn-Erstbesteigung war ein früher Tourist in Zermatt zu Gast, einer, der vor den ganzen Touristenströmen auch schon in St. Moritz war. Die Rede ist von Richard Wagner: »Immer darauf bedacht, wie ich es nur anfinge, aus der Welt zu verschwinden, wählte ich mir eine möglichst wilde Gebirgswildnis, in welche ich mich mit Karl zurückzuziehen beschloss. Wir suchten zu diesem Zwecke das einsame Vispertal im Kanton Wallis auf; mit ziemlicher Beschwerde drangen wir durch die noch sehr unwegsamen Pfade bis nach Zermatt vor«, schrieb Wagner in seinen Memoiren. Er war gemeinsam mit seinem Freund Karl Ritter unterwegs, und vermutlich war es das Matterhorn, das die beiden so früh nach Zermatt führte. »Dort, am Fusse des ungeheuren und wunderbar schönen Matterhorns«, so Wagner weiter, »konnten wir uns allerdings als von der ganzen Welt abgeschlossen ansehen.« In Zermatt gab es noch nicht viel, es gab keinen Zug, keine Bergbahn, die einzige Unterkunft war die *Laubersche Herberge*, das spätere Hotel *Monte Rosa*. Sie blieben ein paar Tage und machten sich dann zu Fuß wieder auf den Rückweg, der »mit äusserster Anstrengung« verbunden war. Ob Adorno wusste, dass Richard Wagner schon 119 Jahre vor ihm das Matterhorn bewundert hatte? Beim Tourismusverband weiß man darüber so wenig wie über Adornos Besuch.

Am nächsten Vormittag ging ich ins Hotel *Bristol*. Hier hatten Gretel und Theodor Adorno gewohnt, auf ihrer letzten gemeinsamen Reise. Zermatt als letzter Ort für einen vergeistigten Philosophen aus Frankfurt am Main, das mag zunächst nicht so recht zusammenpassen. Tatsächlich aber hat das Matterhorn auch Adorno in seinen Bann gezogen. »In Zermatt«, schrieb er in der *Ästhetischen Theorie*, »präsentiert sich das Matterhorn, Kinderbild des absoluten Bergs, wie wenn er der einzige Berg auf der ganzen Welt wäre.« Vor Ort genügte auch jetzt ein Blick nach oben, in den südwestlichen Himmel, um diesem Satz vollumfänglich zuzustimmen. Vielleicht, dachte ich mir, als ich vor dem *Bristol* stand und auf den Gipfel blickte, vielleicht hatte Adorno ja so ein Gefühl: dass es Zeit wird, nach Zermatt zu fahren und den Berg zu sehen, ehe es zu spät ist.

Das verhängnisvolle Jahr 1969 begann schon miserabel und ließ Adorno kaum Zeit zum Durchatmen. Er war in einer schwierigen Phase seines Lebens, in Frankfurt stritt er sich heftig mit Herbert Marcuse über die Haltung zur Studentenrevolte. Einige Mitglieder des Sozialistischen Deutschen Studentenbundes hatten Ende Januar das Institut für Sozialforschung besetzt, Adorno rief die Polizei und ließ das Institut räumen. Sein Student Hans-Jürgen Krahl wurde als Rädelsführer verhaftet. Kurz vor seiner Abreise nach Zermatt musste Adorno sogar in einem Prozess gegen ihn aussagen. Es war weder lustig noch ironisch, ihm entglitt die Lage. Im April bedrängten ihn drei Studentinnen etwa so, wie das Matterhorn Zermatt bedrängt. Im Hörsaal VI umringten sie den kleinen Mann, der stets Anzug und Krawatte trug, streuten Blumenblüten, rückten ihm zu Leibe und zeigten schließlich ihre Brüste. Im Schutz seiner Aktentasche floh er vor dem, was seither als »Busen-Attentat« im kulturellen Gedächtnis verankert ist. Es war ein Schlag ins Gesicht. Denn Professor Adorno hatte immer wieder auch Affären, zu jener Zeit mit der Schauspielerin Arlette Pielmann, von der auch seine Frau wusste. Auch in seinen Texten hat er Erotik und Wollust thematisiert. Man muss sich nur die Titel der Aphorismen in der *Minima Moralia* ansehen: »Tough Baby.«, »On parle français.«, »Darf ich's wagen.«, »Seit ich ihn gesehen.«. Ein verkappter Adorno-Porno. Nun war er entsetzt und überfordert. *Die Hunde im Souterrain*, wie Thomas Mann einmal schrieb, hatten ihm in die Waden gebissen. »Gerade bei mir«, sagte Adorno im Mai 1969 dem *Spiegel*, »der sich stets gegen jede Art erotischer Repression und gegen Sexualtabus gewandt hat! Mich zu verhöhnen und drei als Hippies zurechtgemachte Mädchen auf mich loszuhetzen! Ich fand das widerlich. Der Heiterkeitseffekt, den man damit erzielt, war ja doch im Grunde die Reaktion des Spießbürgers, der Hihi! kichert, wenn er ein Mädchen mit nackten Brüsten sieht. Natürlich war dieser Schwachsinn kalkuliert.« Eros und Thanatos, der Lebens- und der Todestrieb – es ist ein uraltes Motiv.

»Herr Professor, vor zwei Wochen schien die Welt noch in Ordnung …«, wurde er in jenem *Spiegel*-Interview gefragt: »Mir nicht«, lautete seine Antwort. »Bisher, so formulierte einmal Ihr Freund Habermas, hat sich Ihre Dialektik an den ›schwärzesten Stellen‹ der Resignation, dem ›destruktiven Sog des Todestriebes‹, überlassen«, sagte einer der beiden *Spiegel*-Redakteure. »Ich würde eher sagen«, lautete Adornos Antwort, »daß der krampfhafte Hang zum Positiven aus dem Todestrieb kommt.« Da hatte er nur noch drei Monate zu leben. Im Juli schließlich wurde es Adorno zu viel und er ergriff völlig verstört die Flucht. Die Flucht in die Berge, in denen er kurz darauf den Tod fand. »Herr Professor Adorno, der gestern, in völlig überarbeitetem und ramponiertem Zustand, in die Ferien gefahren ist, läßt Ihnen für Ihre Briefe sehr danken«, antwortete seine Sekretärin dem Philosophen Alfred Sohn-Rethel auf eine Anfrage. Gemeinsam mit seiner Frau Gretel war der ramponierte Adorno bereits auf dem Weg ins Wallis.

Über 50 Jahre ist das alles her. Eine lange Zeit. So lange, dass sich fast niemand mehr an Adorno erinnert. Wer? Ein deutscher Philosoph? Im Tourismusbüro gab es keine Unterlagen über seinen Aufenthalt. Im Krankenhaus in Visp auch nicht, weil in den 80er-Jahren ein Brand alles vernichtet hatte. Doktor Nanzer, der ehemalige Chefarzt, mittlerweile über 90, konnte sich erinnern, kannte jemanden,

den Adorno damals getroffen hatte. Nach ein paar Tagen rief er zurück und teilte mit, dass derjenige auch schon verstorben sei. Und auch Edy Schmid, der Museumsleiter und Dorfchronist, war erst in den 70er-Jahren nach Zermatt gekommen, eine andere Chronistin vor ein paar Wochen gestorben, und der Schuhmacher, bei dem die Adornos damals waren, kann sich auch nicht mehr erinnern. Der Juniorchef des Hotels *Bristol* hatte auf eine Anfrage von mir geantwortet: Nein, er wisse leider gar nichts darüber. Der Seniorchef sei vor ein paar Jahren verstorben, und in den Gästebüchern sei auch nichts zu finden. Trotzdem, dachte ich mir, es kann nicht schaden, einmal dort vorbeizuschauen.

Das Hotel *Bristol* hat 1959 eröffnet und befindet sich mitten im Ort, gleich hinter der Brücke über der rauschenden Vispa. Ein paar Stufen führten mich hinauf zur Lobby. An der Bar stand eine ältere Dame aufrecht am Tresen und trank Kaffee – eine regelrechte Erscheinung, würdevoll, gediegen, mit Pelzmantel, Halstuch, blondierten Haaren, sie schien gerade vom Friseur gekommen zu sein, und es war vollkommen klar, dass sie die Seniorchefin Heidi Perren ist. Sie erinnerte mich an die Musikwissenschaftlerin an der Bar im *Waldhaus*. Wir kamen ins Gespräch, sie war offen und erzählte gerne. Seit 59 Jahren lebt sie in Zermatt, kam damals in ihren frühen Zwanzigern aus dem Tal in die Berge. »Dann waren Sie ja 1969 schon hier?« – »Ja, ja, schon eine ganze Weile.« Wir setzten uns an einen der Tische auf dem Parkett neben dem Kamin. »Und Theodor Adorno, können Sie sich noch an Theodor Adorno erinnern?« Da sagte sie: »Ja, die Adornos, da kann ich mich noch gut erinnern. Sehr warmherzige Leute waren das. Sie haben in Zimmer Nummer 30 gewohnt.« Und während ich noch kurz überlegte, ob die Summe der Zimmernummern von Thomas und Katia Mann, von Hans Castorp und Adorno wohl irgendeine symbolische Zahl ergäben, begann eine beeindruckend genaue Rekonstruktion der letzten Tage des großen Philosophen und seiner Frau Gretel. Eine Rekonstruktion, die offenbar auch Heidi Perrens Sohn, dem Juniorchef des Hotels, nicht bekannt war. »Sie waren 14 Tage bei uns, hatten Halbpension«, erzählte Heidi Perren. »Sie waren das erste Mal in Zermatt und erzählten, dass sie schon immer mal kommen wollten.« Sie blickte sich um, sagte: »Damals sah das alles hier noch anders aus. Die Teppiche, die Möbel, auch die Zimmer waren anders aufgeteilt. Die Adornos blickten von ihrem Zimmer aus nicht aufs Matterhorn, sondern auf den Friedhof.« Man braucht keinen übertriebenen Sinn für Symbolik, um hier kurz zu stocken. Das sind Zeichen wie in einer Thomas-Mann-Novelle.

Gastgeber und Herr des Hauses sei damals ihr Mann gewesen. »Der könnte Ihnen mehr erzählen, der war ein Auskunftsbüro, auch was das Matterhorn betrifft, aber er ist vor einigen Jahren gestorben«, teilte mir die Seniorchefin mit. Adorno habe sich mit ihrem Mann über »alte Zeiten in Zermatt« unterhalten, wollte alles wissen über den Ort und seine Berge. Schließlich war er zum ersten Mal hier. Sie sprachen wohl auch über die dramatische Erstbesteigung, und vermutlich sprachen sie auch über die Bergführerlegende Ulrich Inderbinen, der Adorno vielleicht auch noch über den Weg gelaufen war. Im Jahr 1900 geboren, also nur drei Jahre älter als Adorno, war Inderbinen in seinem Leben unglaubliche 371-mal auf das Matterhorn gestiegen. Als er im Alter von 104 Jahren starb, so wird unter Bergführern erzählt, sei er morgens aufgestanden und habe gesagt: »Heute ist mein letzter Tag.« Seitdem liegt er auf dem Friedhof gegenüber dem Hotel.

»Adorno ist mir vorgekommen wie Rockefeller«, resümierte Heidi Perren. Rockefeller sei eine Legende in Zermatt gewesen, die alle kannten. »Mit immer gleicher Kleidung und einer Flasche Wein für die Bergführer, die er mochte. In seiner Art, wie er sprach und aussah, hat mich Adorno an ihn erinnert.« Der sei bei den Hotelgästen als attraktiver Diskussionspartner sehr beliebt gewesen. Wenn man sich all das vorstellt – das Charisma, der zauberberghafte Auftritt, die Gespräche in der Lobby, die Gelehrtheit im Speisesaal –, lässt sich das nur schwer mit seinem baldigen Tod vereinbaren. Zumal er große Pläne hatte. Er wollte zu einer Tagung nach Venedig, einer Einladung nach Israel folgen und vor allem die *Ästhetische Theorie* abschließen. Als ich später noch einmal mit Urs Kienberger, dem *Waldhaus*-Hotelier, telefonierte und ihm von Heidi Perren erzählte, relativierte er ihre Aussagen etwas: »Es freut mich, dass Sie in Zermatt so gut fündig geworden sind«, sagte er. »Für meine Eltern waren Herr und Frau Adorno offenbar trotz der vielen Aufenthalte nie ganz leichte

Gäste. Was Sie über ihr Verhältnis zu den Eignern des *Bristols* in diesem letzten Jahr erzählen, klingt überraschend anders. Auch das ist eine schöne Geschichte.« Allerdings müsse man, wenn man den Ausgang der Geschichte kenne, so bemerkte der verschmitzte Kienberger noch, leider sagen, dass es Adorno nicht gut bekommen sei, nach all den Jahren das Hotel und den Ort zu wechseln.

In einem Aufsatz in der Zeitschrift *SINN UND FORM* schrieb Philipp Lenhard 2019 über »Adornos letzte Postkarte«, die der Philosoph am 25. Juli von Zermatt aus ins *Waldhaus* schickte, allerdings nicht nach Sils Maria, sondern ins *Waldhaus* nach Flims: »Lieber Fred«, schrieb er an Friedrich Pollock, Mitbegründer und viele Jahre Vizedirektor des Instituts für Sozialforschung, »tausend Dank für die Sendung, deren heilige Frühe uns ganz besonders erfreute. Wir sind gut respektiert, leiden nur noch ein wenig unter der fast unerträglichen Hitze und einer crowd, die damit nur allzugut sich vereint. Aber wir schalten alles ab, so gut es geht, und beginnen uns jetzt zu erholen. Hoffentlich habt Ihr's recht schön in dem Wald-Häusl. Sag allen das Herzlichste von seinem getreuen Teddie.« Darunter steht noch: »Alles Liebe, Gretel«. Und was ist auf der Vorderseite der Postkarte zu sehen? Eine Schwarz-Weiß-Aufnahme des Matterhorns! Am 26. Juli, elf Tage vor seinem Tod, schreibt er Herbert Marcuse einen Brief, so fand Lenhard heraus, in dem er sich als »schwer ramponierten Teddie« bezeichnete. Er befand sich, das lässt sich wohl feststellen, in einer gemischten Gefühlslage, ramponiert und zugleich zu alter Größe auflaufend. Und dann unternimmt er in diesem Zustand gemeinsam mit Gretel eine Bergtour. Vermutlich in den ersten Augusttagen machten sie sich auf den Weg zu einer Wanderung mit beinahe suizidalen Zügen. »Die Frau hat noch gesagt, er habe Herzprobleme«, erinnerte sich Heidi Perren. Und dass ein Arzt in Deutschland geraten habe, er solle nicht in die Höhe gehen »›Zermatt geht schon, aber nicht höher‹, hat sie erzählt. Aber er wollte unbedingt wandern.« Wandern und sich »der Sonne exponieren«, wie Adorno selbst einmal schrieb. Ungeachtet irgendwelcher Herzprobleme. Und ungeachtet jener Warnung, die 14 Jahre zuvor der kranke Thomas Mann in seinem letzten Brief formulierte: 1800 Meter sind zunächst wohl nichts für mich.

Perren schaute ins Leere und sagte: »Das ist mir noch so geblieben.«

Warum waren die Adornos 1969 nicht nach Sils Maria ins Engadin gefahren? Die Seenlandschaft des Engadins ist lieblicher, die Berge nicht so hoch wie im Wallis, und die Gäste im *Waldhaus*, das hatte ich erst vor wenigen Monaten selbst erlebt, besinnen sich mehr auf intellektuelle Gespräche im Speisesaal als auf alpine Touren. Und wer dort doch auf die Idee kommen sollte, sich zu bewegen, der spaziert um den Silsersee oder geht ins Fextal, auf 2000, höchstens 2300 Meter – auch das hatte ich am eigenen Leib erlebt. Aber man wandert dort nicht auf 3000 Meter. Für ein krankes Herz ist das ein entscheidender Unterschied. Warum also 1969 plötzlich Zermatt und nicht Sils Maria? Abwechslung? Ausflucht? Todessehnsucht? Auf einer der *Zauberberg*-Tafeln in Davos stand: »Zum Leben gibt es zwei Wege. Der eine ist der gewöhnliche, direkte und brave. Der andere ist schlimm, er führt über den Tod, und das ist der geniale Weg!« Oder wollte Adorno einfach nur das Matterhorn sehen? Oder trifft am Ende ein viel profanerer und immer wieder kolportierter Grund zu: dass Gretel das Essen dort nicht schmeckte und sie die gelehrte Gesellschaft nicht ertrug? Es wäre nachvollziehbar, auch für Adorno, der nach der ganzen Aufregung in Frankfurt vermutlich einfach keine Lust mehr auf das intellektuelle Gerede hatte. »Gelehrte Gespräche, gelangweilt«, hat selbst Thomas Mann einmal in sein Tagebuch geschrieben.

»Ich weiß nicht mehr genau, auf welchem Berg sie waren«, erzählte Heidi Perren. »Vielleicht auf dem Rothorn, auf dem Breithorn wohl eher nicht. Auf dem Gornergrat wohl auch nicht, denn der eignet sich nicht zum Wandern.« Das Rothorn ist 3103 Meter hoch, der Gornergrat 3089 Meter, das Breithorn sogar 4164 Meter, das Klein Matterhorn mit seiner Superlativbahn kommt auf über 3800 Meter. Diese Bahn wurde jedoch erst 1979 gebaut. Zur heutigen Mittelstation »Trockener Steg« fuhr aber schon 1969 eine Bahn.

»Schauen Sie mal.« Ich zeigte Heidi Perren das Foto, das auf der *Gandegghütte* entstanden ist, und sagte: »Vermutlich sind sie hoch nach Trockener Steg gefahren und dann zur *Gandegghütte* gewandert. Das vermutet übrigens auch der Wirt der *Gandegghütte*.«

Heidi Perren studierte das Foto eine Weile, sagte: »Ja, das leuchtet ein, das ist nur eine halbe Stunde und nicht besonders herausfordernd. Wissen Sie, ob sie von dort noch weitergewandert sind?«

»Nein, das ist leider nicht überliefert. Auch nicht, wer das Foto gemacht hat.«

»Wahrscheinlich sind sie noch rüber nach Furi gegangen, das sind noch mal zweieinhalb Stunden, aber nur bergab.«

»Ja, das könnte sein. Und vielleicht waren sie tags darauf doch noch auf dem Rothorn – da gibt es nur keine Fotos.«

»Ich weiß es leider auch nicht«, bedauerte Heidi Perren, und ich sah ihr an, dass sie in ihrem Gedächtnis stöberte, in der Hoffnung, dass da doch noch irgendetwas auftaucht.

Mir wurde klar, dass es kaum zu rekonstruieren war, was genau nach der Gandegg-Bergtour passiert war. Bekannt ist, dass Adorno Probleme mit seinem Bergschuh hatte und einen Schuster suchte. Deswegen mussten sie hinunter nach Visp. Das ist heute wirklich nicht mehr vorstellbar. In Zermatt ist jeder dritte Laden ein Sport- und Schuhgeschäft. »Aber damals gab es keine Sportgeschäfte hier oben. Damals war das hier ein Dorf«, meinte Heidi Perren, und es klang so, als könne sie selbst nicht glauben, was diese 50 Jahre aus Zermatt gemacht haben. Es gab nur ein paar Sportgeschäfte und den Schuster Otto Burgener, der auch die Lederschuhe für die Bergführer herstellte. Auch Ulrich Inderbinen trug einen Burgener-Schuh. Aber er habe Adorno wohl nicht helfen können, und so waren sie hinunter nach Visp gefahren, um dort die Schuhe reparieren zu lassen. Da ging es Adorno noch gut. »Ich kann mich nicht erinnern, dass er hier bei uns Herzprobleme hatte«, sagte Heidi Perren.

Und so fuhren sie am 5. August 1969 hinunter nach Visp im Rhonetal zu einem Schuster, zu welchem, ist nicht bekannt, die beiden Schuster, die es heute in Visp gibt, hatte ich angerufen, aber sie konnten nichts dazu sagen. Irgendwo auf dem Weg mussten die Herzbeschwerden eingesetzt haben, sie fuhren ins Visper Krankenhaus St. Maria. Und dann ging alles sehr schnell: Adorno blieb über Nacht und starb am nächsten Vormittag um 11.20 Uhr an einem Herzinfarkt. So stand es jedenfalls tags darauf im *Walliser Boten* in der Rubrik »Letzte Lokalnachrichten«.

Gretel Adorno fuhr allein wieder zurück nach Zermatt ins Hotel *Bristol*. »Frau Adorno war traurig und niedergeschlagen. Ich habe ihr dann beim Packen geholfen«, erzählte Heidi Perren, und es ging ihr noch immer sichtbar nahe. »Sie saß im Zimmer auf dem Stuhl, und ich habe den Koffer gepackt.« Nach einer längeren Pause fügte sie noch hinzu: »Ich glaube, mein Mann hat sie dann hinunter ins Tal gefahren.«

So war das also, damals, vor über einem halben Jahrhundert, als der große deutsche Philosoph am Fuße des Matterhorns gestorben war. Ich stapfte durch den Schnee Richtung Bahnhof. In der vergangenen Nacht hatte es geschneit, eine ganze Menge, 20 oder 30 Zentimeter Neuschnee. Sie hatten Zermatt in einen Zauberberg verwandelt, stellenweise sah es aus wie im Schneekapitel: »Die Ruhebänke waren verschwunden, versunken; ein Stück Lehne etwa ragte noch aus ihrem weißen Begräbnis hervor. Drunten im Ort war das Straßenniveau so seltsam verlegt, daß die Läden im Erdgeschoß der Häuser zu Kellern geworden waren, in die man auf Schneestufen von der Höhe des Bürgersteiges hinabstieg.« Eine verschobene Welt, irgendwo zwischen Leben und Tod. Am Bahnhof stand ein roter Zug, wie ich ihn von meinen Reisen durch Helvetien nun schon gut kannte. Ich stieg ein, setzte mich, den Blick Richtung Zermatt gerichtet. Und dann fuhr der Zug rückwärts aus dem Sackbahnhof heraus, so, als wollte irgendeine magische Kraft die ganze Geschichte von den Schweizer Zauberbergen nun zurückspulen und noch mal von vorne ablaufen lassen.

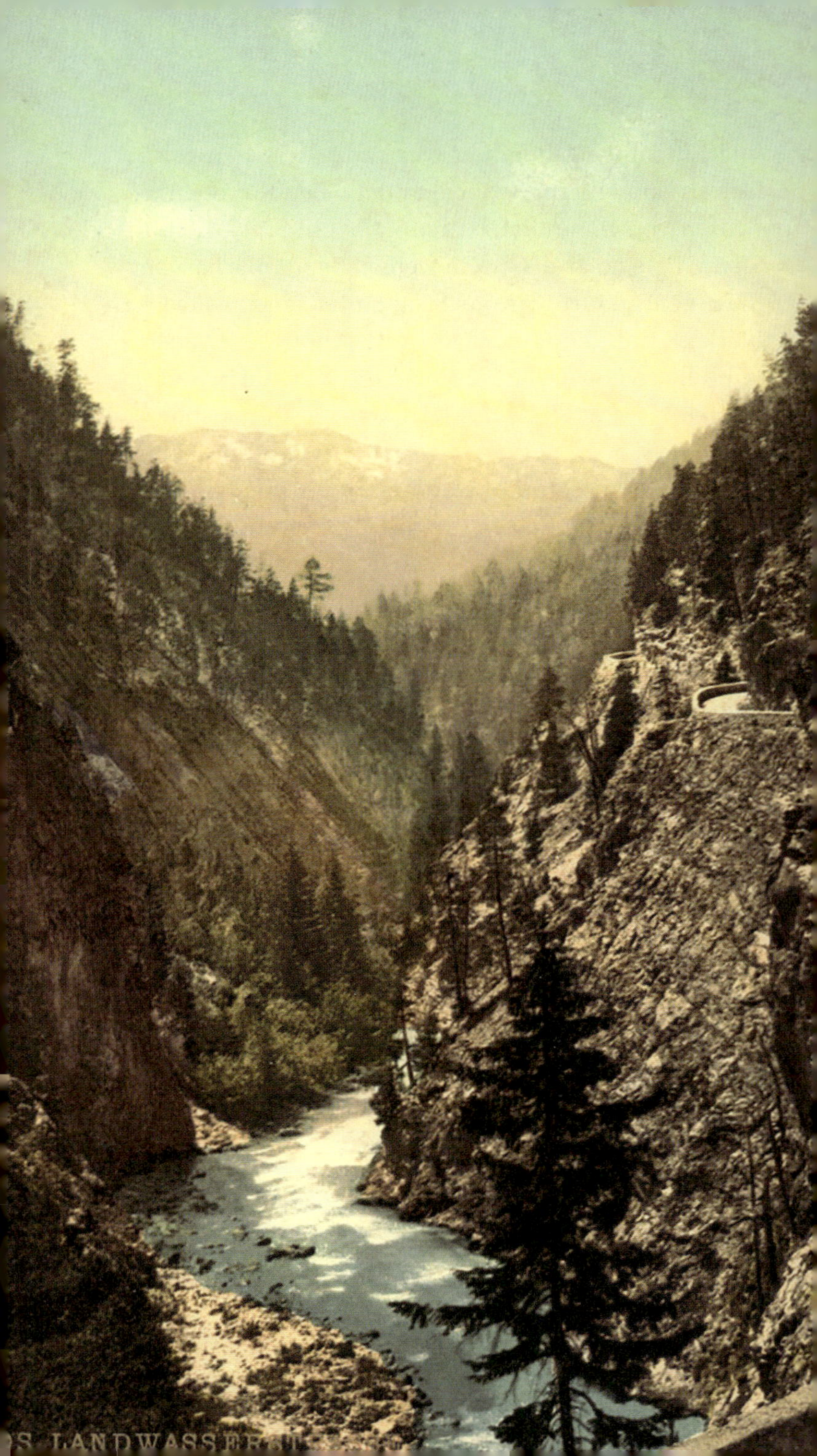

S LANDWASSER

700 TAGE SPÄTER

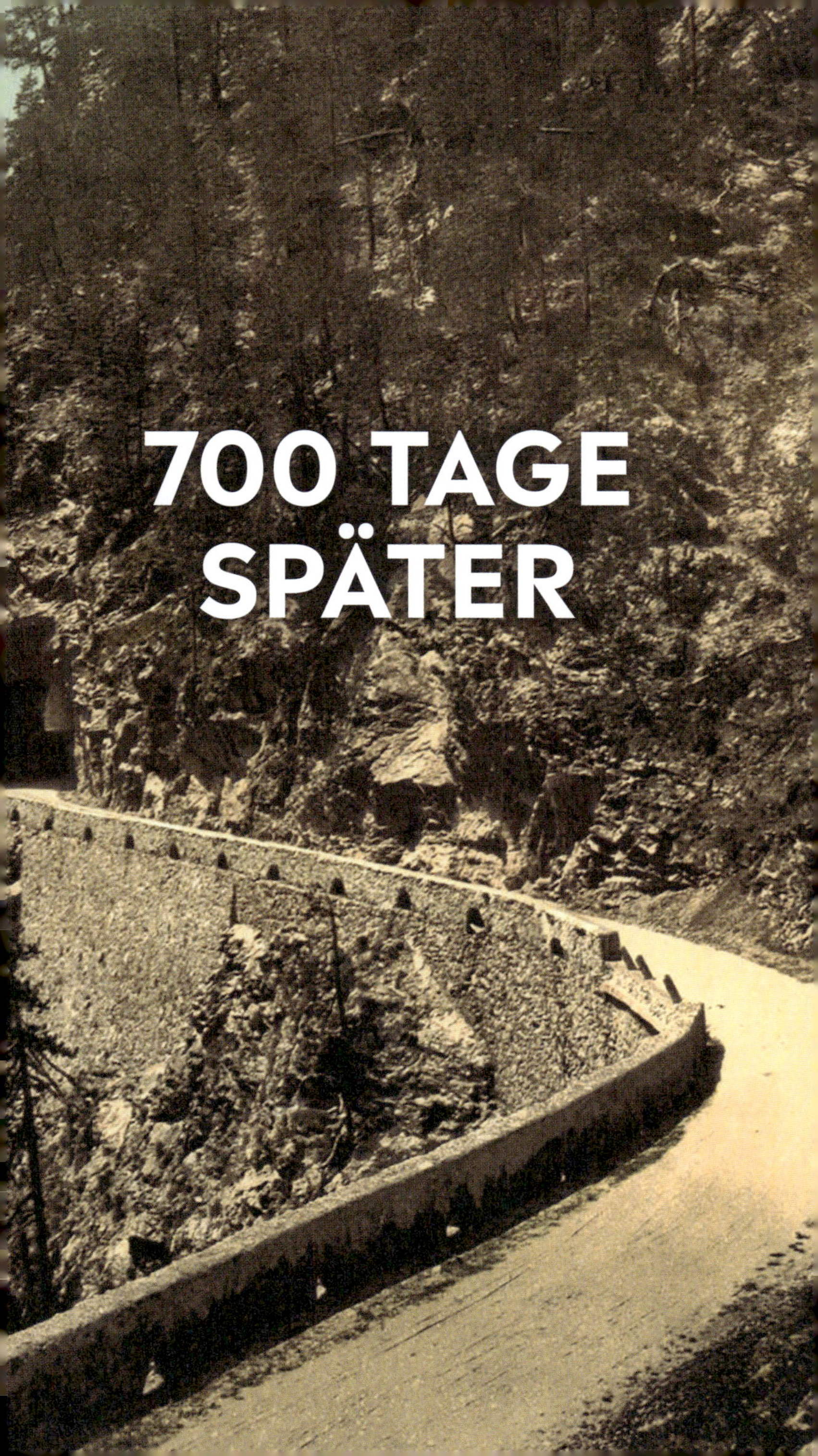

EPILOG

700 TAGE SPÄTER

Ich fuhr zurück nach Berlin, aber nicht direkt, denn der Neuschnee, der nicht nur in der Schweiz, sondern in weiten Teilen der Alpen gefallen war, bestimmte meine Reiseroute. Meine alten bayerischen Schulfreunde meldeten sich bei mir, es war eine Umkehrung der Situation, wieder ein Film, der rückwärtszulaufen schien. Wir trafen uns in München und wollten von dort ins Graswangtal im Ammergebirge, um eine Skitour zu unternehmen. Wie damals, vor zwei Jahren im Unterengadin.

Wir starteten frühmorgens in München, fuhren mit dem Auto durch die Dunkelheit nach Oberammergau und in der Dämmerung ins Graswangtal. Ab hier gab es kein Mobilfunknetz mehr, und ab dem Ludwig-II.-Schloss Linderhof so gut wie keine Straße mehr. Weiter Richtung Ammerwald und Staatsgrenze war die Schneedecke geschlossen. Auch hier hatte es eine Menge geschneit, und schon diese letzten fünf Kilometer Autofahrt zu dem einsamen Parkplatz kurz vor der Landesgrenze fühlten sich wie ein großes Abenteuer an. Der Berg südlich der Straße war unser Ziel. Die Kreuzspitze, 2185 Meter hoch und damit »der höchste Berg im bayerischen Teil der Ammergauer Alpen«, wie auf Wikipedia nachzulesen war. Der Berg böte auch eine anspruchsvolle

Skitour durch das Hochgrießkar, stand da noch. Anspruchsvoll? Die seit zwei Jahren angestaute Energie wischte diesen Zusatz beiseite wie tote Fliegen vom Fensterbrett. »Anspruchsvoll« war nach dem langen Stillstand genau das Richtige, und Begriffe wie Selbsteinschätzung oder Demut nur etwas für Schwächlinge. Zumal ich ja gerade vom Matterhorn und all den Viertausendern und Superlativen zurückkam. Was also, bitte schön, sollte mir dieser 2185 Meter hohe Hügel schon anhaben wollen?

»Deine letzte Skitour liegt präzise 700 Tage zurück«, sprach da eine ganz leise und zarte innere Stimme zu mir.

»Ja und?«, fragte eine viel lautere und polternde Stimme.

»So ist das«, entgegnete die zarte Stimme, »wenn Junkies auf Entzug sind und die Abstinenz sämtliche Sinne verklärt.«

Es dauerte ungefähr eine halbe Stunde, bis der Berg dieses grotesk verzerrte Selbstbild zurechtrückte. Während der anfänglichen Querung des Waldes gewährte er noch eine Schonfrist, aber dann ging es im knietiefen Neuschnee so steil bergauf, dass weder die Lungenflügel noch die technischen Fähigkeiten hinterherkamen. Es ist so: Ein Skitourengeher verpasst einem steilen Hang eine Zickzacknaht, und jedes Zick und jedes Zack erfordert ein artistisches Manöver namens Spitzkehre. Dabei dreht man erst den Innenski um 180 Grad in die neue Richtung. Dann steht man da, in V-Stellung, den gähnenden Abgrund im Rücken und muss versuchen, den zweiten Ski irgendwie durch den Schnee nachzuziehen. Erfahrene Skitouren-Geher machen das auch im tiefen Schnee elegant, mit einem Kick aus dem Fußgelenk, sodass der Ski kurz nach oben und dann gleich wieder nach unten klappt und sich am steilen Hang vorbeimogelt. Sagen wir mal so: Bei uns sah es anders aus und war derart kräftezehrend, dass sich jede einzelne Kehre wie ein 400-Meter-Hürdenlauf anfühlte.

»Bist du dir sicher«, fragte die zarte Stimme. »Hättest du dich nicht besser vorbereiten sollen?«

»Ja, vielleicht«, polterte es eingeschnappt zurück. Aber nun war es zu spät und die Konjunktive kreuzten durch den Kopf wie die Tourenskier über den Bergrücken. Es ging weiter steil bergauf. Und es wurde immer mühsamer. Drei Schritte. Stehen bleiben. Oberkörper auf die Stöcke lehnen. Tief einatmen. Und wieder drei Schritte bis zum nächsten vermaledeiten Wendemanöver. Die durch den Schnee pflügenden Skier klangen wie zischende Peitschenhiebe.

Nach etwa zweieinhalb Stunden Aufstieg und ungezählten Spitzkehren wurde der schattige Nordhang unterhalb des Gipfels so steil, dass an Spitzkehren nicht mehr zu denken war. Wir mussten uns nun in kleinen Schritten quer zum Hang weiter nach oben kämpfen. Im tiefen Schnee war das die Hölle. Außerdem war die Lawinengefahr in dieser Steilheit nicht zu unterschätzen. Die Gefahr, die Angst, auch den Tod sollte man in den Bergen nie ausblenden. Wir hatten die Piepser, auch Verschüttetensuchgeräte genannt, aktiviert sowie Schaufeln, Sonden und sogenannte Lawinenairbags dabei. Sollte sich tatsächlich eine Lawine lösen, zieht man einen Griff am Rucksack, und dann bläst eine Gaskartusche innerhalb von Sekunden zwei große Luftpolster auf, die verhindern, dass man vom Schnee verschüttet wird. Wir hatten es zum Glück noch nie ausprobieren müssen, uns aber immer wieder gefragt, wie sich das anfühlt. Nun lastete die ganze Ausrüstung tonnenschwer auf den Schultern. Drei Schritte. Durchatmen. Zwei Schritte. Durchatmen. Ein Schritt. Pause. Ich dachte an die Tage in der Schweiz, wo mich eine beheizte Gondel auf fast 4000 Meter Höhe brachte.

»Was für eine geniale Erfindung das doch ist«, sagte die zarte Stimme.

Nach ungefähr 800 Höhenmetern, für die eine moderne Bergbahn nicht mehr als fünf oder sechs Minuten benötigt, fiel rechts von uns die Sonne auf den Gipfelgrat, und auf einem kleinen Plateau warfen wir die Rucksäcke in den Schnee wie ein Wilderer einen erlegten Rehbock. Erschöpft und pfeifend wie Pneumothorax tragende Tuberkulosepatienten setzten wir uns auf die Jacken und ließen den Blick über die Gipfel schweifen. Die klare, kalte Luft einatmen. In die Sonne blinzeln. Mit allen Sinnen begreifen, was man vermisst hat.

»Na? Was sagst du jetzt«, sagte die polternde Stimme.

Tatsächlich ließ die Vorfreude auf die Tiefschnee-Abfahrt die Schinderei recht schnell vergessen. Wir zogen die Felle von den Skiern ab, fixierten die Bindung und schnallten an. Der kalte Pulverschnee im steilen Nordhang ließ erst nur vorsichtige Schwünge zu, aber schon bald wurde es etwas weniger steil, und dann schossen wir den ganzen Hang, den wir uns noch kurz zuvor so mühsam hinaufgequält hatten, wie in Trance und in weiten Schwüngen wieder hinunter. Die Skier flogen, der Schnee explodierte, die Euphorie überschlug sich. Und in diesen wenigen Sekunden der Perfektion gab es nichts anderes als diese schönste aller Fortbewegungsarten: das Skifahren im tiefen Neuschnee. Die ganze Intellektualität, die Symbolik und die Metaphern, mit der die Dichter und Denker meine Reise geprägt hatten – all das war ganz weit weg. Nur: Wenn sich ein Skifahrer in vollem Tempo im knietiefen Schnee ein wenig zu weit nach vorne beugt, weil der Übermut und die Winterluft und noch ein paar andere sinnesraubende Faktoren ihm in diesem Moment vorgaukeln, das sei das Richtige, dann passiert Folgendes: Der linke Ski taucht ab, rutscht schräg unter den rechten und verkantet tief im Schnee. Der Sturz, das wusste ich innerhalb von Sekundenbruchteilen, war nun nicht mehr zu vermeiden. Hoppla, dachte ich noch und wurde zum handlungsunfähigen Beobachter meiner Selbst, das sich gerade zerlegte. Der Körper hob ab, beschrieb unter der strahlenden Wintersonne in Zeitlupe eine Rechtsdrehung, während im Augenwinkel der linke Ski durch stiebenden Pulverschnee wirbelte. Ich hatte plötzlich Vivaldis »Vier Jahreszeiten« (Herbst) im Kopf, als sich auch der rechte Ski löste und mein Körper nach einer halben Drehung in F-Dur im Pulverschnee einschlug. Dort wurde ich zu einem unlogischen Gebilde aus Stöcken, Stiefeln und Helm, verlor mit einer Rolle rückwärts meine Geschwindigkeit, wirbelte eine Schneewolke auf und blieb schließlich liegen.

»Blödsinnig regelmäßige Kristallometrie«, flüsterte die zarte Stimme, so, wie es im *Zauberberg* geschrieben steht.

»Was für ein Spaß«, sagte die polternde Stimme, und ich stimmte ihr zu, denn solange man unverletzt bleibt, ist so ein Sturz im weichen Pulverschnee an Intensität und Lebensfreude kaum zu überbieten. Ich stand auf, schüttelte mich, schrie laut »Juchuuu«, klopfte den Schnee aus den Ärmeln, dem Anorak und der Skibrille. Und dann geschah etwas sehr Seltsames: Es ertönte ein Knall, wie der ferne Schuss eines Jägers. Ich drehte mich um. Dann ertönte ein lautes Zischen, als wäre ein Reifen geplatzt. Ich drehte mich auf die andere Seite. Dann zerrte irgendetwas an meinen Schultern. Was war das? Das eiskalte Schneewasser rann an Hals und Rücken hinab, und langsam sickerte die Realität zurück in mein Bewusstsein. Der Griff des Lawinenrucksacks musste sich beim Sturz irgendwie verhakt und den Lawinenairbag aktiviert haben. Und nun quollen die Luftpolster hervor, von denen wir uns immer gefragt hatten, wie sie aussehen. Und so stand ich also im Tiefschnee am Ausläufer der Kreuzspitze, und auf meinem Rücken entfalteten sich zwei riesige rosarote Engelsflügel.

LITERATURVERZEICHNIS

Adorno, Theodor W.: *Minima Moralia,* Suhrkamp, Frankfurt a. M.

Adorno, Theodor W.: *Ästhetische Theorie,* Suhrkamp, Frankfurt a. M.

Adorno, Theodor W.: Aus *Sils Maria,* in: *»Ohne Leitbild: Parva Aesthetica«,* Suhrkamp, Frankfurt a. M. 1967

Adorno, Theodor W./Mann, Thomas: *Briefwechsel 1943–1955,* hg. von Christoph Gödde und Thomas Sprecher, Suhrkamp, Frankfurt a. M. 2004

Bergamin, Klaus: *Davos von 1860–1950, Zeit des Krankseins – Zeit des Gesundens,* aktualisierte Auflage von 2017, Eigenverlag Davos

Bergamin, Klaus: *Davos – seine Geschichte und besondere Strassennamen in Bildern,* Eigenverlag 2020

Jens, Inge und Walter: *Frau Thomas Mann, Das Leben der Katharina Pringsheim,* Rowohlt, Reinbek bei Hamburg 2003

Henscheid, Eckhard: *Wie Max Horkheimer einmal sogar Adorno hereinlegte. Anekdoten über Fußball, kritische Theorie, Hegel und Schach,* Haffmanns, Zürich 1983

Hess, Daniel (Hg.): *Europa auf Kur. Ernst Ludwig Kirchner, Thomas Mann und der Mythos Davos.* Begleitband zur Ausstellung im Germanischen Nationalmuseum, Nürnberg und im Kirchner Museum Davos, Nürnberg 2021

Hörner, Unda: *Hoch oben in der guten Luft. Die literarische Bohème in Davos*, Edition Ebersbach, Berlin 2005

Jäger, Lorenz: *Adorno. Eine politische Biographie*, Pantheon Verlag, München 2009

Kästner, Erich: *Der Zauberlehrling*, in: *»Kästner im Schnee«*, hg. von Sylvia List, Atrium Verlag, Zürich 2009

Kienberger, Urs: *111 Jahre Hotel Waldhaus Sils: Geschichte und Geschichten zu einem unvernünftigen Familientraum*, Scheidegger & Spiess, Zürich 2019

Kienberger, Urs (Hg.): *Wie groß ist die Welt und wie still ist es hier. Geschichten ums Waldhaus in Sils Maria*, weissbooks, Frankfurt a. M. 2014

Lesti, Andreas: *Oben ist besser als unten. Eine literarische Expedition in die Alpen*, Kein und Aber, Zürich 2013

Lesti, Andreas: *Das ist doch der Gipfel. Geschichten von den Bergen der Welt*, Bergwelten Verlag bei Benevento, Salzburg/München 2020

Mann, Katia: *Meine ungeschriebenen Memoiren,* S. Fischer Verlag, Berlin 2000

Mann, Thomas: *Der Zauberberg.* S. Fischer Verlag, Berlin 1924

Mann, Thomas: *Doktor Faustus. Das Leben des deutschen Tonsetzers Adrian Leverkühn, erzählt von einem Freunde,* Bermann-Fischer, Stockholm 1947

Meyers Reiseführer Schweiz, Bibliographisches Institut, 17. Aufl., 1902

Nietzsche, Friedrich: *Also sprach Zarathustra,* Deutsche Klassiker, Bibliothek der literarischen Meisterwerke, Elsnerdruck, Berlin 1966

Raabe, Paul: *Spaziergänge durch Nietzsches Sils Maria,* Wallstein, Göttingen 2019

Stephen, Leslie: *Der Tummelplatz Europas,* hg. und übersetzt von W. Rickmer Rickmers, Gesellschaft Alpiner Bücherfreunde, München

Twain, Mark: *Bummel durch Europa,* Diogenes, Zürich 1990 (Original »A Tramp Abroad«, 1880)

Wagner, Richard: *Mein Leben,* Jazzybee Verlag, 2015.

Whymper, Edward: *Matterhorn. Der lange Weg auf den Gipfel,* AS Verlag, Zürich 2005

DANK

An Urs Kienberger und das *Waldhaus*-Team, Klaus Bergamin, Dora Lardelli, Aurelia Schmid, Marietta Zürcher, Dr. Peter Flury, Heidi Perren, Edy Schmid, Thomas Vetsch für die Unterstützung während der Recherche und die informativen Gespräche.

An Klaus Haselböck, Markus Honsig, Tobias Rüther, Barbara Liepert und Christian Imminger für den ständigen inspirierenden Austausch über das Oben und Unten.

An Christoph Loidl, Sophia Angerer und Arnold Klaffenböck, ohne die dieses Buches nicht entstanden wäre.

An Anja Dietz, sie weiß schon warum.

An Luis und Marlene, die jeden Schmarrn mitmachen und wissen: Das ist doch der Gipfel! Und an Corinna, weil es keine Zauberberge ohne Wahnsinn, Schönheit und Tod gibt.

PERSONENREGISTER